팀 홍명보호
스토리

> 북오션은 책에 관한 아이디어와 원고를 설레는 마음으로 기다리고 있습니다. 책으로 만들고
> 싶은 아이디어가 있으신 분은 이메일(bookrose@naver.com)로 간단한 개요와 취지, 연락처
> 등을 보내주세요. 머뭇거리지 말고 문을 두드리세요. 길이 열릴 것입니다.

팀 홍명보호
스토리

초 판 1쇄 발행 | 2013년 1월 20일
개정판 1쇄 발행 | 2014년 6월 20일

지은이 | 도영인
펴낸이 | 박영욱
펴낸곳 | (주)북오션

경영총괄 | 정희숙
편 집 | 지태진
마케팅 | 최석진
디자인 | 서정희

주 소 | 서울시 마포구 서교동 468-2
이메일 | bookrose@naver.com
페이스북 | bookocean
전 화 | 편집문의: 02-325-9172   영업문의: 02-322-6709
팩 스 | 02-3143-3964

출판신고번호 | 제313-2007-000197호

ISBN 978-89-6799-046-6 (13810)

*이 책은 북오션이 저작권자와의 계약에 따라 발행한 것이므로 내용의 일부 또는 전부를 이용하려면
 반드시 북오션의 서면 동의를 받아야 합니다.
*책값은 뒤표지에 있습니다.
*잘못 만들어진 책은 구입하신 서점에서 교환해 드립니다.

팀 홍명보호 스토리

도영인 지음

북오션

머리말

사람들이 궁금해하는 홍명보호의 모든 것

● 사람들은 묻는다. 홍명보가 세상을 떠들썩하게 할 만큼 대 성공을 거둔 비결이 무엇이냐고, 인간 홍명보는 어떤 사람이냐고 질문을 던진다. 그뿐만이 아니다. 왜 홍명보 선수들은 대표팀 합류를 위해 파주NFC에 입소할 때 정장 차림에 넥타이를 매는지, 왜 훈련 기간에는 훈련복 상의를 하의 안에 꼭 넣어야 하는지…… 궁금증은 하나씩 늘어만 간다.

사실 나에게도 홍명보는 늘 연구 대상이었다. 이 팀을 거쳐 간 선수들은 하나같이 "이 팀은 다르다. 끈끈한 무언가가 있다"고 입을 모았다. 밖에서 보는 홍명보에 의문을 품던 선수들도 이 팀과 단 하루만 생활하면 마음가짐이 달라졌다.

나는 눈에 보이지 않는 그 무엇. 팀을 하나로 뭉칠 수 있게 만든 그것을 찾기 위해 무던히도 애를 썼다.

답은 결국 그들 안에 있다. 나보다는 우리, 개인보다는 팀, 능력보다는 희생을 우선시하는 홍명보호는 어쩌면 우리가 사는 지금 이 사회와 동떨어져 보일 수도 있다. 하지만 경쟁의 굴레를 벗어나 승리를 위해 구성원 전체를 하나로 묶는 힘은 예상을 뛰어넘는 엄청난 에너지를 발산하며 기적을 만들어냈다.

　홍명보 감독은 국가대표팀 감독으로 선임된 뒤 팀 슬로건을 '원 팀(One Team), 원 스피릿(One Spirit), 원 골(One Goal)'로 정했다. 하나의 목표를 향해 달려 나가기 위해서는 모든 구성원이 하나의 정신으로 똘똘 뭉쳐야 한다는 의미다. 홍명보호의 색깔을 이보다 더 잘 드러내는 문구는 없을 것이다. 홍명보 감독은 팀을 최고의 가치로 여기고, 팀보다 위대한 선수는 없다고 단언한다.

　홍명보호는 런던올림픽 동메달 획득이라는 찬란한 성과를 거두지 못했더라도 그들이 지나온 5년간의 발자취만으로 충분히 박수 받을 만한 자격이 있는 팀이다. 그들은 한국 축구의 패러다임을 바꿔놓은 혁신적인 팀이다. 이전 대표팀과는 완전히 다른 시스템과 운영 방식을 도입해 한국 축구도 세계와 당당히 싸울 수 있다는 인식을 심어줬다.

　소통을 위해 코칭스태프와 선수들은 기존의 상하관계가 아닌 수평적인 관계를 유지했고, 지시와 질책으로 가득 채워졌던 미팅 시간에는 구성원들 간의 허물없는 토론과 거침없는 의견 개진으로 생각하는 축구의 밑바탕을 만들었다.

  이 책은 홍명보호의 태동부터 지금까지 5년간의 대장정을 함께하면서 홍명보호를 성공으로 이끈 힘을 찾아볼 기회를 제공할 것이다.

  런던올림픽까지 1271일 동안 쉼 없이 달려온 홍명보호는 2013년 6월 또 다른 출발점에 섰다. 국가대표팀으로 새 출발한 홍명보호는 2014 브라질월드컵을 통해 또 한 번 위대한 도전을 시작한다.

  4년 전 남아공월드컵 현지 취재 당시 TV에서는 매 경기 생중계를 앞두고 짤막한 스팟 영상이 방영됐다. 그 영상은 항상 'Once In a Lifetime'이라는 문구로 끝을 맺었다. 우리말로 바꾸면 '생애 단 한 번'이라는 뜻으로 해석할 수 있다.

  나는 이 문구를 잊지 못한다. 모든 순간은 의미가 있다. 지나고 나면 특별하지 않은 순간은 없다. 기다려온 순간을 놓친다면 언제가 될지 모를 다음을 기다려야 한다.

  4년에 한 번 돌아오는 전 국민의 축제인 월드컵, 모두가 기다려온 시간이다. 12년 전 한반도를 붉게 물들인 2002 한일월드컵의 감동은 지금도 한여름 밤의 꿈처럼 모든 이의 가슴속에 남아 있다.

  홍명보호는 월드컵을 앞두고 1년여의 준비 기간 동안 많은 이야기를 만들어냈다. 국민들에게 기쁨을 안겨줄 때도 있었고, 비난과 비판의 대상이 되기도 했다.

이제 그 모든 것들은 잠시 접어두고, 세계 최고의 무대에 나서게 된 23명의 태극전사들에게 아낌없는 응원과 박수를 쳐줄 시간이 다가오고 있다. 홍명보호의 목표는 우승도 원정 대회 첫 8강 진출도 아니다. 어떤 상대와의 맞대결이 마지막 경기가 될지 모르지만 주심의 경기 종료 휘슬이 울렸을 때 아쉬움이 남지 않는다면 그 자체만으로 홍명보호는 목표를 이룬 것이다.

홍명보호는 후회하지 않을 브라질월드컵을 위해 굵은 땀방울을 흘려왔다. 이제 그들이 만들어갈 또 하나의 역사를 지켜보는 일만이 남았다. 모든 이들이 홍명보호와 함께 다시 오지 않을 브라질월드컵을 마음껏 즐겼으면 하는 바람이다.

홍명보와 인연을 맺게 도와준 〈스포츠서울〉 축구팀, 언제나 큰 힘이 되어준 아내, 그리고 내년 1월 태어날 '도민준'에게 감사의 마음을 전한다. 지난 5년간 평생 잊지 못할 추억을 안겨준 홍명보에도 감사의 인사를 전한다. ●

차
례

머리말 _ 사람들이 궁금해하는 홍명보호의 모든 것   4

PART 0 2014년 브라질월드컵

01 23명의 태극전사, 대한민국 국민에게 희망을 안겨주리라   12

PART 1 국가대표팀 홍명보호

01 새로운 도전, 국가대표팀 홍명보호의 등장   22
02 세 번째 제의 그리고 결심   34
03 차별화된 첫 출항, 킬러의 부재   43
04 '양박 쌍용'의 균열 그리고 논란의 중심   52
05 운명의 조 추첨, 만만한 상대는 없다   69
06 유럽을 넘어설 비책, 경험의 힘이 필요하다   76
07 357일간의 대장정, 이제 주사위는 던져졌다   84
08 비상 그리고 1271일의 추억   90

PART 2 2009년 청소년월드컵

01 히말라야에서의 다짐, 감독 홍명보의 탄생   102
02 첫 대면, 실력보다 인성과 예의가 먼저다   113
03 세계와 싸울 무기, 한국형 콤팩트 축구   119
04 감독 홍명보의 눈높이, 내가 보는 에이스는 다르다   126
05 대인의 풍모, 리더가 흔들리면 모두가 흔들린다   133
06 혁신적인 팀 미팅, 꿀 먹은 벙어리들이 입을 열다   140
07 무관심이 불러온 승부욕, 우리는 해낼 것이다   147

PART 3 2010년 광저우아시안게임

- 01 눈앞이 아닌 미래를 보다, 아시안게임을 위한 홍명보호의 시동 156
- 02 질책하지 않는 홍 감독, 스스로 반성하는 선수들 163
- 03 흐르는 눈물, 병역 혜택의 부담감 169
- 04 죽어도 못 보내, 내가 어떻게 널 보내 174

PART 4 2011년 런던올림픽 예선

- 01 홍정호, 윤석영, 김보경, 올림픽을 위해 잠시 꿈을 미뤄둔 선수들 182
- 02 의리의 사나이 이케다 세이고, 천하의 홍명보가 삼고초려로 모신 코치 191
- 03 나는 너희들을 위해 죽을 테니 너희들은 팀을 위해 죽어라 198
- 04 홍명보호의 기둥, 홍정호의 눈물 203
- 05 지략의 승리, 홍 감독의 계산된 투 트랙 209
- 06 예정된 길은 없다, 중동 텃세를 넘어 올림픽으로 216

PART 5 2012년 런던올림픽 본선

- 01 운명의 한일전, 긴박했던 72시간 234
- 02 선수 차출 신경전, 협박에 가까운 위험한 도박 260
- 03 박주영과 홍 감독, 내가 대신 군대 가겠다 266
- 04 최종 엔트리 발표, 살을 깎아내는 고통의 시간 278
- 05 두 번의 눈물, 그리고 세 번째 눈물 285
- 06 무한 신뢰, 감독이 선수에게 줄 수 있는 모든 것 291
- 07 런던 리스크, 조 1위를 해야 하나, 2위를 해야 하나 299
- 08 복수는 나의 힘, 지동원의 설움을 간파한 홍명보 감독 307
- 09 눈물 나는 동료애, 우리는 팀이다 315
- 10 오늘 하루를 위한 1270일, 경험이라는 위대한 유산 322

APPENDIX

PERFECT DATA

1. 홍명보호 출전 경기 기록 332
2. 홍명보호의 5년간을 함께한 선수와 스태프 336

"우리는 도전을 통해 성공으로 나아가야 한다. 월드컵을 준비하는 과정에서 혹독한 훈련을 한 뒤 본선에 나갈 것이다. 그것이 가장 필요하면서도 잘할 수 있는 부분인 것 같다. 우리 팀이 역대 최강의 월드컵 대표팀이라고는 생각지 않는다. 다만 최고의 팀이 되기 위해 남은 기간 동안 준비하겠다. 대한민국을 위해, 국민을 위해 한 번 더 힘을 낼 수 있는 상황이라고 생각한다. 결과를 부정적으로 보지 않는다. 국민들을 위해 희망을 불씨를 꺼뜨리지 않겠다."

PART 0

2014년
브라질월드컵

23명의 태극전사
대한민국 국민에게 희망을 안겨주리라

　홍명보 축구대표팀이 준비된 자리에 앉자 모든 축구 관계자와 취재진의 눈이 대형 전광판으로 향했다. 노란색 골키퍼 유니폼을 차려 입은 한 선수가 화면에 등장하자 홍 감독은 주저 없이 "정성룡"이라고 호명했다. 4년에 한 번 돌아오는 전 세계인의 축구 축제, 월드컵에 초청장을 받게 된 23명의 최종 엔트리가 발표되는 순간이었다.
　홍 감독은 브라질월드컵 개막을 36일 앞둔 2014년 5월 8일 파주 NFC 풋살구장에서 열린 최종 엔트리 발표 행사에서 23명의 월드컵 전사를 공개했다. 그는 정성룡을 시작으로 골키퍼, 수비수, 미드필더, 공격수 순으로 최종 엔트리에 선정된 선수들을 공개했고, 공격수 김신욱을 마지막으로 23명의 태극전사가 모두 베일을 벗었다.

골키퍼(GK)

정성룡(수원) 김승규(울산) 이범영(부산)

수비수(DF)

김진수(니가타) 윤석영(QPR) 김영권(광저우 헝다) 황석호(히로시마) 홍정호(아우크스부르크) 곽태희(알 샤바브) 이용(울산) 김창수(가시와)

미드필더(MF)

기성용(선덜랜드) 하대성(베이징 궈안) 한국영(가시와) 박종우(광저우 부리) 손흥민(레버쿠젠) 김보경(카디프시티) 이청용(볼턴) 지동원(아우크스부르크)

공격수(FW)

구자철(마인츠) 이근호(상주) 박주영(왓포드) 김신욱(울산)

최종 엔트리가 공개되자 이 순간만을 기다려온 선수들의 희비가 극명하게 갈렸다. 누군가는 가슴속에 응어리졌던 아픔을 말끔히 씻어냈고, 또 다른 누군가는 쓰디쓴 눈물을 삼켜야 했다.

독일 분데스리가 마인츠에서 생애 최고의 시즌을 보낸 박주호는 최종 엔트리 발표를 앞두고 유력한 왼쪽 풀백 자원으로 평가받았다. 하지만 부상으로 인해 눈앞까지 다가온 브라질행 티켓을 경쟁자인 윤석영에게 내줬다. 박주호는 최종 엔트리 발표를 한 달여 앞두고 발가락 염증이 악화돼 수술대에 올랐고, 결국 안정적인 치료를 위해 조기 귀국을 선택했다. 그러나 예상보다 부상 회복이 늦어져 결국 대표팀의 부름을 받지 못했다. 홍 감독은 왼쪽 측면 수비수를 최종 엔트리 구성 과정에서 가장 어려웠던 선택으로 꼽았다. 그는 "박주호는 아직까지 부상 부위가 10% 정도 아물지 않았다. 아직 실밥도 풀지 않았다. 코칭스태프와 의료진은 월드컵 준비 기간을 놓고 볼 때 회복을 어느 정도 할 수 있을지 고민했다. 가장 중요한 것은 부상 재발 가능성이다. 박주호가 한국에 돌아와서 빠르게 회복을 했지만 선택이 쉽지 않았다"고 배경을 설명했다.

'K리그 자존심'으로 불리는 포항 미드필더 이명주도 최종 엔트리에서 제외됐다. 이명주가 탈락한 이유는 포지션 경쟁력 때문이다. K리그 역대 최다 연속 공격 포인트를 작성한 그는 소속팀에서 공격 자원으로 활약하고 있지만 정작 대표팀에서는 수비형 미드필더로 테스트를 받아왔다. 홍 감독은 수비형 미드필더 4명 중에서 마지막 한 장의 카드를 놓고 박종우와 이명주를 저울질했다. 결국 공격성이 강한 이명주보다는 안정적인 수비를 펼치는 박종우를 최종 선택했다. 홍 감독은 "이명주가 포항에서 공격 자원으로 뛰고 있기에 공격수들과 경쟁이 불가피했다. 동계 훈련에서 이명주에게 수비를 강조했는데 결과가 이렇게 나왔다"고 이유를 밝혔다.

반면 남아공월드컵 출전이 불발되면서 절치부심했던 이근호와 곽태휘는 브라질행을 확정 지으며 명예 회복에 성공했다. 둘은 지난 4년 동안 '비운의 사나이'라는 꼬리표가 따라붙었지만 이제는 어엿한 '월드컵 전사'로 거듭났다. 곽태휘는 '허정무호'에서 부동의 중앙 수비수로 활약했다. 남아공월드컵 예선에서도 수비 라인의 중심축으로 꾸준한 활약을 이어갔지만 최종 엔트리 발표 직전에 열린 벨

라루스와의 평가전에서 무릎 부상을 당하며 대표팀에서 낙마했다. 이근호도 남아공월드컵 예비 엔트리 26명에 포함돼 오스트리아 전 지훈련까지 참가했지만 마지막 고비를 넘지 못하고 최종 엔트리에 이름을 올리지 못했다. 월드컵 예선에서 팀 공헌도가 높았지만 본선을 앞두고 유럽 진출을 시도하다 불발되면서 경기력이 급격하게 떨어진 것이 발목을 잡았다.

홍 감독은 2년 전 런던올림픽 최종 엔트리 발표 기자회견에서 "살을 도려내는 듯한 아픔을 겪었다"면서 예선 기간 동안 한솥밥을 먹었지만 아쉽게 본선 무대에 함께하지 못한 제자들에 대한 미안함을 표현했다. 하지만 브라질월드컵 최종 엔트리를 발표할 때는 사뭇 냉정한 태도를 보였다. 그는 "이번 명단 발표가 축구 팬들의 많은 관심을 받고 있다. 많은 고민을 했다. 23명을 결정했고, 우리는 앞으로 브라질월드컵 32개국 중에 가장 힘든 도전을 해야 한다. 무엇이 필요한지 전체적으로 점검해서 선수들을 선발했다"고 강조했다.

홍 감독은 발표 전날 밤까지 고민을 거듭했다. 한국 축구에서 최고로 평가받는 선수들을 놓고 선택과 탈락을 결정짓는 일이라 그럴 수밖에 없었다. 이미 지난 11개월 동안 14차례 평가전을 통해 선수들의 장단점을 파악했지만 마지막 결정을 앞두고는 머릿속이 복잡해졌다. 결단을 내린 이상 23명의 선수들을 이끌고 브라질월드컵에서 결과를 통해 모든 이들에게 인정받는 것이 마지막 남은 숙제로 남겨졌다.

최종 엔트리 발표를 통해 홍명보호의 색깔은 분명해졌다. 2년 전 런던올림픽에서 동메달 신화를 이뤄낸 이른바 '홍명보의 아이들'을 주축으로 유럽 빅 리그에서 활동하는 선수들을 모두 불러 모았다. 특히 구자철, 김보경, 윤석영, 김영권, 이범영은 2009년 홍 감독이 청소년대표팀 지휘봉을 잡은 이후 치른 홍명보호의 4차례 메이저 대회를 모두 출전하게 됐다.

브라질월드컵 대표팀의 가장 큰 특징은 더 크고, 더 젊어졌다는 것이다. 브라질월드컵에 나설 홍명보호는 평균 연령이 25.96세로 역대 월드컵 대표팀 중에서 최연소 팀이다. 젊어진 만큼 체격도 커졌다. 1986 멕시코월드컵부터 2006 독일월드컵까지는 대표팀 선수들의 평균 신장이 180㎝ 안팎이었다. 2010 남아공월드컵 대표팀은 182㎝를 넘어섰지만 이번에는 184㎝로 훌쩍 커졌다.

해외파 비율에서도 압도적인 수치를 보인다. 23명 중에서 K리거는 6명에 불과하다. 74%에 해당하는 총 17명의 선수들이 해외에서 뛰고 있어 역대 월드컵 대표팀 사상 가장 해외파 비중이 높은 팀이 됐다. 해외파를 권역별로 나눠보면 독일, 잉글랜드 등 유럽에서 활동하는 선수들이 9명으로 전체 선수단의 40%를 차지하고, 중국과 일본 등 아시아 지역에서 활동하는 선수들이 8명이다. 2010 남아공월드컵 당시 해외파 수(10명)와 비교해도 눈에 띄게 늘어난 수치다.

하지만 패기로 무장한 대표팀은 양날의 검을 지니게 됐다. 어린 선수들이 팀의 주축이 되면서 경험 부족이 아킬레스건으로 지목됐다. 남아공월드컵 당시에는 2006 독일월드컵 출전 멤버가 8명 포함됐지만 이번 최종 엔트리 23명 중에서 직전 대회인 남아공월드컵에 출전한 선수는 5명에 불과하다.

하지만 월드컵 등 국제대회 경험이 풍부한 선수는 적지만 유럽 무대에서 활동하는 선수들의 숫자는 오히려 많아졌다. '큰물'에서 활동하는 선수들이 늘어난 만큼 세계적인 선수들과의 맞대결에서 예전처럼 막연한 두려움을 갖지 않을 것으로 전망된다. 홍 감독도 "역대 월드컵 선수들과 비교해 연령대가 낮은 것은 사실이다. 하지만 경험과 재능은 나쁘지 않다고 생각한다"고 팀 전력을 평가했다.

또한 이번 대표팀은 과감한 세대교체를 통해 2002 한일월드컵 4강 추억에서 완전히 벗어났다. 2010 남아공월드컵에서는 이천수, 박지성, 김남일 등 4강 멤버들이 대표팀의 중심축 역할을 수행했지만 브라질에서는 이들의 모습을 볼 수 없다. 23명 최종 엔트리에서 30대 선수는 곽태희 단 한 명이다.

그로 인해 브라질월드컵은 한국 축구의 미래를 내다볼 수 있는 좋은 기회로 여겨지고 있다. 2002 한일월드컵 멤버가 단 한 명도 포함되지 않은 첫 대회이기에 향후 한국 축구의 방향성을 제시할 수 있는 터닝 포인트가 될 수 있다.

홍명보호에도 2002 한일월드컵의 유산은 남아 있다. 당시 주장을 맡았던 홍 감독이 팀의 지휘봉을 잡고 있고, 수비 라인의 핵심 멤버였던 김태영 수석코치도 함께하고 있다. 홍명보호의 부족한 2%를 23명의 태극전사들을 보좌할 코칭스태프가 채워줄 수 있다. 특히 홍 감독은 선수로서 1990 이탈리아월드컵부터 4회 연속 월드컵 본선 무대를 밟았고, 2006 독일월드컵에서는 코치로 활동한 한국 최고의 '월드컵 전문가'다. 홍 감독은 "감독으로서 처음 나가는 월드컵이라 새로운 경험이다. 그동안 월드컵에 나가며 쌓은 경험을 바탕으로 부족한 점을 잘 준비하겠다"면서 새로운 도전에 대한 자신감을 드러냈다.

세월호 침몰 사고 희생자들의 넋을 기리는 묵념으로 시작된 최종 엔트리 발표 행사는 홍 감독의 비장한 각오를 마지막으로 마무리됐다. 그는 브라질월드컵에서 축구를 통해 깊은 슬픔에 빠진 국민들에게 희망을 선물하겠다는 목표를 제시했다.

"월드컵에 참가하는 각국의 전력을 놓고 보면 우리가 쉽게 결과를 만들 입장은 아니다. 모두 충분히 이해하실 것이다. 우리는 도전을 통해 성공으로 나아가야 한다. 월드컵을 준비하는 과정에서 혹독한 훈련을 한 뒤 본선에 나갈 것이다. 그것이 가장 필요하면서도 잘할 수 있는 부분인 것 같다. 우리 팀이 역대 최강의 월드컵 대표팀이라고는 생각지 않는다. 다만 최고의 팀이 되기 위해 남은 기간 동안 준비하겠다. 대한민국을 위해, 국민을 위해 한 번 더 힘을 낼 수 있는 상황이라고 생각한다. 결과를 부정적으로 보지 않는다. 국민들을 위해 희망을 불씨를 꺼뜨리지 않겠다."

월드컵 본선 체제의 출발선에 선 홍명보호는 팀의 슬로건인 '원 팀, 원 스피릿, 원 골'을 가슴에 새기고 하나의 목표를 향해 달려갈 채비를 마쳤다.

홍 감독은 취임 기자회견에서 대표팀 운영에 대한 확고한 철학을 밝혔다. 그는 첫 감독직에 오른 2009년 청소년대표팀 시절부터 꾸준히 이어져온 '팀 퍼스트' 정신을 국가대표팀에도 그대로 이식하겠다는 의지를 드러냈다.

"저는 1명의 주장보다는 23명의 주장이 낫다고 생각한다. 앞으로 대표팀은 원 팀, 원 스피릿(정신), 원 골(목표)이 가장 중요한 슬로건이 될 것이다. 이것을 벗어나는 선수는 대표팀에 들어오기 힘들다. 최고의 선수들이 들어오는 것이 아니라 최고의 팀을 위해 선수를 선발할 것이다."

PART 1

국가대표팀
홍명보호

새로운 도전
국가대표팀 홍명보호의 등장

01

"대한민국 축구대표팀 감독 홍명보입니다."

2013년 6월 25일 파주NFC(National Football Center, 한국 축구 각급 국가대표팀의 전용 훈련 시설) 대강당. 홍명보 감독이 축구대표팀 신임 감독 취임 기자회견을 위해 강당 무대에 등장하자 수많은 플래시가 터졌다. 자리에 앉은 홍 감독은 대권을 잡고 처음으로 공개 석상에 나선 심정을 짤막하게 전했다. 그리고 준비해 온 발표문을 가죽가방에서 꺼내 차분히 읽어 내려갔다.

"쉽지 않은 환경이지만 제가 그동안 쌓아온 모든 것을 걸고, 제가 가진 지혜와 지식으로 몸과 마음을 대한민국 축구팀에 불사르겠다."

단호했다. 원고지 3장 분량의 소감문에는 위기에 처한 한국 축구를 위해 자신부터 희생하겠다는 의지가 분명하게 드러나 있었다. 사실 긴 말이 필요치 않았다. 홍 감독이 브라질월드컵을 이끌 대표팀 사령탑으로 적임이라는 여론이 지배적이었고, 한국 축구가 다시 한 번 세계를 놀라게 할 주인공으로 가장 적합한 인물이기도 했다.

그의 눈빛에서는 자신감이 넘쳤다. 8회 연속 월드컵 본선에 진출한 한국 축구에 대한 자부심이 느껴졌다. 한국 축구의 살아 있는 전설인 홍 감독은 자타 공인 월드컵 전문가다. 1990 이탈리아월드컵부터 2002 한일월드컵까지 선수로서 4회 연속 본선 무대를 밟았다. 2006 독일월드컵에서는 딕 아드보카트 감독을 보좌해 코치로서 월드컵을 경험했다. 그리고 2014년 브라질에서는 한국 대표팀의 수장으로서 생애 여섯 번째 월드컵에 도전장을 내밀었다.

홍 감독은 취임 기자회견에서 자신이 생각한 한국 축구와 대표팀에 관한 소신을 가감 없이 전달했다. 하지만 단 한 가지만은 예외였다. 바로 브라질월드컵에서 달성하고자 하는 목표치에 관한 이야기였다. 월드컵을 1년여 앞두고 대표팀에 새로운 사령탑이 선임되자 모든 눈과 귀는 대표팀이 브라질에서 어떤 결과를 만들어낼지에 쏠렸다.

2002 한일월드컵에서 4강 신화를 이룬 주인공이 이끄는 대표팀이 분명 또 다른 기적을 만들어낼 것이라는 기대감에 휩싸였다. 한국 축구는 2010 남아공월드컵에서 원정 대회 사상 첫 16강 진출에 성공했으니 브라질월드컵에서는 그 이상의 성과를 이뤄낼 것이라는 막연한 기대도 불러일으켰다.

그렇지만 홍 감독은 흔들리지 않았다.

"물론 브라질월드컵의 목표는 굳이 제가 말하지 않아도 국민들이 바라는 것이 있을 것이다. 그게 목표가 될 것이다. 지금까지 연령대별 대표팀을 이끌면서 공식 기자회견을 통해 목표를 말하지 않았다. 선수들과 시간을 갖고 어느 정도 갈 수 있을지를 고민한 뒤 목표를 설정할 것이다."

그의 입을 통해 명확한 목표가 제시되지 않았다고 해서 실망할 이유는 없었다. 결과만큼이나 과정을 중요시하는 지도자이기에 그가 그리는 남은 1년간의 청사진이 어떠한 모습일지가 더 궁금했다.

홍 감독은 취임 기자회견에서 대표팀 운영에 대한 확고한 철학을 밝혔다. 그는 첫 감독직에 오른 2009년 청소년대표팀 시절부터 꾸준히 이어져온 '팀 퍼스트' 정신을 국가대표팀에도 그대로 이식하겠다는 의지를 드러냈다.

"저는 1명의 주장보다는 23명의 주장이 낫다고 생각한다. 앞으로 대표팀은 원 팀, 원 스피릿(정신), 원 골(목표)이 가장 중요한 슬로건이 될 것이다. 이것을 벗어나는 선수는 대표팀에 들어오기 힘들다. 최고의 선수들이 들어오는 것이 아니라 최고의 팀을 위해 선수를 선발할 것이다."

잉글랜드 프리미어리그 맨체스터 유나이티드를 27년간 이끈 알렉스 퍼거슨 감독도 "팀보다 위대한 선수는 없다"는 소신을 바탕으로 세계 최고 명장의 자리를 지켰다. 그는 2013년 은퇴할 때까지 팀이라는 공통의 가치를 버리는 선수는 절대 함께할 수 없다는 철학을 통해 맨유를 유럽 최고의 클럽으로 군림할 수 있게 만들었다.

홍 감독도 팀이 만들어낼 수 있는 무형의 힘을 여러 차례 경험해왔다. 2002 한일월드컵 4강 진출, 2012 런던올림픽 동메달 획득이 모두 하나 된 팀에서 출발해 만들어낸 기적이었다.

홍 감독의 발언은 팀을 위해 희생할 준비가 되어 있지 않은 선수들에게는 월드컵 무대를 밟을 기회를 주지 않겠다는 선언이나 다름없었다. 개인으로서 모든 것을 포기하고 팀이라는 최고의 가치를 위해 모든 것을 바칠 준비가 된 선수들만 브라질에 데려가겠다는 의지의 표현이기도 했다.

홍 감독이 '원 팀'을 강조한 데는 한국 축구의 새로운 과제로 떠오른 해외파와 국내파 간의 갈등을 해소하겠다는 의지도 담겨 있었다. 2000년대 초반만 해도 대표팀 구성원 중에서 일부만이 해외 리그에서 활동했다. 활동 무대도 폭넓지 않았다. 해외파라고 해도 당시에는 지리적으로 가까운 일본 J리그에서 뛰는 선수들이 대부분이었다.

하지만 2002 한일월드컵을 기점으로 한국 선수들의 해외 진출 무대가 다양해졌다. 월드컵 직후 네덜란드 무대에 진출한 박지성이 2005년 세계적인 명문 구단인 맨체스터 유나이티드에 입단한 뒤 맹활약을 펼치면서 한국 선수들에 대한 유럽 클럽의 평가도 달라졌다. 최근에는 독일 잉글랜드 등 유럽 4대 리그에서 활동하는 선수들의 숫자가 두 자릿수에 이를 정도로 많아졌다. 또한 일본에만 집중됐던 아시아 지역에서도 중국, 카타르, 사우디아라비아 등 해외 진출의 선택지가 넓어졌다. 불과 10년 전만 해도 '그들만의 리그'로만 동경해온 유럽축구연맹(UEFA) 챔피언스리그에서도 이제는 한국 선수들이 뛰는 모습을 어렵지 않게 볼 수 있다.

해외 리그에 진출하는 선수들이 급격하게 늘어나자 대표팀 내 구성원의 비중에도 큰 변화가 찾아왔다. 최근에는 대표팀 선수들의 70퍼센트 이상이 해외 리그 소속으로 채워졌다.

문제는 해외파와 국내파 선수들 간에 연결 고리가 단단하지 않다는 것이다. 특히 유럽에서 활동하는 선수들은 어린 나이에 해외 진출을 한 경우가 많아 국내 선수들과 교류 폭이 넓지 않았다. 또래 선수들은 어린 시절부터 함께 봐와서 큰 문제가 없었지만 선후배 간에 보이지 않은 벽을 뛰어넘기는 쉽지 않았다.

결국 남아공월드컵 이후 브라질월드컵을 준비하는 기간 동안 대표팀 내 국내파와 해외파 간의 갈등이 수시로 불거져 나왔다. 게다가 홍 감독이 대표팀 지휘봉을 잡기 직전 브라질월드컵 최종 예선 마지막 3연전에서 한국의 졸전이 이어지자 여론의 화살은 계파 간 갈등으로 모아졌다. 국내파와 해외파 간의 융합되지 않은 팀워크가 부진의 이유로 지목되면서 선수들도 상당한 스트레스를 받았다. 선수들과 코칭스태프가 공식 인터뷰에서 계파 간 갈등이 없다고 수차례 강조했지만 의혹은 쉽게 가라앉지 않았다.

그렇지만 남아공월드컵 멤버였던 한 선수의 입에서 "예전만큼 팀에서 대화가 많지 않다"는 지적이 나올 정도로 대표팀 분위기가 이전과 다른 것은 분명한 사실이었다. 대표팀이 소집되면 같은 리그 또는 비슷한 연령대 선수들끼리 뭉치는 모습이 자연스럽게 펼쳐졌다.

유럽 리그에서 활동하는 선수들은 장기간의 해외 생활로 인한 향수를 대표팀 소집을 통해 풀기도 했다. 이들이 마음이 맞는 동료와 2~3시간씩 대화를 나누다 보니 나머지 동료들의 눈에는 '끼리끼리' 어울리는 것처럼 비치기도 했다.

홍 감독은 이러한 논란들을 경기력을 끌어올리는 것보다 앞서 해결해야 할 문제로 여겼다. 그는 "개인적으로 논란을 잠재울 수 있는 방법은 없다. 최근 경기 내용이 좋지 않다 보니 많은 분들이 그런 우려와 말씀을 하신다. 저는 처음부터 끝까지, 그리고 앞으로도 팀이라는 점을 가장 중요한 가치로 여기겠다"며 더 이상 구성원 간의 갈등은 없을 것이라고 강조했다.

대표팀 내부의 산적한 문제를 해결하는 것도 중요하지만 국가대표팀 홍명보호가 만들어갈 새로운 축구에 대한 궁금증도 컸다. 브라질월드컵 3차 예선을 지휘한 조광래 감독은 '만화 축구', 대표팀을 본선에 올려놓은 최강희 감독은 '닥공'이라는 독특한 브랜드를 만들어냈다. 홍 감독은 이미 2009년부터 연령대별 대표팀을 이끌어왔지만 최고의 선수들로 구성될 국가대표팀이라는 새로운 옷에 어떤 컬러를 입힐지 궁금증이 커졌다.

홍 감독이 브라질월드컵을 대비해 꺼낸 승부수는 '한국형 축구'였다.

"한국형 전술을 만들어서 한국형 플레이로 브라질월드컵에서 도전을 해보고 싶다. 우리는 스페인이나 독일 선수가 아니다. 우리 선수들이 가장 잘할 수 있고, 경쟁력 있는 전술을 만들어서 다가오는 월드컵을 준비하겠다."

예상 밖이었다. 특정 국가 또는 클럽 등 홍명보호가 벤치마킹할 구체적인 사례가 나올 것으로 기대했지만 그는 실체가 모호한 '한국형 축구'를 들고 나왔다. 한국형 축구를 이해하기 쉽게 한마디로 정리할 만한 설명도 덧붙이지 않았다. 말 그대로 한국이 가진 장점을 살려 세계 축구와 맞서보겠다는 의지의 표현 정도로만 해석됐다.

홍 감독은 한국형 축구에 대한 궁금증을 풀어주기 위해 몇 가지 힌트를 제시했다.

"축구라는 것은 많이 변하지 않는다. 우리 선수들의 근면성, 성실, 희생만으로도 전술을 만들 수 있다고 생각한다. 2002 한일월드컵에서는 저희가 좋은 지도자 밑에서 좋은 전술로 대회를 치렀다. 그때와 지금은 전술적으로 다른 것이 사실이다. 그라운드 어느 부분부터 압박을 해나가고, 어떻게 콤팩트한 축구를 할지는 브라질월드컵까지 남은 기간 동안 선수들과 만들어나갈 것이다."

단순하게 요약하자면 홍 감독이 목표로 삼은 한국형 축구는 2002 한일월드컵에서 거스 히딩크 감독이 활용한 강인한 체력을 기반으로 한 스리 백 전술은 아니라는 뜻으로 받아들여졌다.

그렇다면 그가 원하는 한국형 축구는 무엇일까? 답을 찾기 위해서는 5년 전으로 거슬러 올라가야 한다. 홍 감독이 2009년 2월 청소년대표팀 사령탑에 오를 당시부터 한국형 축구는 이미 시작됐다. 그는 청소년대표팀 감독 취임 기자회견에서 "이탈리아식의 콤팩트한

축구를 하고 싶다"는 바람을 전했다.

한국 최고의 수비수 출신인 그가 빗장 수비로 유명한 이탈리아 축구에 애정을 갖는 것은 당연한 일이다. 이탈리아식 콤팩트 축구는 안정적인 수비에 기반을 두면서 공수 간격을 타이트하게 운영해 어떤 상황에서든 손쉽게 공격 작업으로 이어질 수 있게 만드는 것이 핵심이다.

홍 감독은 롤 모델로 삼은 이탈리아식 콤팩트 축구에다 '현실'을 직시하는 눈을 더해 한국형 축구의 완성을 꿈꾸고 있다. 그는 청소년대표팀을 이끌 때부터 아시아 선수들보다 신체 조건이 우월한 유럽, 남미, 아프리카 선수들을 막연히 동경하기보다는 국내 선수들 중에서 자신의 역할을 가장 잘 소화할 수 있는 선수들에게 눈을 돌렸다. 그리고 자신이 선택한 선수에 대해서는 비교와 평가를 접어두고, 신뢰와 믿음을 통해 팀의 결속력을 극대화시켰다. 개개인의 부족한 능력을 팀워크로 커버하는 것이 한국형 전술의 핵심 근간이 되어왔다.

한국형 전술에서 빼놓을 수 없는 키워드가 바로 압박이다. 홍명보식 압박 축구는 런던올림픽에서 세계를 깜짝 놀라게 했다. 농구의 풀 코트 프레싱을 연상케 하는 전 방위 압박은 상대가 하프라인을 넘어서는 것조차 힘겹게 만들 정도로 강력한 무기가 됐다.

한국형 축구의 출발점은 볼을 소유하지 않은 시간에도 필드플레이어 10명이 모두 수비에 참여해서 상대의 공격 시도를 봉쇄하는 것이다. 그로 인해 그동안 공격에만 치중한 공격수들은 홍명보호에서 높은 점수를 받지 못했다.

홍 감독은 지휘봉을 잡고 나선 첫 메이저 대회인 2009년 이집트 청소년월드컵 조별 리그 1차전에서 당시 한국과 일본 프로무대에서 가장 각광받고 있던 이승렬과 조영철을 선발로 내세웠다. 하지만 그들의 경기력에 크게 실망하고 2차전부터는 서정진, 김민우 카드를 빼들었다. 당시 스포트라이트를 받은 스타들이 몰락한 이유는 공격에만 치중한 플레이 때문이었다. 성인 무대는 물론 청소년대회에서도 한국보다 전력이 뒤처지는 팀을 찾기는 힘들다. 모든 구성원이 하나가 되서 똘똘 뭉쳐야만 시너지 효과를 발휘해 상대를 꺾을 수 있다. 따라서 공격수들이 수비에 적극적으로 참여해야 하는 것은 기본이다.

당시 홍 감독의 결단은 압박이 수비수들만의 전유물이 아니라는 무언의 메시지를 던져준 계기가 됐다. 결국 청소년월드컵을 기점으로 홍명보호에서는 이름값보다 팀을 위한 희생이 선수 선발의 기준으로 자리 잡았다.

지난 5년간 기반을 닦아온 한국형 축구는 홍 감독이 대표팀의 지휘봉을 잡으면서 완성형 모델로 재탄생할 수 있는 기회를 잡았다. 청소년대표팀에서 올림픽대표팀을 거치는 동안 완벽한 한국형 전술을 구현하는 데는 걸림돌이 많았다. 우선 각 연령별 대표팀의 경우 선수 선발에 제약이 따른다. 청소년대표팀은 20세 이하, 아시안게임과 올림픽대표팀은 23세 이하로 선수 활용 폭이 제한되어 있다. 각

대표팀 기준에 부합하는 구성원들 중에서 최고 선수들을 불러 모으긴 했지만 포지션별로 아쉬움이 남기도 했다.

하지만 홍 감독이 한국 축구 최고 레벨의 대표팀을 이끌게 되면서 이제는 연령에 관계없이 모든 선수가 홍명보호의 일원이 될 수 있었다. 홍 감독이 기존 연령대별 대표팀을 이끌면서 구축한 한국형 전술을 개인 능력이 출중한 선수들에게 이식해 최고의 팀을 만들 수 있는 밑바탕이 마련된 것이다.

또한 연령대별 대표팀의 경우 해외에서 활동하는 선수들을 차출하기가 쉽지 않았다. 특히 유럽 클럽들은 성인 대표팀이 아니라 올림픽대표팀과 청소년대표팀 등 연령대별 대표팀 소집을 위해 선수들이 장시간 이동하는 것을 이해하지 못했다. 국가대표팀으로 확대 개편된 홍명보호는 확장된 인력 풀과 나은 소집 환경을 발판으로 한국형 전술의 완성판에 도전할 수 있게 됐다.

홍 감독은 취임 기자회견을 통해 1시간 가까이 취재진과 질의응답 시간을 가지면서 축구 팬들에게 많은 이야기를 전했다. 하지만 정작 그 자리에서 꼭 하고 싶었던 한 가지 이야기는 끝내 전하지 못하고 단상을 내려와야 했다.

그것은 브라질월드컵 개막까지 남은 1년 동안 대표팀을 어떻게 운영해야 할지에 대한 큰 틀의 가이드라인이었다. 1년이라는 시간이 길다면 길게 느껴질 수도 있지만 4년에 한 번 열리는 월드컵을 준비하기에 충분한 시간은 아니다.

좀 더 체계적인 준비 과정을 거쳐야만 본선에서 대표팀이 가장 강한 힘을 발휘할 수 있다는 것이 그의 생각이다.

홍 감독은 "기자회견을 통해 하고 싶은 말이 있었다. 준비를 해서 갔지만 기회가 없어서 이 이야기를 전하지 못했다. 브라질월드컵까지 대표팀을 4P에 맞춰서 운영해보고 싶다. 4P는 Plan(계획), Preparation(준비), Practice(훈련), Performance(실전)로 이어지는 하나의 과정"이라고 말했다.

4P는 대표팀의 단계별 운영 계획을 뜻한다. 브라질월드컵까지 열릴 10차례 이상의 A매치 평가전은 물론 브라질월드컵 본선에서도 4P라는 원칙을 토대로 대표팀을 이끌어나가겠다는 생각을 밝힌 것이다. 승리라는 최종 결과물을 내놓기 위해 상대가 결정되면 그에 맞는 훈련과 분석을 계획하고, 선수들이 맞춤형 훈련을 할 수 있는 준비가 필요하다. 그리고 정해진 시간 안에 최대한 효율적인 담금질을 통해 실전에 돌입해야 한다.

선수들의 소집 기간이 2박 3일로 한정된 A매치 데이와 4주간의 동계 전지훈련, 1개월 이상 선수단을 이끌어야 할 월드컵 본선까지 상황과 일정에 따라 선수단의 운영 기간이 제각각이지만 '4P'라는 기준은 변함이 없다.

홍명보호의 선장인 홍 감독은 자신의 축구 철학과 준비된 리더십을 바탕으로 월드컵이라는 험난한 파고에 맞서 선원들을 이끌어나갈 준비를 마쳤다.

이제 주사위는 던져졌다. 홍 감독의 취임 기자회견을 시작으로 새로운 도전에 나선 국가대표팀 홍명보호는 브라질월드컵을 향해 힘차게 출항했다. 붉은 악마의 함성이 전국에 울려 퍼질 2014년 6월, 또 한 번의 기적이 현실이 될 그 시간만이 남았다.

세 번째 제의 그리고 결심

02

　국가대표팀 후임 사령탑 문제로 한국 축구계가 시끄럽던 2013년 5월, 대한축구협회 고위 관계자가 비밀리에 홍 감독이 지도자 연수를 마치고 휴식 중이던 미국 LA로 향했다.

　당시만 해도 축구협회는 대외적으로는 대표팀의 지휘봉을 잡고 있는 최강희 감독의 계약 기간 연장을 마지막까지 추진해보겠다는 뜻을 밝혔다. 그로 인해 외부에는 새로운 후임 사령탑에 대한 선임 작업이 지지부진한 상황으로 비쳤다.

　당시 태극 전사들을 이끌던 최 감독은 2011년 말 전북 현대를 이끌고 K리그 두 번째 우승을 거머쥔 뒤 국가대표팀 지휘봉을 잡아 8회 연속 월드컵 본선 진출을 이뤄냈다.

　그렇지만 그가 대권을 잡는 과정에서 불협화음이 적지 않았다. 2010남아공월드컵에서 16강 진출을 이룬 허정무 감독은 대회 직후 축구협회의 연임 요청에도 "박수 칠 때 떠나겠다"면서 지휘봉을 내려놓았다. 축구협회는 대표팀의 연속성을 이어가고자 허정무호에서 수석 코치를 맡은 정해성 코치에게 대표팀 감독 제의를 했지만 그역시 손사래를 쳤다. 결국 제2의 대안을 찾던 축구협회는 당시 K리그에서 어린 선수들을 조련해 주목할 만한 성과를 올리고 있던 조광래 경남 감독에게 러브콜을 보냈다. 조 감독이 고심 끝에 제의를 받아들이면서 대표팀 수장에 올랐지만 그는 지휘봉을 잡은 지 1년 5개월 만인 2011년 12월 경질당했다. 조 감독이 대표팀을 물러나야 했던 이유는 성적 부진이었다. 대표팀은 브라질월드컵 아시아 지역 3차 예선 5차전 레바논과의 원정경기에서 1-2로 졌다. 한 수 아래로 평가했던 레바논에게 패한 것은 충격이었다. 하지만 한국은 예선 성적에서 3승 1무 1패로 선두를 달리고 있던 상황이라 조 감독의 전격적인 경질은 논란을 낳았다. 축구협회는 후임 사령탑에 대한 마땅한 대안도 없이 조 감독을 중도 하차시키면서 엄청난 비난을 받았다. 월드컵 본선행의 첫 고비로 여겨졌던 3차 예선 마지막 경기를 앞둔 상황이라 선뜻 대표팀 지휘봉을 잡겠다는 인물도 나타나지 않았다.

   결국 축구협회는 대표팀이 처한 위기를 슬기롭게 극복해줄 만한 대안으로 최강희 감독을 선택했다. 하지만 최 감독은 자신이 클럽에 적합한 지도자라고 강조하면서 대표팀 감독직에 대한 거부 의사를 분명히 밝혔다. 하지만 축구협회는 최 감독의 마음을 돌리기 위해 전 방위적인 노력을 기울였다. 최 감독은 선수 시절 자신의 스승인 조중연 축구협회장의 간청을 뿌리치지 못하고 대표팀 감독직을 수락했다. 당시 여론은 최 감독이 대표팀 감독으로 '영전'한 것이 아니라 '차출'을 당했다고 평가할 정도로 뒷말이 무성했다.

축구협회는 우여곡절 끝에 최 감독을 대표팀 감독직에 앉혔지만 곧바로 예상치 못한 상황을 맞게 됐다. 2011년 말 최 감독은 취임 기자회견에서 자신의 임기를 브라질월드컵 예선이 끝나는 2013년 6월까지로 못 박았다. 월드컵은 모든 지도자가 꿈꾸는 무대였지만 최 감독은 의리를 택했다.

그는 대표팀과의 계약 기간이 끝나면 2006년부터 지휘봉을 잡은 친정팀 전북에 복귀하겠다는 강력한 의지를 밝혔다. 당초 축구협회는 최 감독에게 월드컵 본선까지 임기를 보장해주려고 했지만 당사자가 완강하게 거부하자 당혹감을 감추지 못했다. 결국 축구협회는 급한 불을 끄기 위해 최 감독이 제시한 임기를 받아들였다. 그러면서도 축구협회는 '최강희호'가 월드컵 본선에 무난히 진출할 경우 여론의 힘을 빌려서라도 최 감독을 대표팀 사령탑에 앉혀놓을 수 있다는 여지를 남겨뒀다.

그렇지만 최 감독은 임기 내내 계약 기간에 대해서만큼은 한 치도 물러서지 않았다. 그는 한결같이 마지막 월드컵 예선 경기를 마치면 곧바로 자리를 떠나겠다는 굳은 의지를 전했다.

월드컵 본선을 1년 남겨둔 시점에서 대표팀 감독직이 공백 상태를 맞는 것은 누구도 원치 않았다. 그래서 축구협회는 일찌감치 후임 감독 선정을 위한 물밑 작업을 벌였다. 월드컵 예선이 끝나기 전에 홍 감독을 차기 사령탑 1순위로 정하고 본격적인 영입 작업을 시작한 것이다.

축구협회 고위 관계자가 LA로 향할 당시에는 이미 대표팀 차기 사령탑 문제를 놓고 홍 감독과 어느 정도 교감이 오간 상황이었다. 축구협회는 홍 감독이 필요했다. 브라질월드컵 본선 진출에 성공했지만 최종 예선 막판에 보여준 대표팀의 경기력은 실망 그 자체였기 때문이다. 레바논, 우즈베키스탄, 이란으로 이어진 최종 예선 6~8차전에서 한국은 단 1득점에 그치며 1승 1무 1패를 기록했다. 그나마 1승을 거둔 우즈베키스탄전도 상대 자책골로 얻은 행운의 승리였다. 월드컵 본선행을 앞두고 마지막 스퍼트를 해야 하는 시점에서 졸전이 이어지다 보니 '이대로 브라질에 가서는 안 된다'는 분위기가 팽배했다.

이러한 분위기는 홍 감독의 구원 등판에 힘을 실어줬다. 2012 런던올림픽에서 사상 첫 동메달을 획득하는 엄청난 업적을 달성해낸 홍 감독의 필요성은 시간이 갈수록 커졌다. 게다가 브라질월드컵 예선을 통해 대표팀의 주축으로 떠오른 20대 초중반의 태극 전사들은 대부분 홍 감독의 손을 거친 선수들이었기에 홍 감독은 사령탑 교체로 인한 대표팀의 혼란을 최소화할 최적의 카드였다.

남아공월드컵 이후 진행된 대표팀의 세대교체는 브라질월드컵 예선을 거치며 속도를 높여갔고, 본선에서는 더 젊고 활력 넘치는 팀 컬러로 승부수를 던져야 했다. 그로 인해 이른바 '홍명보의 아이들'이 브라질월드컵에 나설 대표팀의 핵심 자원으로 자리를 잡았다.

월드컵 본선까지 1년여의 시간이 남은 상황에서 주요 선수들의 장단점을 훤히 꿰뚫고 있는 홍 감독은 차기 사령탑으로서 최적의 대안이었다. 제아무리 이름난 외국인 명장이 대표팀을 맡는다고 해도 선수들의 성향과 특징을 파악하는 데 많은 시간을 허비할 수밖에 없다. '지피지기백전불패'라는 말과 같이 싸워야 하는 상대를 분석하고 파악하는 것만큼이나 자신이 적을 이기기 위해 어떤 무기를 가지고 있는지를 정확하게 아는 것도 중요했다.

홍 감독은 러시아 안지 지도자 연수 중에 대표팀 차기 사령탑 제의를 받고 고심에 빠졌다. 축구협회로부터 국가대표팀을 이끌어달라는 제의를 받은 것은 이번이 세 번째였다. 그는 이전 두 차례 제의를 정중히 거절한 바 있었다. 그는 한국 축구계에서 가장 영예로운 보직인 국가대표팀 감독을 맡아달라는 러브콜이 날아들었지만 좀처럼 흔들리지 않았다.

하지만 이번에는 달랐다. 이전 두 차례 제의를 받을 때는 자신이 대권을 잡을 수 없는 뚜렷한 이유가 있었기에 현실과 타협하지 않았다. 이전 두 차례 오퍼가 왔을 당시에는 올림픽대표팀 지휘봉을 잡고 있던 때라 선수들과의 약속을 저버릴 수 없었다. 홍 감독은 2009년 청소년대표팀 지휘봉을 잡으면서 마지막 종착역인 런던올림픽을 바라보고 한길만 걷겠다는 다짐을 했다. 오로지 홍명보라는 한국 축구의 영웅을 바라보고 4년간 호흡을 맞춰온 어린 선수들에게 실망을 안겨줄 수 없었기에 대표팀 감독 제의를 단칼에 잘라냈다.

또한 당시는 지도자로서 성장과 발전을 위해 노력해야 하는 단계였다. 대한민국 최고 레벨의 팀을 지도할 만한 역량을 아직 갖추지 못했다는 판단을 내렸다. 선수 시절 화려한 경력을 보유하고 있었지만 지도자의 세계에서는 배우고 느껴야 할 것들이 많이 남아 있었다. 지도자로서의 철학과 대표팀 운영에 대한 확고한 틀이 잡히지 않은 상황에서 큰물에 뛰어드는 것이 자신과 한국 축구에 도움이 되지 않는다는 것을 분명히 인지하고 있었다.

런던올림픽 이후 홍 감독은 인생의 갈림길에 섰다. 결국 그는 지도자 생활을 이어가기로 결정했다. 지도자로서 자신의 부족한 점을 메우기 위해 러시아 안지로 떠났다.

그는 안지에서 그동안 자신을 믿고 따라준 제자들에 대한 고마움을 다시 한 번 느꼈다. 세계 각국의 스타플레이어들이 모인 안지는 히딩크 감독의 카리스마도 힘을 발휘하지 못할 정도로 선수들의 개성이 강했다. 세계적인 명장인 히딩크 감독의 지시를 무시할 정도였으니 선수들을 다잡고 관리하기가 쉽지 않았다.

지도자 연수 내내 선수들의 무질서한 행동을 지켜본 홍 감독은 지도자의 지시를 잘 따르고 팀을 위해 희생할 줄 아는 우리 선수들이 더욱 그리웠다.

안지 연수를 마치고 러시아 생활을 정리하던 무렵 홍 감독은 모스크바에서 히딩크 감독과 함께 식사를 했다. 그는 5개월간 안지에서 지도자 연수를 할 수 있게 다리를 놓아준 히딩크 감독에게 고마움을 전하고, 자신의 미래에 대한 이야기를 꺼냈다. 스승에게 앞으로 자신이 가야 할 길에 대한 조언을 듣고 싶었다.

홍 감독은 만약 대표팀 감독 제의가 들어오면 어떤 결정을 내리는 것이 가장 합리적인지를 물었다. 히딩크 감독은 "홍 감독이 대표팀의 지휘봉을 잡는다면 나는 너무 기쁠 것 같다"는 말을 먼저 꺼냈다.

히딩크 감독은 2002 한일월드컵의 주장이었던 홍 감독을 누구보다 잘 알았다. 그가 월드컵 직후 더 큰 세상에 도전하겠다고 미국 무대로 향했을 때, 그리고 현역 은퇴 후 축구 행정가가 되겠다는 꿈을 잠시 접고 지도자의 길을 걷겠다고 나섰을 때도 히딩크 감독은 그를 진심으로 응원했다.

히딩크 감독의 진심 어린 반응은 홍 감독에게 큰 힘이 됐다. 히딩크 감독은 홍 감독에게 스승이자 선배로서 단 한 가지 조언을 전했다.

"만약 대표팀에서 제의가 들어온다면 결정을 하기 전에 주변 모든 상황을 냄비에 넣고 끓여봐라. 그러면 뭐든지 하나가 튀어나올 것이다. 튀어나온 것이 마음에 걸린다면 대표팀 감독을 맡지 말아야 한다."

대표팀 감독이라는 자리에 앉기 위해서는 모든 것을 내려놓아야 한다. 오로지 한국 축구의 발전과 영광을 위해 뒤를 돌아보지 않고 달려나가야 하는 자리기 때문이다. 지도자 자신뿐만 아니라 주변 상황들 중에 단 한 가지라도 대표팀 감독으로서 흔들릴 수 있는 변수가 있다면 지휘봉을 잡지 말아야 한다는 조언이었다.

대표팀 감독은 비난의 대상이 되기 십상이다. 또한 조그마한 실수도 용납되지 않는다. 특히 수많은 루머와 소문에 시달릴 수 있는 위치다. 선수 선발과 기용과 관련해서 잡음이 흘러나올 수 있고, 전략과 전술도 팬들의 안줏거리가 될 수 있다.

홍 감독은 히딩크 감독이 조언해준 대로 현재 자신을 둘러싼 모든 상황을 한데 모아봤다. 결론은 예상보다 간단명료했다. 그는 "끓여봤더니 아무것도 나오지 않았다. 그래서 대표팀 감독 제의를 수락하게 됐다"고 했다.

홍 감독이 대표팀 감독직 수락을 앞두고 가장 고민한 부분은 지난 4년의 시간을 함께한 '홍명보의 아이들'이었다. 홍명보의 아이들은 홍 감독에게 양날의 검과 같았다. 가장 든든한 지원자이자 아킬레스건이었다. 자신을 가장 잘 따르고, 누구보다 그들을 잘 알지만 대표팀 사령탑으로서는 이전의 추억들을 모두 잊어버리고 냉정한 평가를 내려야만 했다. 그들과 다른 선수들을 동등한 시각에서 바라볼 수 있다면 자신 있게 대표팀 지휘봉을 잡을 수 있다고 생각했다. 홍 감독과 선수들은 4년간 한솥밥을 먹으며 일반적인 사제 관계를 넘어 멘토와 멘티로서 서로를 의지하고 응원해주는 끈끈한 정이 생겼다. 스승과 제자 간의 튼튼한 연결 고리는 런던올림픽에서 사상 첫 동메달 획득이라는 신화를 이룩하게 한 가장 큰 원동력이기도 했다.

홍 감독도 자식 같은 선수들을 국가대표팀에서 다시 만난다면 다른 선수들과 같은 기준으로 바라볼 자신이 없었다. 그래서 감독직 제의를 선뜻 받아들이지 못한 것이다. 그렇지만 고민의 시간이 길어지면서 생각은 자연스럽게 변했다.

"어느 날부터인가 함께해온 선수들에게 냉정해질 수 있겠다는 확신이 들었다. 그들과는 오랜 시간 환상적인 시간을 보냈다. 그렇지만 과거가 미래를 100퍼센트 보장하지는 않는다. 어릴 때부터 지켜본 아이들이니만큼 경기력부터 성향까지 낱낱이 꿰고 있다. 발전이 없고 전보다 못한 모습을 보인다면 가차 없이 대표팀에서 1순위로 내치겠다는 마음을 먹었다."

홍 감독은 대표팀 감독직을 수락하면서 '홍명보의 아이들'과 함께한 추억은 가슴에 묻었다. 대표팀 지휘봉을 잡으면서 자신과의 인연보다는 선수 개개인의 경기력을 객관적으로 바라보겠다는 다짐을 했다. 대표팀 슬로건으로 제시한 '원 팀, 원 스피릿, 원 골'을 실현하기 위해서는 감독인 자신부터 달라져야 했다.

03 차별화된 첫 출항
킬러의 부재

축구 국가대표팀 훈련장인 파주NFC에 생경한 풍경이 펼쳐졌다. 말쑥한 정장을 입고 파주NFC 정문을 통해 본관으로 걸어 올라가는 태극 전사들의 입가에 어색한 미소가 번졌다. 지켜보는 이들도 대표팀의 색다른 입소 분위기에 쉽게 적응하지 못했다.

대표팀에 새로운 문화가 탄생했다. 홍명보호의 첫 훈련 소집일인 2013년 7월 17일, 선수들의 입소 풍경부터 이전과는 사뭇 달랐다.

홍 감독은 대표팀 지휘봉을 잡은 직후 선수단 운영과 관련한 혁신적인 매뉴얼을 만들었다. 한국 축구를 상징하는 인물인 선수 개개인은 대표팀 소집부터 퇴소하는 그 순간까지 국가대표로서의 책임감을 가슴에 품고, 단정한 모습을 유지해야 한다는 것이 골자였다.

홍 감독은 선수들의 대표팀 입소부터 파격적인 시도를 선택했다.

기존에는 대부분 선수들이 대표팀 소집 당일 자유로운 복장으로 가족 또는 에이전트의 차량을 이용해 파주NFC 본관 앞까지 이동했다. 하지만 홍명보호에서는 넥타이까지 맨 정장 차림으로 파주NFC 정문부터 걸어서 본관까지 이동을 하는 동선이 정해졌다.

홍 감독은 "기본적으로 밖으로 보이는 규율보다는 우리 내부의 규율이 얼마나 섰느냐가 중요하다. 그런 측면에서 옷을 잘 갖춰 입고 오라고 선수들에게 전했다. 그동안 지켜봤을 때 모자를 쓰고 찢어진 청바지나 티셔츠를 입고 입소하는 모습이 좋지 않아 보였다. 파주에서 첫 발걸음은 정문부터 시작이다. 본관까지 걸어서 이동하는 동안 국가대표로서 많은 생각을 할 것이다"라며 달라진 가이드라인을 설명했다.

한국 축구는 아시아 최초로 8연속 월드컵 본선 진출에 성공했지만 내부적으로는 잡음이 끊이지 않았다. 그라운드 안팎에서 크고 작은 문제가 불거지면서 대표팀에 대한 선수들의 생각이 예전 같지 않다는 비판이 쏟아졌다. 경기력보다 인성을 중요시하는 홍 감독으로서는 대표팀이 처한 현실을 용납할 수 없었다. 게다가 대표팀 수장에 오른 이후 주변에서 선수들의 기강 문제를 지적하는 목소리가 더욱 따갑게 느껴졌다.

홍 감독은 선수들이 지금까지 해왔던 모든 것들을 잊고 새로운 매뉴얼에 따라 행동하기를 원했다. 그래야만 바닥까지 추락한 대표팀에 대한 신뢰가 되살아날 수 있다고 믿었다. 대표팀에 발탁될 정도라면 이미 부와 명예를 어느 정도 축적한 선수들이다. 또한 20대

초중반 선수들은 그들 나름의 자유분방함이 있고, 베테랑 선수들은 선배로서 지금까지 해온 생활 패턴을 바꾸기가 쉽지 않다. 새로운 매뉴얼에는 선수들의 개성을 침범하지 않는 수준에서 대표팀 내 기강을 확립하겠다는 홍 감독의 의지가 담겨 있었다.

국가대표팀으로 탈바꿈한 홍명보는 그라운드 안에서도 파격적인 출발을 알렸다. 데뷔전이었던 2013년 7월 한국에서 개최된 동아시안컵 출전 명단은 이전 대표팀과는 완전히 달랐다. 이제는 월드컵 본선에서 세계적인 선수들과 어깨를 나란히 할 수 있는 대표팀을 만드는 것이 우선 과제였다.

그래서 '홍명보 1기'에서는 브라질월드컵 최종 예선을 통해 8회 연속 월드컵 본선 진출을 이끈 대부분 선수들이 명단에서 제외됐다. 검증된 자원 대신 향후 1년을 이끌 가능성 많은 인재들이 빈자리를 채웠다.

동아시안컵 대표팀에는 처음으로 태극 마크를 단 선수가 무려 6명이나 선발됐다. 막내 김진수(당시 21세)를 비롯해 김민우, 이용, 고무열, 윤일록, 김동섭 등이 처음으로 성인 대표팀에 합류했다. 이전 대표팀 소집에서는 많아야 1~2명에 그쳤던 새 얼굴이 한꺼번에 등장하면서 본격적인 새판 짜기가 시작됐다.

또 하나의 특징은 홍 감독이 청소년대표팀 시절부터 줄곧 지켜봐 온 선수들이 대거 대표팀에 입성한 것이다. 동아시안컵에 출전한 23명의 선수 중에서 16명이 연령대별 대표팀에서 홍 감독과 인연을 맺은 선수들이었다. 홍 감독은 자신의 품을 떠나서도 발전을 거듭하고 있는 선수들을 대표팀에 불러 성장 속도를 체크해볼 생각이었다.

'홍명보의 아이들'이 1기 대표팀에 대거 포함되면서 선수단의 평균 연령도 대폭 낮아졌다. 이들의 평균 나이는 24.7세로 불과 2개월 전 소집된 브라질월드컵 최종 예선 6~8차전에 출격한 멤버들의 평균 연령(26.2세)보다 1.5세나 줄어들었다. 1기 대표팀은 26세 이상의 선수가 단 6명에 불과하고 30대는 염기훈이 유일할 정도로 젊은 팀 컬러로 무장했다. 20대 초반 선수들이 대표팀의 중심축으로 급부상하자 우려의 목소리도 터져나왔다. 베테랑이 사라진 대표팀에서 구심점을 잡아줄 선참 선수가 필요하다는 의견이었다. 반면 변화의 폭은 예상을 뛰어넘었지만 그만큼 새로운 팀으로 거듭날 것이라는 기대감도 커졌다.

베일에 가려져 있던 홍명보호는 동아시안컵을 통해 실체가 드러났다. 막상 뚜껑을 열어보니 강점보다는 약점이 도드라졌다. 대표팀은 호주(0-0무), 중국(0-0무), 일본(1-2패)으로 이어지는 동아시안컵 3연전에서 2무 1패의 성적표를 받아 들었다. 단 1승도 거두지 못한 결과는 실망감을 안겨줬다. 내용에서도 포지션별로 희비가 극명하게 갈렸다. 3경기에서 2실점에 그친 수비 라인의 조직력은 호평을 받았다. 홍 감독도 첫 경기인 호주전을 마친 뒤 "수비와 압박에서는 우리 선수들에게 100점을 줄 만하다"고 치켜세웠다.

문제는 꽉 막힌 공격력이었다. 동아시안컵 3경기 동안 단 1득점에 그친 부실한 공격력으로 인해 최전방 공격수들의 자질이 여론의 도마 위에 올랐다. 8월 열린 페루전(0-0무)에서도 대표팀의 득점포는 시원하게 터지지 않았고, 결국 홍명보호의 첫 승 신고도 9월로 미뤄졌다.

답답한 공격이 이어지자 국내파 공격 자원 무용론이 고개를 들었다. 홍 감독은 대표팀 사령탑을 맡은 뒤 브라질월드컵까지 향후 1년에 대한 로드맵을 세웠다. 홍 감독은 7~8월 열리는 동아시안컵과 페루와의 A매치 평가전에서는 유럽 리그에서 뛰고 있는 선수들을 발탁하지 않은 채 국내파 위주로 대표팀을 운영하겠다는 구상을 세웠다. 그로 인해 동아시안컵에서는 원톱 공격수로 김신욱, 서동현, 김동섭이 선택을 받았고, 페루전에서는 김동섭과 조동건이 최전방을 책임졌다.

김신욱을 제외한 나머지 공격수들은 생애 처음 성인 대표팀에 부름을 받았거나 3~5년 정도 대표팀과 인연을 맺지 못하다 오랜만에 태극 마크를 달았다. 홍 감독은 월드컵 본선을 앞두고 잠재적 가능성을 보인 공격수들을 소집해 본선 경쟁력을 타진해볼 생각이었다. 특히 페루전에서는 2008년 10월 이후 4년 10개월 만에 한국 축구를 대표하는 '빅3' 공격수(이동국, 박주영, 김신욱)를 모두 제외한 대표팀 명단을 꾸렸다. 그만큼 홍명보호는 월드컵 본선을 대비하기 위해 새 얼굴을 적극적으로 찾아 나섰다.

대표팀에 합류한 공격수들은 모두 K리그에서 꾸준한 활약을 보이고 있는 상황이라 대표팀에서도 일정 수준 이상의 경기력을 보여줄 것으로 기대했다. 하지만 그라운드에 나선 공격수들의 파괴력은 예상을 밑돌았다. 상대를 무너뜨릴 킬러는 나타나지 않았고 결국 A매치 4경기를 소화하고도 별다른 소득은 없었다.

동아시안컵에서 최전방 공격수로 낙점받은 서동현은 문전 앞에서 집중력이 결여된 플레이로 실망감을 안겨줬고, 김신욱은 장점인 장신을 활용한 제공권 공격이 상대에게 읽힐 수 있는 전술이라는 점에서 낮은 점수를 받았다. 동아시안컵과 페루전에서 연속 발탁된 김동섭은 최전방에서 폭넓은 움직임을 보였지만 결국 공격 포인트를 단 1개도 생산하지 못했다. 조동건도 페루전 후반에 교체 투입됐지만 임팩트 있는 장면을 보여주지 못한 것은 마찬가지였다. 대표팀은 K리그에서 가장 컨디션이 좋은 공격수들을 불러들였지만 결과는 4경기 단 1득점에 그쳤다.

홍명보호가 선택한 공격수들이 A매치에서 연이어 저조한 모습을 보이자 아직까지 대표팀에 합류하지 않은 장외 주자들이 주목받기 시작했다. 유럽 리그에서 활동하는 공격 자원들이 대표팀에 합류하지 않은 시점이었지만 그렇다고 해서 국내파 '총알'이 다 떨어진 것은 아니었다.

자연스럽게 국내 최고 공격수로 평가받는 이동국 대표팀 활용론이 고개를 들었다. 이동국은 홍 감독이 대표팀 사령탑으로 부임하기 전만 해도 브라질월드컵 예선에서 꾸준히 중용을 받으면서 8회 연속 월드컵 본선행을 이끈 핵심 공격수였다. 게다가 월드컵 예선을 통해 A매치 99경기에 출전한 이동국은 센추리클럽(A매치 100경기 출전) 가입이라는 금자탑을 눈앞에 두고 있었다.

이동국은 2009년 전북 현대 이적 후 K리그에서 매 시즌 두 자릿수 득점을 기록하는 등 나이를 잊은 맹활약을 펼쳤다. 2009년에는 생애 첫 득점왕에 등극하며 팀을 우승으로 이끌었고, 2011년에는 도움왕에 오르며 전천후 공격수로 인정받았다.

그렇지만 그는 월드컵에서만은 비운의 인물로 통했다. 21세의 어린 나이에 1998 프랑스월드컵 본선에 출전한 그는 네덜란드전에서 중거리 슛 한방으로 깜짝 스타로 발돋움했다. 당시 대표팀은 대회 도중 감독이 경질될 정도로 최악의 경기를 이어갔지만 이동국이라는 신예 공격수의 등장은 유일한 위안거리였다.

이동국은 프랑스월드컵 이후 승승장구했지만 2002 한일월드컵을 앞두고 히딩크 감독의 눈 밖에 나 최종 엔트리 승선에 실패하며 좌절을 맛봤다. 당시 히딩크 감독은 세계적인 강호들과 대결을 펼쳐야 하는 월드컵을 앞두고 공격 자원들의 적극적인 수비 참여를 독려했다. 하지만 이동국은 월드컵 대비 기간에 공격에만 치중하는 모습을 보이며 실망감을 안겨줬다. 그는 한일월드컵의 아픔을 딛고 2006 독일월드컵 예선에서 주전 공격수로 맹활약을 이어가면서 본선행의 꿈을 키웠다. 당시 이동국은 대체 불가능한 대표팀의 원 톱 공격수였다. 그러나 불운하게도 본선 개막을 2개월 앞두고 K리그에서 무릎인대가 파열되는 부상을 입으면서 독일행이 불발됐다. 그리고 4년 뒤 이동국은 오뚝이처럼 재기에 성공해 2010 남아공월드컵 최종 엔트리에 이름을 올렸다. 돌고 돌아 12년 만에 세계 최고 무대에 도전하는 기회를 잡았지만 본선에서 치른 4경기에서 그에게 주어진 시간은 단 38분에 불과했다.

홍명보호가 출항한 직후 이동국의 대표팀 합류 가능성은 상당히 높아 보였다. 이동국은 K리그의 살아 있는 전설로 통할 만큼 경기력에 기복을 보이지 않았고, 위치 선정과 골 결정력만큼은 최고 레벨로 평가받았다. 대표팀 공격수들의 자질 논란이 불거질 때마다 이동국이 대안으로 떠올랐다. 하지만 홍 감독은 이동국을 월드컵 대비 기간 내내 단 한 번도 호출하지 않았다.

이동국을 활용하지 않는 홍 감독의 용병술에 대해 갑론을박이 벌어지기도 했다. 하지만 선수 선발은 감독의 고유권한이다. 축구계에서는 압박과 공격수들의 적극적인 수비 가담을 중요시하는 홍명보호의 팀 컬러와 전형적인 타깃형 스트라이커인 이동국의 플레이 스타일이 맞지 않아 공존할 수 없다고 분석했다.

홍 감독은 대표팀 사령탑에 선임된 뒤 동아시안컵을 앞두고 이동국과 대화를 나눴다. 당시 홍 감독은 "좋을 때 한번 (대표팀에서) 보자"는 말을 남겼다.

홍 감독과 이동국은 1998 프랑스월드컵에서 대표팀의 선참과 막내로 생활한 오래된 선후배다. 또한 2002년에는 포항 스틸러스에서 한솥밥을 먹기도 했다. 이들의 관계는 특별했다. 2002 한일월드컵을 앞두고 이동국이 최종 엔트리에서 탈락하자 주장이었던 홍 감독이 당시 사령탑인 히딩크 감독에게 재고를 요청할 정도로 아끼는 후배였다. 하지만 12년이 지나 홍 감독과 이동국이 사제 관계로 함께 월드컵 무대를 밟는 극적인 장면은 연출되지 않았다.

'양박 쌍용'의 균열 그리고 논란의 중심

04

    2002 한일월드컵에서 4강 신화를 이끈 후 침체기를 겪은 한국 축구는 2010 남아공월드컵에서 원정 사상 첫 16강 진출을 이뤄내며 다시 일어섰다. 그 중심에는 '양박 쌍용'이 있었다.

    박지성, 박주영의 성을 딴 '양박'과 기성용, 이청용의 이름 끝 자를 합친 '쌍용'은 한국 축구의 최고 히트 상품이었다. 2002 한일월드컵 멤버로서 유럽파의 선구자 역할을 해낸 박지성과 어린 시절부터 유망주로 두각을 나타내다 K리그를 통해 유럽 무대 진출에 성공한 박주영, 기성용, 이청용은 대표팀의 핵심 자원이었다. 이들은 남아공월드컵 본선 4경기에 모두 선발 출전하면서 주축 멤버로 팀을 이끌었다.

    4년 뒤 열리는 브라질월드컵에서 '양박 쌍용'의 재등장을 기대하는 팬들이 많았다. 그만큼 이들이 대표팀에서 차지하는 비중은 상당했다.

하지만 '양박 쌍용'의 균열은 일찌감치 시작됐다. 한국 축구의 영웅 박지성은 2011년 1월 카타르에서 열린 아시안컵을 마지막으로 국가대표팀 은퇴를 선언했다. 박지성은 고질적인 무릎 부상으로 인해 대표팀 생활을 지속하기가 현실적으로 힘들었다. 그는 잉글랜드 프리미어리그에서 활동하면서 A매치 때마다 장시간 비행으로 한국을 오가는 버거운 일정을 소화해야 했다. A매치를 마치고 영국으로 돌아가면 피로가 쌓인 무릎에 물이 차기 일쑤였다. 소속팀과 국가대표팀을 오가는 악순환의 고리를 끊는 방법은 태극 마크를 내려놓는 것뿐이었다. 선수 생활 연장을 위해서도 어쩔 수 없는 선택이었다.

남아공월드컵에서 주장을 맡은 박지성은 2002 한일월드컵부터 세 차례 연속 월드컵 무대를 밟았다. 또한 한국 선수로서 최단 기간(10년 295일)에 센추리클럽에 가입할 만큼 한국 축구를 위해 모든 것을 바치며 헌신했다. 그의 투혼을 기억하는 모든 이들은 태극 마크를 반납하겠다는 결정을 받아들일 수밖에 없었다.

박지성이 빠져나간 자리는 이청용이 메웠다. 이청용에게 박지성은 가장 존경하는 선배이자 롤 모델이었다. 둘은 잉글랜드 프리미어리그에서 함께 생활하면서 선후배 간의 돈독한 정을 쌓았고, 대표팀 내에서도 서로에게 큰 힘이 됐다. 박지성이 태극 마크를 반납한 이후에도 이청용은 대표팀 부동의 오른쪽 날개로 자리를 잡았다.

그러나 이청용은 남아공월드컵 이후 큰 시련을 겪었다. 2011년

7월 시즌 개막을 앞두고 열린 프리매치에서 정강이 이중 골절 부상을 당해 1년 가까이 재활에만 매달렸다. 엎친 데 덮친 격으로 이청용의 공백으로 인해 소속팀 볼턴은 2011~2012시즌 잉글랜드 프리미어리그에서 18위를 기록해 챔피언십(2부 리그)으로 강등당했다.

그렇지만 선수 생활을 위협받을 정도로 심각한 위기를 이겨낸 이청용은 더욱 단단해졌다. 활동 무대가 달라졌지만 그의 클래스는 변함이 없었다. 그는 클럽 내에서 여전히 촉망받는 공격 자원으로 통했고, 2012년 9월 우즈베키스탄과의 월드컵 예선을 통해 14개월 만에 대표팀에 복귀한 이후에도 변함없는 경기력을 과시했다.

홍명보 감독 체제로 새 출발한 국가대표팀에서는 기성용과 박주영이 논란의 중심에 섰다. 기성용은 경기 외적인 문제로 한동안 대표팀을 떠나야 했고, 박주영은 경기력이 발목을 잡아 대표팀 합류가 늦어졌다.

기성용은 SNS 파문으로 인해 홍역을 앓았다. 그는 2013년 6월 자신의 트위터를 통해 "리더는 묵직해야 한다. 모든 사람을 적으로 만드는 것은 리더의 자격이 없다"는 글을 올렸다. 이 글은 대표팀 지휘봉을 잡고 있던 최강희 감독에 대한 항명성 메시지로 받아들여졌다.

당시 기성용은 국가대표팀에서 제외돼 국내에서 휴식을 취하며 결혼 준비를 하고 있었다. 이전까지 꾸준히 태극 마크를 달았던 기성용은 브라질월드컵 최종 예선 마지막 3연전을 앞두고 대표팀에 발탁되지 못했다. 최 감독은 기성용이 시즌 막판 입은 부상 여파로 몸 상태가 완벽하지 않다고 판단해 그를 부르지 않았다. 최 감독은 기성용의 글을 자신을 향한 메시지로 보지 않았다. 다만 선수가 감독에게 할 이야기가 있다면 직접 찾아와서 당당하게 이야기해야 한다는 자신의 생각을 언론을 통해 밝혔다.

기성용은 SNS 글에 대한 논란이 증폭되자 7월 초 자신의 트위터와 페이스북 계정을 폐쇄했다. 그는 팬 카페를 통해 "여러분들과 소통하며 내가 표현하고 싶은 모든 것들을 표현하고 싶었다. 인터뷰를 하고 기사가 나가면 제가 하는 말들이 잘 전달되지 않고 덧붙여지는 경우가 많아 오해를 사는 것이 싫었는데, 오히려 트위터를 통해 더 전달이 안 될 줄은 몰랐다"며 계정 폐쇄 이유를 설명했다.

기성용이 SNS를 접으면서 논란이 일단락될 것으로 예상됐지만 며칠 후 그의 비밀 SNS 계정이 만천하에 공개되면서 논란은 일파만파로 번져갔다. 기성용이 절친한 친구 등 몇몇 지인에게만 공개한 SNS 계정에는 대표팀 사령탑을 비하하고 조롱하는 글이 올라와 있었다.

최 감독은 기성용이 활동했던 스코틀랜드 프리미어리그를 팀별 경기력 격차가 크다면서 한국의 3부 리그 격인 내셔널리그에 비유한 적이 있다. 이에 기성용은 비밀 SNS 계정을 통해 "고맙다. 내셔널리그 같은 곳에서 뛰는데 대표팀 뽑아줘서"라고 비아냥거렸다. 국내파만으로 가동했던 쿠웨이트전 이후에는 "이제는 모든 사람이 느꼈을 것이다. 해외파의 필요성을, 우리를 건들지 말았어야 됐고 다음부터 그 오만한 모습 보이지 않길 바란다. 그러다 다친다"라며 최 감독의 전략에 거침없는 비난을 가했다.

기성용의 비밀 SNS 계정에 올라온 글들은 충격적이었다. 혈기왕성한 20대 초반 선수의 철없는 실수로 치부하기에는 내용의 심각성이 도를 지나쳤다.

비밀 SNS 계정이 언론을 통해 공개된 뒤 기성용은 침묵으로 일관했다. 결국 기성용의 에이전트가 SNS 글의 사실 여부를 확인한 뒤 공식 사과문을 발표하면서 사태 수습에 나섰다. 하지만 기성용에 대한 팬들의 배신감은 좀처럼 사그라지지 않았다. 그로 인해 기성용을 대표팀에 뽑아서는 안 된다는 여론이 들끓었다.

홍명보 감독이 국가대표팀 감독으로 선임된 직후에 터진 기성용 파문은 홍명보호가 추구하는 절대적인 기준에도 정면으로 배치되는 사건이었다. 홍 감독은 실력보다 인성을 먼저 생각할 정도로 선수들이 국가대표에 걸맞은 마음가짐을 가지고 신중히 행동해야 한다고 수차례 강조해왔다. 또한 스승에게 항명을 하는 것은 축구계에서 절대 용납될 수 없는 행동이었다.

대한축구협회는 기성용의 SNS 파문이 일자 조사에 착수한 뒤 별도의 징계위원회를 열지 않는 대신 엄중 경고 조치를 내렸다. 국가대표 자격정지 등의 중징계가 내려지지 않은 만큼 다시 태극 마크를 다는 데는 절차상 문제가 없었다. 그렇지만 당시 대중은 기성용에게 면죄부를 부여하는 것을 용인하지 않는 듯한 분위기였다. 따라서 기성용을 대표팀에 복귀시키려면 징계보다 더 강력한 '국민 정서'를 돌리는 것이 우선이었다.

결국 기성용의 대표팀 복귀 문제는 홍 감독에게 공이 넘어갔다. 홍 감독은 지도자 생활을 시작한 뒤 제아무리 뛰어난 경기력을 갖췄다고 해도 위계질서를 무너뜨리고 팀워크에 해를 가하는 선수와는 함께할 수 없다는 철칙을 세웠다. 그는 기성용 파문 직후 열린 인터뷰에서 의미심장한 메시지를 전달했다.

"기성용에 대한 협회의 결정은 책임과 용서의 기회를 준 것이다. 한 나라의 대표로서 스승에 대한 행동이 적절치 못했다. 기성용은 대표팀 감독이 아니라 축구 선수로서 앞으로 바깥세상과의 소통보다 내면의 공간을 넓히길 바란다. 협회의 엄중 경고 조치과 대표팀 향후 선발 원칙은 별개다. 제가 밝힌 '원 팀'에 입각해서 판단할 것이다. 분명한 것은 선수의 기량은 여러 선발 기준의 하나일 뿐이다. 엄중 경고를 결코 가볍게 생각해서는 안 된다. 축구에서 옐로카드가 어떤 의미인지 기성용이 잘 파악하길 바란다. 앞으로 기성용을 주의 깊게 관찰할 생각이다."

기성용 파문을 의식한 듯 홍명보는 데뷔전이었던 동아시안컵 훈련 기간에 선수들을 상대로 SNS 활용법에 대한 특강을 열면서 '제2의 SNS 사태'가 발생하지 않도록 재발 방지에 신경을 썼다.

시간이 흐르면서 기성용 파문은 점차 사그라졌다. 대표팀도 7~8월 A매치에서 유럽에서 활동하는 선수들을 차출하지 않겠다는 방침을 세운 만큼 기성용의 대표팀 복귀 문제는 한동안 수면 아래로 가라앉았다. 9월 아이티, 크로아티아와의 A매치 2연전에서는 잉글랜드와 독일에서 활약하고 있는 구자철, 이청용, 손흥민 등이 대표팀 명단에 이름을 올렸지만 기성용만은 예외였다. 당시 기성용은 원 소속팀인 스완지시티에서 주전 경쟁에 밀려 있다 선덜랜드로 막 임대 이적을 한 상황이라 SNS 파문의 여파 때문이 아니더라도 경기력 측면에서도 대표팀 승선이 쉽지 않았다.

기성용의 대표팀 복귀 문제는 9월 A매치 직후 홍 감독의 잉글랜드 출장에서 분수령을 맞았다. 홍 감독은 유럽파 선수들의 소속팀 내 입지와 경기력을 점검하기 위해 8월에는 독일, 9월에는 잉글랜드로 날아갔다. 홍 감독은 선덜랜드에서 기성용을 만나 진솔한 이야기를 나눴다. 이들의 대화에서 축구 이야기는 없었다. 기성용은 홍 감독 앞에서 SNS 파문에 대해 진심으로 반성했고 대표팀에 합류하기 전에 최 감독을 찾아가 직접 사과를 하겠다고 약속했다.

홍 감독은 기성용이 전한 모든 이야기를 굳게 믿었다. 그리고 10월 열리는 브라질, 말리와의 A매치 2연전을 앞두고 기성용을 대표팀에 발탁했다. 기성용은 대표팀 합류를 위해 귀국한 뒤 "최강희 감독님을 직접 뵙고 사과드리고 싶다"는 바람을 밝혔다. 하지만 최 감독은 "이미 다 지난 일이다. 사과를 받을 것이 없다"면서 기성용을 만날 뜻이 없다는 점을 분명히 했다. 결국 기성용과 최 감독의 만남은 성사되지 않았고, 홍명보호 출범 이후 처음으로 대표팀에 합류한 기성용은 "제가 무엇을 잘못하고, 감독님과 팬들에게 어떻게 사과를 해야 하는지 잘 알고 있다. 말보다는 행동으로 보여드리는 게 중요하다"며 언론을 통해 사과의 메시지를 남겼다.

돌아온 기성용은 예전과 달랐다. 이전 훈련에서는 동료들과 장난을 치며 항상 밝은 표정을 보여줬지만, 파문 이후 처음으로 참여한 대표팀 훈련에서는 시종일관 담담한 표정을 유지했다. 그도 주변의 시선을 의식하지 않을 수 없었다. SNS 사태의 여파가 남아 있는 만큼 10월 A매치 2연전의 훈련 태도와 경기력은 그의 향후 대표팀 합류에도 상당한 영향을 미칠 수밖에 없었다.

기성용은 브라질(0-2패)과 말리(3-1승)전에서 연속 풀타임 출전하면서 명불허전의 경기력을 뽐냈다. 덕분에 홍명보호의 허리 고민도 단숨에 사라졌다. '말보다 행동으로 보여주겠다'던 그의 약속은 어느 정도 지켜졌다. 기성용이 합류한 이후 대표팀의 중원 조합은 기성용을 붙박이로 놓고 그의 파트너를 찾는 방향으로 급선회했다. 파문 이후 몸과 마음이 더 단단해진 기성용은 대표팀에 없어선 안 될 존재가 되었다.

기성용이 단발성 악재로 인해 힘든 시간을 보냈다면 '양박 쌍용'의 또 다른 축인 박주영은 길고 어두운 터널을 마지막 순간에서야 벗어났다.

홍 감독은 국가대표팀 사령탑 취임 직후 선수 선발에 대한 대원칙을 공개했다. 소속팀 경기에 정기적으로 출전하지 못하는 선수는 대표팀에 선발하지 않겠다는 기준을 밝힌 것이다. 가슴에 태극 마크를 달기 위해서는 먼저 소속팀 경쟁에서 살아남아야 했다. 이러한 기준은 대표팀의 전체적인 경기력을 감안한 결정이었다. 선수들은 대부분 시간을 소속팀에서 보내게 된다. A매치 소집 기간은 길어야 1주일이기 때문에 소속팀에서 완벽하게 만들어진 몸 상태로 대표팀에 합류해야 최고의 경기력을 보여줄 수 있다. 쉽게 말해 대표팀은 선수들이 몸을 만들기 위해 훈련을 하는 곳이 아니다. 합류 이후 컨디션 조절 정도만 한 뒤에 경기에 바로 출전해야 한다.

홍 감독의 선수 선발 기준은 홍명보호의 출항 이후 철칙으로 받아들여졌다. 선수의 이름값, 과거의 명성과 경기력은 대표팀 발탁의 중요한 척도가 아니었다. 그로 인해 런던올림픽까지 '홍명보의 아이들'로 불린 선수 중에서 일부는 대표팀에 승선하지 못하는 상황이 벌어지기도 했다. 소속팀에서 경기에 계속 출전하지 못한다 해도 최소한 교체 선수 명단에 이름을 꾸준히 올려야만 대표팀에 부름을 받을 수 있었다. 리저브 명단에 포함됐다는 것은 경기에 출전할 준비를 마쳤다는 신호로 여겨지기 때문이다.

이러한 선수 선발 기준으로 인해 팀 내 경쟁에서 밀려난 선수들은 브라질월드컵을 앞두고 새로운 팀으로 이적·임대 이적을 모색하기도 했다. 팀 내에서 자신의 자리를 찾지 못하면 브라질월드컵 출전이라는 꿈도 날아가버릴 운명이라 생존을 위한 변화가 필요했다.

월드컵 출전을 위해 유니폼을 갈아입는 과감한 도전이 성공한 케이스도 있지만 그 반대로 더욱 힘든 상황을 맞게 된 선수도 나타났다.

기성용은 프리미어리그 두 번째 시즌인 2013~2014 시즌을 앞두고 스완지시티에서 중원 경쟁자들이 대거 합류하면서 주전 경쟁에 빨간불이 켜졌다. 그는 결국 더 많은 출전 기회를 잡겠다는 신념 하나로 여름 이적 시장 막판 선덜랜드로 임대 이적을 확정 지었다. 기성용은 선덜랜드에서 중원 사령관으로 빠르게 자리를 잡았고, 스완지 시절 보여주지 못한 공격 본능까지 폭발시키면서 자신의 영역을 더욱 넓혀갔다.

반면 2013년 1월 K리그 전남에서 잉글랜드 프리미어리그 퀸즈파크레인저스(QPR)로 이적한 윤석영은 유럽 최고의 무대에 입성했지만 시즌 종료까지 단 한 차례도 1군 경기에 나서지 못하면서 깊은 슬럼프에 빠졌다. 이적 확정 후 박지성과 같은 클럽에서 코리안 듀오로 활약할 것이라는 장밋빛 전망이 나왔지만 11번째 한국인 프리미어리거의 영국 생활은 고난의 연속이었다. 결국 QPR에서 자리를 잡지 못한 그는 챔피언십(2부리그) 돈캐스터로 긴급 임대 이적하며 터닝 포인트를 잡는 듯 보였다. 하지만 부상이 발목을 잡으면서 임대 기간 3개월간 단 3경기 출전에 그쳤다.

윤석영은 청소년대표팀과 올림픽대표팀에서 붙박이 왼쪽 풀백으로 각광을 받았지만 시간이 갈수록 대표팀에서 입지가 줄어들었다. 홍명보호의 깜짝 스타로 떠오른 김진수와 일찌감치 유럽 무대에 진출해 스위스 바젤과 독일 마인츠에서 활약한 박주호와의 격차는 시간이 갈수록 커졌다.

박주영도 이적이라는 변수로 인해 운명이 요동쳤다. 프랑스 리그1(리그앙, Ligue 1)에서 3시즌 동안 26골을 터뜨리며 꾸준한 활약을 보여준 그는 2010~2011시즌이 종료된 뒤 같은 리그의 디펜딩 챔피언 릴로부터 이적 제의를 받았다. 검증된 공격수를 영입하려는 릴과 새로운 팀에서 재도약을 노리던 박주영의 이해관계가 맞아떨어졌다. 이적 작업이 순조롭게 진행되면서 박주영의 릴 입단은 기정사실로 받아들여졌다.

하지만 예상치 못한 반전이 일어났다. 박주영은 릴 구단과 입단에 합의하고 1차 메디컬테스트를 받은 뒤 갑작스럽게 잉글랜드로 날아갔다. 최종 사인만 남겨둔 릴은 박주영의 돌발행동에 강력하게 항의했지만 이미 그의 마음은 잉글랜드 프리미어리그 아스널로 향해 있었다. 그리고 2011년 여름 이적 시장 마지막 날 박주영은 아스널 입단을 확정 지었다.

박주영의 아스널행은 이적 과정부터 잡음이 많았지만 그의 선택은 이후에 더 큰 시련으로 이어졌다. 아스널에서 그의 자리는 없었다. 박주영은 첫 시즌인 2011~2012시즌 리그 1경기를 포함해 6경기 출전에 그쳤다. 아스널의 아르센 벵거 감독의 머릿속에서 박주영의 이름은 잊힌 것처럼 보였다. 팀 전력에서 완전히 배제된 느낌이었다.

결국 박주영은 2012~2013시즌 개막 직후 스페인 프리메라리가 셀타 비고로 1년 임대를 떠났다. 경기 출전에 목이 말라 있던 그는 스페인 무대에서 시즌 초반 득점포를 가동하면서 연착륙에 성공했다. 하지만 시간이 지날수록 그의 입지는 약화됐고, 출전 시간도 줄어들었다. 박주영은 셀타 비고에서 1년 동안 리그 22경기를 뛰면서

3골을 기록한 뒤 다시 짐을 쌌다. 셀타 비고와의 결별도 깔끔하지 못했다. 박주영은 에스파뇰과의 시즌 최종전에서 팀 내 규정을 어기고 경기장에 나타나지 않아 벌금을 부과받으며 스페인 생활을 정리했다.

아스널로 돌아온 박주영에게 달라진 것은 없었다. 2013~2014시즌 전반기 동안 리그컵 단 1경기 출전에 그치며 '유령 선수'라는 별칭까지 얻게 됐다.

월드컵을 1년여 남긴 시점에서 홍명보호가 출범하면서 갈 길을 잃어버린 박주영에 대한 우려의 목소리가 점차 커졌다. 축구 천재로 불리던 한국 축구를 대표하는 공격수가 아스널에서 찬밥 취급을 받으면서 월드컵 본선 준비에도 적잖은 영향을 미칠 것이라는 예상이 지배적이었다.

홍 감독은 2013년 6월 출범 이후 거의 매달 소집된 대표팀에 박주영을 단 한 번도 부르지 않았다. 그는 대표팀 명단을 발표하는 자리에서 박주영에 대한 질문이 나오면 "소속팀에서 경기에 뛰지 못하는 선수는 원칙대로 선발하지 않는다. 박주영이라고 해서 예외는 아니다"라고 선을 그었다.

홍 감독은 2013년 9월 대표팀 선수들의 컨디션 체크를 위해 떠난 잉글랜드 출장에서 박주영과 마주 앉았다. 2012 런던올림픽 이후 1년 2개월 만의 만남이었다. 그 자리에서 박주영은 아스널에서 마지막까지 최선의 노력을 다해 지금의 위기를 극복해보겠다는 강한 의지를 피력했다. 홍 감독은 그의 뜻을 받아들였지만 계속해서 경기에 나서지 못하는 상황이 이어질 경우에는 결단이 필요하다고 조언했다. 박주영도 홍 감독의 마음을 충분히 이해했고, 이들은 다시 만날 날을 기약하지 못한 채 짧은 만남을 마무리했다.

박주영은 월드컵의 해인 2014년 1월까지도 아스널 내 입지에 변화가 없었다. 그는 결국 새로운 팀을 찾아 나섰고, 겨울 이적 시장 마지막 날 챔피언십 왓포드로 6개월 임대 이적을 결정했다. 박주영의 왓포드행은 곧 태극 마크를 다시 달 수 있는 절호의 기회로 여겨졌다. 하지만 챔피언십에서 선두 경쟁을 벌이던 왓포드의 공격진 경쟁도 만만치 않았다.

임대 후 1개월 동안 그에게 허락된 경기 출전 시간은 70여 분(2경기)에 불과했다. 주전 경쟁에다 잦은 부상이 겹치면서 경기 출전은 시간이 갈수록 더욱더 어려워 보였다.

박주영이 새로운 둥지를 틀고 가시적인 성과를 보여주지 못한 상황에서 홍 감독에게 결단의 시간이 찾아왔다. 한국 축구계는 월드컵 본선을 대비한 소집 전에 마지막 A매치인 그리스와의 평가전을 앞두고 박주영의 발탁에 대한 갑론을박을 이어갔다. 홍 감독이 지켜온 선수 선발 원칙을 끝까지 고수해야 한다는 여론과 월드컵 본선을 위해서라도 이번만큼은 박주영을 선발해서 활용해봐야 한다는 의견이 팽팽하게 맞섰다.

결국 홍 감독은 고심 끝에 박주영 카드를 집어 들었다. 그는 박주영이 대표팀 합류 원칙에는 미치지 못했지만 팀을 옮기면서 최선의 노력을 보여줬다는 데 높은 점수를 줬다. 박주영에게는 13개월 만에

그리스 평가전을 앞두고 대표팀에 합류한 박주영(둘째 줄 맨 오른쪽)은 13개월 만에 A매치에 출전해 결승골을 터뜨렸다.

찾아온 A매치 기회였다. 무엇보다 박주영이 대표팀 원칙에 흠집을 내면서까지 어렵사리 합류한 만큼 그리스전 결과에 따른 책임은 모두 홍 감독의 몫이었다. 홍 감독은 "박주영의 합류는 그동안의 대표팀 선발 기준과 다른 결정이지만 그리스전이 이 선수를 볼 수 있는 마지막 기회라는 판단으로 선발했다"고 배경을 밝혔다.

마지막이라는 변수가 아니었다면 박주영은 태극 마크를 달지 못했을 가능성이 높았다. 하지만 본선 체제에 돌입하기 전에 선수들의 컨디션과 경기력을 체크할 수 있는 최종 테스트라는 특수성이 그에게 천금 같은 기회를 안겨줬다.

홍명보호는 출항 이후 13차례 평가전을 통해 최전방 공격수를 찾아 나섰지만 원톱 후보 중에서 김신욱만이 본선 경쟁력을 보여줬을 뿐 나머지 선수들은 기대 이하의 경기력으로 실망감을 안겨줬다. 공격력 강화가 본선을 앞두고 해결해야 할 가장 시급한 문제로 떠오른 만큼 2006 독일월드컵과 2010 남아공월드컵에서 대표팀의 공격수로 활약한 박주영 카드를 더는 방치할 수 없는 상황이었다.

그러나 박주영이 대표팀에 합류한다고 해도 그리스전 출전을 장담할 수는 없었다. 홍 감독은 명단 발표를 앞두고 박주영과 연락을 취해 대표팀 합류 의지를 확인했다. 하지만 최근 7개월 동안 공식경기에 3차례밖에 출전하지 못한 박주영의 몸 상태는 직접 보지 않고 판단하기 힘들었다.

홍 감독도 박주영의 경기력에 대해서는 의문부호를 달았다. 그는 "박주영이 주어진 시간에 얼마나 보여줄 수 있을지는 당장 말할 수 없다. 확인한 것은 대표팀에 대한 의지는 어떤 선수보다 높다는 것이다. 그리스에 가서 몸 상태를 지켜본 뒤 박주영과 그에 대한 이야기를 하는 시간을 가질 것이다. 이번이 월드컵에 대한 의지를 확인할 수 있는 마지막 시간이 될 것이다"라고 강조했다.

그리고 운명의 날이 다가왔다. 박주영은 3월 6일 아테네에서 열린 그리스와의 A매치 평가전에서 선발 명단에 이름을 올렸다. 두 차례 훈련 동안 박주영을 지켜본 대표팀 코칭스태프는 컨디션에 큰 문제가 없다는 판단을 내렸다.

국가대표팀 홍명보호에서 첫 공식전에 출전한 박주영은 긴장한 모습을 전혀 찾아볼 수 없었다. 자신의 축구 인생에 전환점이 될 수 있는 경기였지만 특유의 담담한 표정으로 그라운드에 들어섰다. 런던올림픽을 함께한 김영권, 구자철, 한국영을 비롯해 남아공월드컵에서 호흡을 맞춘 이청용, 기성용 등이 함께했기에 전술 적응에도 큰 문제가 없었다.

킥오프 휘슬이 울리자 박주영의 움직임에 모든 시선이 쏠렸다. 경기 초반 그는 경쾌한 움직임으로 최전방을 누볐지만 공격 작업이 순조롭게 이뤄지지는 않았다. 0-0으로 팽팽한 균형이 이어지던 전반 18분, 박주영은 자신의 존재감을 팬들에게 각인시켰다. 그는 공격 진영 왼쪽에서 손흥민이 골문 방향으로 찔러준 패스를 달려 들어가면서 왼발 논스톱 슛으로 그리스의 골망을 갈랐다. 상대 수비 라인을 일시에 무너뜨리는 전광석화 같은 움직임과 반 박자 빠르고 정확한 슛은 박주영의 성공적인 귀환을 알렸다. 돌아온 박주영은 자신의 클래스가 변함없다는 것을 단 1차례 슛으로 입증했다. 그리스전에서 보여준 '원 샷 원 킬'로 박주영은 자신의 대표팀 합류 논란에 종지부를 찍었다. 오히려 그는 통쾌한 한 방으로 브라질월드컵에 꼭 필요한 선수로 평가받게 됐다.

박주영의 결승골로 홍명보호는 그리스에게 2-0의 완승을 거두며 동계훈련 기간에 보여준 졸전을 한 번에 만회했다. 게다가 월드컵 본선 진출국인 그리스를 상대로 승리를 따내면서 선수들의 자신감도 한층 올라갔다.

그리스전을 통해 홍 감독과 박주영의 관계는 한층 더 돈독해졌다. 결과가 좋지 않았다면 스승과 제자 모두 벼랑 끝으로 몰릴 수 있는 절체절명의 위기였다. 하지만 홍 감독의 페르소나(영화계에서 감독의 속뜻을 가장 잘 파악하고 표현해내는 단짝 배우)로 불린 박주영은 이번에도 극적인 반전의 주인공으로 등장했다.

그리스전은 홍 감독과 박주영이 주연으로 나선 세 번째 반전 드라마였다. 스승과 제자는 힘들 때 서로를 의지하면서 위기를 기회로 만들었다. 둘은 2010 광저우아시안게임, 2012 런던올림픽, 2014 브라질월드컵을 앞둔 마지막 평가전인 그리스와의 맞대결을 앞두고 선택의 기로에 섰다. 광저우아시안게임에서는 당시 프랑스 리그1 AS모나코에서 활동하던 박주영이 대회 참가를 불허한 구단 단장과 감독을 직접 설득한 끝에 차출 번복의 시련을 이겨내고 대표팀에 입성했다.

런던올림픽을 앞두고는 홍 감독이 병역기피 논란으로 사면초가에 몰린 박주영에게 손을 내밀었다. 대표팀 복귀가 요원했던 박주영은 홍 감독의 도움으로 병역 논란을 해명하는 기자회견을 열었고, 결국 와일드카드로 올림픽대표팀에 합류했다. 그리고 2년 뒤 국가대표팀 지휘봉을 잡은 홍 감독은 브라질월드컵을 눈앞에 두고 박주영과 함께 다시 한 번 시험대에 섰다. 박주영은 그리스전에서 선제 결승골을 폭발시키며 자신을 둘러싼 논란을 단숨에 잠재웠다.

홍 감독과 박주영이 그려내는 극적인 반전 드라마의 끝이 어디일지는 아무도 모른다. 다만 브라질월드컵에서 또 한 번의 해피엔딩이 탄생하길 기대할 뿐이다.

05 운명의 조 추첨
만만한 상대는 없다

　브라질 출신의 세계적인 모델 페르난도 리마의 손에 H3(러시아)이 적힌 종이가 펼쳐지자 홍명보 감독의 머릿속에는 많은 생각이 스쳐 지나갔다. 그리고 월드컵이 눈앞에 다가왔다는 사실이 피부로 느껴졌다.

　2013년 12월 7일 브라질의 휴양도시 코스타 도 사우이페에서 열린 2014 브라질월드컵 본선 조 추첨에서 러시아가 32개국 중에서 가장 마지막으로 뽑히면서 홍명보호의 운명도 함께 결정됐다. 한국은 조 추첨 결과 벨기에, 러시아, 알제리와 함께 H조에 속하게 됐다.

　총성 없는 전쟁으로 표현되는 월드컵은 사실상 조 추첨부터 시작된다. 그만큼 본선 32개국에게 조 추첨이 차지하는 비중은 상당하다. 월드컵에 출전하는 모든 국가가 우선 목표로 16강 진출을 노리는 만큼 조별 리그에서 1~2위 안에 이름을 올리기 위해서는 어떤 상대를 만나느냐가 관건이다.

　우승 후보 0순위도 죽음의 조에 묶인다면 16강 진출에 실패해 일찌감치 짐을 싸야 할지 모른다. 반면 대진 운이 따라준다면 약체로 평가받는 국가도 16강 진출에 희망을 걸 수 있다. 네덜란드, 한국, 호주 대표팀을 이끌고 3차례 월드컵 본선 무대를 밟은 히딩크 감독이 2013년 10월 한국을 방문해 "한국 대표팀의 브라질월드컵 본선 성적은 조 추첨에 따라 달라질 것"이라고 말했을 정도다.

　국제축구연맹은 2013년 10월 발표한 FIFA 랭킹을 기준으로 브라질월드컵 톱시드 8개국을 선정했다. 개최국인 브라질과 함께 스페인, 독일, 스위스 등 유럽 국가와 콜롬비아, 우루과이, 아르헨티나 등 남미 국가가 톱시드에 포함됐다.

　변수는 톱시드에 포함되지 않은 강력한 장외 주자들이었다. 네덜란드, 이탈리아, 잉글랜드 등 대회 우승을 노릴 만한 막강 전력의 유럽 국가들이 톱시드에서 탈락하면서 경우의 수는 더욱 복잡해졌다. 특히 아시아와 아프리카 등 세계 축구의 변방으로 불리는 대륙의 국가들은 이들 국가의 향방에 촉각을 곤두세웠다.

　한국에게 최악의 조는 개최국 브라질과 함께 네덜란드, 이탈리아, 잉글랜드 중 한 국가와 같은 그룹에 묶이는 것이었다. 반면 최상의 시나리오는 톱시드 국가 중에 약체로 분류되는 스위스가 선택되고, 나머지 2개국에는 월드컵 경험이 많지 않은 알제리와 2010 남아공월드컵에서 승리를 따낸 유럽의 약체 그리스 또는 본선에 처음으로 출전하는 보스니아 헤르체고비나와 한 조에 편성되는 것이었다.

한국이 H조에 속한 것은 무난한 조 편성으로 받아들여졌다. 개최국의 이점을 안은 브라질을 피하고, 톱시드에 들지 못한 유럽 강호들과 한 조에 묶이지 않은 것은 다행이었다. 하지만 역대 본선에서 약세를 보인 유럽의 2개국과 맞대결을 펼쳐야 하는 것은 분명한 악재였다.

H조를 전반적으로 살펴볼 때 절대 강호로 지목되는 강호가 속하지 않은 것은 다행스럽지만 한편으로는 어느 팀 하나 만만하게 볼 상대도 없다. 냉정하게 보면 본선에 진출한 국가 중에서 객관적인 전력에서 한국에게 뒤진다고 평가할 만한 팀을 찾기는 쉽지 않다. 한국은 2002 한일월드컵에서 4강 진출을 이뤄냈지만 아직도 상대들에게는 그저 1승의 제물로 평가받고 있는 것이 현실이다. H조에서 유력한 16강 진출국으로 평가받은 벨기에와 러시아의 사령탑은 조 추첨 결과 직후 "조 1위를 노리겠다"고 선언했다.

반면 홍 감독은 조 추첨 결과에 대해 냉정한 평가를 내렸다. 그는 "한국이 죽음의 조에 들어가지는 않았다고 본다. 하지만 어떤 팀을 상대하는지보다 우리가 어떻게 준비를 하는지가 더 중요하다고 생각한다. 16강 진출 여부는 전적으로 우리 팀의 준비 과정에 달려 있다. 세 팀 모두 까다로운 상대다"라며 신중한 반응을 나타냈다.

조 추첨 이후 해외 스포츠 베팅 사이트들은 그룹별로 16강 진출 가능성을 점쳤다. H조에서는 유럽 국가인 벨기에와 러시아가 조 1~2위로 16강에 진출할 것이라는 예상이 지배적이었다. 홍 감독은 이에 대해 "우리는 지금 H조 3~4위의 위치에 와 있다. 2위까지 어떻게 가느냐가 중요하다. 베팅 사이트의 예상에 특별히 신경 쓰고 싶지 않다. 해외 도박사들이 한국을 조 3위로 지목했다는데 그들의 말이 정확하다고 생각한다"며 현실을 직시했다.

하지만 조 추첨 결과만을 놓고 보면 '절망'보다 '희망'을 심어주기에 충분했다. 딱히 조 1위를 찍을 만한 강호가 없다는 자체만으로도 해볼 만한 조 편성이었다. 조별 리그에서 물고 물리는 접전이 일어난다면 한국이 이변의 주인공이 되지 말라는 법도 없기 때문이다. 홍 감독은 "이제 희망을 현실로 바꿔야 한다. 매일매일 현실로 다가올 수 있도록 최선의 노력을 다해야 한다"는 각오를 전했다.

한국과 함께 브라질월드컵 16강 진출을 다툴 3개국은 각기 다른 강점을 무기로 삼아 험난한 예선 무대를 거쳐 세계 축구 최대 축제의 초대장을 받아 들었다.

통산 12번째로 월드컵 본선에 진출한 벨기에는 30년 만에 재탄생한 '골든 제너레이션(황금 세대)'을 발판으로 르네상스를 꿈꾸고 있는 유럽의 신흥 강호다.

벨기에는 1980년 유럽선수권대회 준우승을 시작으로 1986년 멕시코월드컵 4강 진출을 이끌어낸 이른바 황금 세대가 중흥기를 이끌었다. 1982 스페인월드컵부터 2002 한일월드컵까지 6회 연속 월드컵 본선에 진출한 벨기에는 이후 10년간 메이저 대회에 출전하지 못할 정도로 극심한 침체기를 겪었다. 벨기에는 암흑기 동안 유망주들을 적극적으로 육성하는 정책을 폈고, 시간이 흐르면서 서서히 꽃을 피웠다. 벨기에는 2008 베이징올림픽에서 준결승 진출을 시작으로 예전 명성을 찾기 시작했다.

벨기에는 최근 잉글랜드 프리미어리그에서 주목받고 있는 에당 아자르(첼시) 마루앙 펠라이니(맨체스터 유나이티드) 로멜루 루카쿠(에버턴) 등의 영건들이 대표팀 주요 자원으로 성장하면서 또 다른 황금 세대를 구축하고 있다. 벨기에는 1980년대에 이은 제2의 전성기를 브라질월드컵에서 재현하고자 꿈꾸고 있다.

12년 만에 월드컵 본선 출전권을 따낸 러시아는 메이저 대회 경험이 많지 않지만 국내파 위주로 구성된 대표팀의 조직력이 강점으로 꼽힌다. 동구권의 전통적인 강호로 군림해온 러시아는 구 소련 해체 뒤 국제 무대에서 좀처럼 두각을 나타내지 못했다. 월드컵과의 인연도 2002 한일월드컵이 마지막이었다.

대표팀 운영에서 '쇄국 정책'을 펴던 러시아는 2006 독일월드컵 예선 탈락 이후 외국인 사령탑을 적극적으로 영입하면서 도약을 노렸다. 사상 처음으로 외국인 사령탑인 히딩크 감독에게 대표팀 지휘봉을 맡긴 러시아는 유로 2008에서 4강 진출을 달성하면서 전환점을 맞았다.

2010 남아공월드컵 본선 진출이 좌절된 이후에는 잉글랜드 대표팀을 이끈 이탈리아 출신의 파비오 카펠로 감독을 선임해 또 한 번 명장의 힘을 빌렸다. 2012년 7월 대표팀 사령탑에 오른 카펠로 감독은 탄탄한 조직력을 바탕으로 한 경제적인 축구로 러시아에 새로운

옷을 입혔다. 그 결과 러시아는 유럽 예선에서 호나우두가 버티고 있는 강호 포르투갈을 제치고 조 1위(7승 1무 2패)로 브라질월드컵 본선 직행 티켓을 따내는 돌풍을 일으켰다. 유럽 예선에서는 10경기 동안 단 5실점만을 기록하며 단단한 수비의 힘을 보여줬다.

한국은 벨기에 및 러시아와의 역대 전적에서 약세를 면치 못했다. 특히 벨기에와 세 차례 A매치에서는 1무 2패에 그쳤다. 한국은 벨기에와 월드컵 본선에서 두 차례 맞대결을 벌였지만 1990 이탈리아월드컵 조별 리그 1차전에서는 0-2로 패했고, 1998 프랑스월드컵 조별 리그 3차전에서는 1-1로 비겼다.

러시아와는 브라질월드컵 조 추첨을 불과 한 달 앞둔 시점에서 첫 대결을 펼쳤다. 2013년 마지막 평가전이었던 러시아전에서 홍명보호는 공격수 김신욱이 선제골을 넣고도 1-2로 역전패를 당했다.

마지막 상대인 알제리는 한국이 반드시 꺾어야 할 상대지만 전력이 베일에 가려져 있어 아프리카의 복병으로 불린다. 알제리는 브라질월드컵 본선 진출에 성공한 32개국 중에서 최하위권 전력으로 평가받았다. 하지만 매 대회마다 아프리카 팀이 예상을 뛰어넘는 검은 돌풍을 일으키며 세계를 놀라게 한 만큼 알제리를 평가 절하할 수만은 없다.

알제리는 2010 남아공월드컵을 포함해 통산 세 차례 월드컵에 출전했지만 단 한 번도 16강에 진출하지 못해 세계 축구계의 주목을 받지 못했다. 첫 출전한 1982년 스페인월드컵에서는 조별 리그에서

2승 1패를 기록했지만 16강 진출이 좌절됐고, 1986 멕시코월드컵과 2010 남아공월드컵에서는 각각 1무 2패로 고개를 숙였다.

알제리는 남아공월드컵 직후 구 유고 연방의 대표 공격수 출신인 바히드 할릴호지치 감독이 지휘봉을 잡으면서 완전히 새로운 팀으로 거듭났다. 할릴호지치 감독은 강한 압박과 빠르고 강한 패스워크로 대변되는 유럽 축구를 아프리카 특유의 유연함과 스피드를 갖춘 알제리 대표팀에 이식했다. 아프리카의 하드웨어에 유럽의 소프트웨어를 탑재한 알제리의 유망주들은 빠른 성장 속도를 보였다. 특히 알제리는 프랑스에 장기간 식민지 지배를 받아온 정치적 특성으로 인해 대부분의 대표팀 선수들이 프랑스 리그에서 활동하고 있다. 사실상 아프리카 무늬만 지닌 또 다른 유럽 팀이라도 해도 과언이 아니다.

한국은 알제리와 딱 한 차례 A매치 경험이 있다. 한국은 1985년 멕시코 4개국 친선대회에서 알제리를 상대로 2-0 승리를 거뒀다. 하지만 30여 년 전에 열린 맞대결이라 큰 의미를 두기 어렵다.

06 유럽을 넘어설 비책 경험의 힘이 필요하다

조 추첨을 통해 홍명보호와 2014 브라질월드컵에서 맞붙을 3개국이 정해지면서 본선까지 남은 기간 동안 해야 할 일은 두 가지로 좁혀졌다. 상대의 전력을 면밀히 분석해 필승 전략을 구축하는 것과 우리의 힘을 극대화할 방안을 찾는 것이다.

2002 한일월드컵 이후 4년에 한 번 열리는 월드컵은 전 국민의 축제로 자리를 잡았다. 좋든 싫든 월드컵 기간에 국가대표팀은 이슈의 중심에 설 수밖에 없다. 국민들이 홍명보호에 기대하는 브라질월드컵 성적은 16강 이상이다. 2010 남아공월드컵에서 원정 대회 사상 첫 16강 진출을 달성했기에 적어도 조별 리그 통과는 해야 비난을 피할 수 있는 위치까지 온 것이다.

브라질월드컵에서 16강 이상의 성적을 내기 위해서는 유럽이라는 큰 산을 반드시 넘어야 한다. 러시아, 벨기에 등 유럽 2개국과 한 조에 편성된 이상 두 국가와의 대결에서 최소한 1승 이상을 거둬야만 16강 진출을 노려볼 수 있다.

8회 연속 본선 진출을 달성한 한국의 월드컵 도전사를 살펴보면 유럽과의 대결이 왜 중요한지를 쉽게 알 수 있다. 한국은 1986 멕시코월드컵부터 2010 남아공월드컵까지 7차례 월드컵 본선을 치르는 동안 수많은 유럽 팀과 대결을 벌였다. 결과는 절대 열세였지만 조별 리그에서 유럽 팀에게 승리를 거둔 2차례 월드컵에서는 16강 이상의 성적을 달성했다. 2002 한일월드컵에서는 조별 리그 1차전에서 폴란드를 2-0으로 꺾고 상승세를 타면서 4강 진출에 성공했고, 2010 남아공월드컵에서도 그리스와의 1차전에서 2-0 완승을 거두고 조별 리그 1승 1무 1패로 16강 진출에 성공했다. 1986 멕시코월드컵부터 1998 프랑스월드컵까지 4차례 월드컵에서 한국은 본선마다 2개 유럽 국가와 한 조에 속했다. 결과는 3무 5패. 유럽은 한국의 16강 진출에 최대 걸림돌이었다. 2006 독일월드컵에서도 프랑스, 스위스와 대결에서 1무 1패를 거두며 16강 진출에 실패했다.

유럽의 높은 벽은 아직도 완전히 극복하지 못했다. 한국은 남아공월드컵 직후부터 유럽 국가와 8차례 평가전을 치렀지만 2승 2무 4패로 승률 5할에도 미치지 못했다. 하지만 한국 축구는 시간이 갈수록 유럽 무대에서 활약하는 선수들이 늘고 있어 예전보다 유럽에 대한 공포가 많이 줄어들었다.

한국 축구는 그동안 유럽을 뛰어넘기 위해 다각도로 노력을 펼쳤다. 우선 모든 네트워크를 동원해 유럽에 강한 인적 자원을 흡수하기 위한 프로젝트를 시작했다.

첫 번째 카드는 박지성이었다. 2002년 네덜란드 PSV 에인트호번 입단 이후 잉글랜드 맨체스터 유나이티드, 퀸즈파크레인저스 등을 거치며 12년째 유럽 무대에서 왕성하게 활동하고 있는 박지성은 두말이 필요 없는 유럽 전문가다.

2014년 새해 벽두, 홍 감독은 신년 기자 간담회를 통해 "박지성이 대표팀 복귀에 대해 어떤 생각을 가지고 있는지 직접 만나 들어보겠다"고 말했다. 홍 감독의 발언에 3년 가까이 수면 아래서 맴돌던 박지성의 대표팀 복귀가 현실화될 수 있다는 기대감이 높아졌다. 박지성 측도 "홍 감독과 한번 만나고 싶었다"고 반색하면서 대표팀 복귀에 대한 기대감은 눈덩이처럼 커졌다.

홍 감독에게 박지성은 필요한 존재였다. 박지성이 유럽 격파의 선봉장 역할과 함께 대표팀의 부족한 2퍼센트를 채워줄 적임자였기 때문이다. 홍명보호는 본선에 나선 32개국 중에서 평균 연령이 최하위권에 속할 정도로 선수들의 경험이 부족했다. 홍 감독은 대표팀 사령탑으로 선임된 뒤 총 7차례 선수단 소집에서 염기훈, 곽태휘 등 30대 선수들을 합류시켜서 신구 조화를 노렸지만 결과는 만족스럽지 않았다. 젊고 어린 선수들이 주축인 홍명보호에 팀 내에서 중심을 잡아줄 베테랑이 가세한다면 더욱 강한 팀으로 거듭날 수 있다는 평가도 여기저기서 나왔다.

그런 와중에 홍 감독이 박지성을 만나보겠다는 의지를 표명하자 축구계가 발칵 뒤집혔다. 전임 사령탑인 조광래, 최강희 감독이 박지성의 복귀에 미온적인 반응을 보인 데 반해 홍 감독의 적극적인 행보는 주목받기에 충분했다.

사실 홍 감독이 대표팀 지휘봉을 잡은 직후부터 박지성의 복귀에 관심이 쏠렸다. 둘은 2002 한일월드컵에서 주장과 막내로 함께 생활했고, 2006 독일월드컵에서는 사제 관계를 맺은 특별한 관계였다. 2011년 1월 카타르에서 열린 아시안컵을 마지막으로 대표팀을 은퇴한 박지성은 이후 한국 축구의 위기론이 불거질 때마다 복귀설이 나돌았다. 하지만 그는 수차례 "대표팀 복귀는 절대 없다"고 단언했다. 박지성은 후배들에게 길을 열어주고 싶다는 바람을 피력하면서 자신의 복귀가 한국 축구에 더 이상 도움이 되지 않는다는 점을 강조해왔다.

홍 감독도 취임 기자회견에서 "박지성은 지금까지 한국 축구에 큰일을 했다. 또한 앞으로도 큰일을 해야 하는 선수다. 하지만 대표팀 복귀에서 가장 중요한 것은 본인의 의지다. 지성이가 처음 은퇴를 선언했을 때 의사와 생각은 존중돼야 한다"면서 복귀설을 일축했다.

하지만 홍 감독이 브라질월드컵을 5개월여 남겨둔 시점에서 박지성을 만나겠다고 하자 상황은 급반전됐다. 일부 언론들은 박지성의 대표팀 복귀가 기정사실이 된 것처럼 보도에 열을 올릴 정도였다.

홍 감독은 분명한 원칙을 갖고 박지성과의 만남을 추진했다. 박지성을 만나 대표팀 복귀 여부를 확인하겠다는 것이었지 그 이상도 그 이하도 아니었다. 대표팀 사정을 구구절절이 설명하고 그를 복귀시키기 위해 설득하겠다는 것은 더더욱 아니었다. 홍 감독은 "여태껏 박지성은 언론을 통해서만 대표팀 복귀에 대한 생각을 밝혔다. 하지만 정작 그의 생각을 직접 들어볼 기회가 없었다"면서 만남의 필요성을 설명했다.

홍 감독과 박지성은 2014년 2월 네덜란드에서 만나기로 일정을 잡았다. 하지만 대면도 하기 전에 박지성의 대표팀 복귀 여부는 결판이 났다. 이번에도 박지성의 의향을 전한 것은 언론이었다. 박지성은 네덜란드 에인트호번 훈련장에서 한 스포츠 전문지와 인터뷰를 통해 "내가 대표팀에 복귀할 확률은 제로다"라고 확실한 선을 그었다.

홍 감독은 언론 보도에 개의치 않고 예정대로 박지성을 만나 이야기를 나눴다. 결과는 예상했던 그대로였다. 홍 감독은 "박지성의 무릎 상태가 알려진 것보다 더 심각하다"면서 더 이상 대표팀 복귀 문제를 거론하지 않았다.

박지성이 3년 전 대표팀 은퇴를 마음먹은 가장 큰 이유도 고질적인 무릎 부상 때문이었다. 시간이 흐른 최근에는 1경기를 뛰고 나서 이틀 정도를 온전히 휴식해야 할 정도 무릎 상태가 좋지 않다. 현역 은퇴를 바라보고 있는 그에게 태극 마크라는 무거운 짐을 지울 수 있는 이는 없었다.

본선 조 추첨을 마치고 한국의 브라질월드컵 경기 일정이 정해졌다. 1차전 상대는 러시아, 2차전은 알제리, 3차전은 벨기에다. 월드컵 본선 결과는 첫 경기에서 판가름 난다고 할 정도로 1차전이 중요하다. 그래서 조별 리그 1차전에 모든 역량을 집중해야 한다. 첫 단추를 잘 끼우면 이후 열리는 두 경기의 부담을 덜 수 있다. 반면 1차전에서 패하면 손도 써보지 못하고 급격히 무너질 수 있다. 한국이 역대 월드컵에서 1차전에 승리를 거둔 3차례 대회 가운데 2002 한일대회, 2010 남아공대회에서 16강 이상의 성적을 거둔 것은 첫 판의 중요성을 증명한다.

1차전의 중요성을 잘 아는 홍 감독은 러시아전을 대비해 두 조력자에게 손을 내밀었다. 내부 조력자로는 러시아와 유럽 리그 전문가인 네덜란드 출신의 안톤 뒤샤트니에 코치를, 외부 조력자로는 2006년부터 4년간 러시아 대표팀의 지휘봉을 잡았고, 2012년 1월부터 18개월간 러시아 슈퍼리그 안지 마하치칼라를 이끈 히딩크 감독을 선택했다.

안톤 코치는 조 추첨이 끝난 직후 홍 감독의 추천을 통해 대표팀의 새로운 코칭스태프로 합류했다. 안톤 코치는 히딩크 감독과 함께 안지에서 코치로 활동하면서 홍 감독과 지도자 연수 시절 인연을 맺었다.

네덜란드 리그에서 20년 가까이 지도자로 활동한 안톤 코치는 유럽 리그 전반에 대한 해박한 지식과 정보를 보유하고 있어 상대국의 전력 탐색과 함께 대표팀 내 유럽파 선수들의 경기력 관리를 전담하게 됐다. 그는 홍명보호 코칭스태프 중에서 별동대에 가까웠다. 안톤 코치는 평가전과 전지훈련 기간에 대표팀에 합류하지 않고 본선 대비 기간 내내 유럽에 머물면서 주어진 임무를 수행했다. 안톤 코치는 자신이 가진 인적 네트워크를 활용해 시시각각으로 변화하는 상대국의 정보를 취합했다. 또한 정기적으로 태극 전사들의 경기를 관전하고 선수들의 컨디션을 체크하면서 홍 감독에게 주요 정보를 전달했다.

한국 축구와 끈끈한 인연을 맺고 있는 히딩크 감독도 애제자인 홍 감독을 위해 지원사격에 나섰다. 히딩크 감독은 조 추첨 직후인 2014년 1월 방한해 홍 감독과 만났다. 그는 무릎 수술을 위해 한국을 찾았지만 몸이 불편한 와중에도 홍명보호의 A매치 경기 영상을 꼼꼼히 챙겨보는 열정을 보였다.

자타가 공인하는 러시아 축구 전문가인 히딩크 감독은 브라질월드컵이라는 힘든 여정을 떠나게 될 제자에게 뼈 있는 조언을 남겼다. 히딩크 감독이 입원한 병실에서 1시간 동안 이야기를 나눈 홍 감독은 "우리가 보완해야 할 점에 대해 이야기를 해주셨다. 조언해 주신 것 중에서 한 가지만 이야기하자면 집중력의 레벨이 떨어진다는 것이다. 평가전에서 순간적으로 집중력이 떨어지면서 상대에게 찬스를 내주는 장면을 지적한 것이다"라고 말했다.

히딩크 감독은 한국과 맞상대를 펼칠 러시아의 전력에 대해서는 말을 아꼈다. 다만 러시아 리그를 경험해본 홍 감독의 능력을 믿는다는 메시지만을 남겼다. 홍 감독은 "히딩크 감독의 많은 이야기에 공감했고, 우리에게 많은 도움이 됐다"면서 스승의 원 포인트 레슨을 긍정적으로 받아들였다.

홍명보호가 박지성, 안톤 코치, 히딩크 감독에게 원했던 것은 결국 경험의 힘을 빌리고자 하는 것이었다. 이들의 공통점은 대표팀의 부족한 부분을 채워줄 수 있는 능력을 가진 인물이라는 것이다. 비록 박지성의 대표팀 복귀는 실현되지 못했지만 그가 유럽 진출 이후 흘린 땀방울은 홍명보호에서 뛰고 있는 후배들에게 이미 큰 유산으로 남았다.

한국 축구를 위해 의기투합한 안톤 코치와 히딩크 감독의 적극적인 지원은 이전 대표팀에서는 볼 수 없었던 장면이다. 홍 감독을 중심으로 한 적재적소의 인적 네트워크 활용이 브라질월드컵에서 홍명보호의 비장의 무기가 될 수 있다.

357일간의 대장정
이제 주사위는 던져졌다

홍명보호 출범 이후 14번째 평가전이었던 그리스와의 맞대결을 마지막으로 월드컵 준비는 1막을 내렸다. 그동안 대표팀을 오가며 구슬땀을 흘린 선수들은 브라질행의 1차 관문인 30명의 예비 엔트리 발표일까지 소속팀에서 뛰며 묵묵히 운명의 시간을 기다리고 있다.

2013년 6월 출항한 홍명보호는 2014 브라질월드컵 본선을 향한 1년간의 준비 기간 동안 14차례의 A매치에서 5승 3무 6패의 성적표를 받아 들었다. 내용이 좋았지만 결과가 따라오지 않는 경기도 있었고, 그 반대의 경우도 있었다. 1년간의 항해는 위기와 기회의 연속이었다.

롤러코스터를 타듯 변화무쌍한 1년을 보내는 동안 새로운 스타들도 속속 나타났다. 대표팀이 처음으로 소집된 동아시안컵에서는 김진수가 신데렐라로 떠올랐다. 2011년 이영표가 대표팀 은퇴를 선언한 이후 한국 축구는 최적의 왼쪽 측면 수비 자원을 찾기 위해 몰두했다. 수많은 후보가 물망에 올라 시험대에 섰지만 자리를 꿰차지 못한 채 주변을 맴돌았다. 그러던 와중에 20대 초반의 나이가 무색할 정도로 당돌하고 자신감 넘치는 플레이로 무장한 김진수가 등장했다.

김진수는 17세와 20세 이하 청소년대표팀에서 활동하면서 차근차근 엘리트 코스를 밟았다. 다만 경희대를 다니다 곧바로 J리그에 진출하면서 성인 무대에서는 주목을 받지 못했다. 하지만 그는 일본 니가타에서 첫 시즌부터 주전 측면 수비수로 활약하면서 실력을 인정받았고, 대표팀 지휘봉을 잡은 홍 감독의 레이더에 포착돼 태극마크를 달게 됐다.

김진수는 데뷔전이었던 동아시안컵 호주전에서 안정된 수비와 함께 적극적인 오버래핑을 통한 공격으로 호평을 받았다. 게다가 35미터의 비거리를 자랑하는 롱 스로인은 그의 비장의 무기로 주목받았다. 김진수는 홍명보호 출범 이후 꾸준히 대표팀에 발탁되면서 수비 라인의 한 축을 담당했다.

2014년 1월 대표팀의 브라질, 미국 전지훈련 기간이 인천아시안게임을 준비하는 23세 이하 대표팀의 아시아챔피언십 기간과 맞물려 양 대표팀에 모두 참가할 수 있는 선수들에 대한 교통 정리가 필요했다. 가장 대표적인 선수가 김진수였다.

홍 감독은 아시안게임 대표팀을 이끌고 있는 이광종 감독에게 다른 선수들은 챔피언십에 참가할 수 있도록 양보했지만 김진수만은 전지훈련에 데려가겠다는 뜻을 전했다. 그만큼 김진수가 홍명보호에서 입지가 탄탄하다는 방증이기도 했다.

김진수와 동갑내기인 손흥민도 홍명보호를 통해 한국 축구의 중심에 섰다. 2010년 독일 분데스리가에 데뷔한 그는 리그에서 꾸준한 활약을 펼치며 급성장했다. 2010년 12월 처음으로 대표팀에 발탁되며 태극 마크를 달았지만 홍명보호 출범 이전에는 크게 주목받지 못했다. 유럽 무대에서 활동하고 있지만 A매치 경험이 많지 않았고, 팀 컬러에도 녹아들지 못한다는 평가를 받았다.

하지만 손흥민은 홍명보호에서 움츠렸던 날개를 펴고 힘차게 날아올랐다. 그는 홍명보호에서 4골을 터뜨리며 팀 내 최다 득점자에 이름을 올렸다. 그가 골망을 흔든 아이티(4-1승), 말리(3-1승), 그리스(2-0승)전에서는 대표팀이 모두 이기면서 '승리의 파랑새' 역할을 해냈다.

홍명보호의 샛별로는 골키퍼 김승규도 빠질 수 없다. 그는 난공불락으로 보였던 대표팀 주전 GK 경쟁에 불을 지핀 주인공이다. 2010 남아공월드컵에서 이운재를 제치고 주전 수문장으로 우뚝 선 정성룡을 위협할 만한 대항마는 한동안 나타나지 않았다. 하지만 김승규가 홍명보호에 첫 탑승한 페루전에서 깜짝 선발 출전하면서 골키퍼 경쟁의 판도를 뒤흔들어놓았다.

홍명보호가 치른 14차례 A매치에서 정성룡은 9경기, 김승규는 5경기를 소화했다. 수치상으로만 따지자면 정성룡이 우위를 점하고 있지만 골키퍼 포지션의 특성상 여간해서 로테이션 출전을 선호하지 않는다는 점을 고려하면 김승규의 분전은 의미가 있다.

브라질월드컵을 앞두고 이처럼 향후 한국 축구를 이끌어 갈 재목들이 대거 등장하면서 밝은 미래를 기대하게 만들었다.

하지만 미소 짓는 날만 있었던 것은 아니다. 대표팀에 빨간불이 켜진 적도 여러 차례다. 출항 초반만 해도 잡힐 듯 잡히지 않는 첫 승으로 인해 애를 태웠다. 7월 열린 동아시안컵과 8월 페루전에서 3무 1패를 기록한 홍명보호는 5번째 평가전에서야 아이티를 4-1로 꺾고 승리에 대한 갈증을 씻어냈다.

9월 이후 유럽에서 활동하는 선수들이 대표팀에 가세하면서 전력은 한층 탄탄해졌다. 하지만 크로아티아(1-2 패), 브라질(0-2 패), 러시아(1-2 패) 등 브라질월드컵 본선 출전국들에게는 번번이 패배의 쓴맛을 보면서 높은 벽을 실감했다.

특히 월드컵의 해인 2014년 첫 일정이었던 1월에 실시한 미국, 브라질 전지훈련에서는 코스타리카(1-0 승), 미국(0-2 패), 멕시코(0-4 패)로 이어지는 A매치 3연전에서 결과와 내용이 모두 낙제점을 받으면서 대표팀에 비난이 쏟아졌다.

3경기를 통해 단 1득점에 그친 공격력에 대한 성토가 이어졌고, 무기력하게 무너진 멕시코전 직후에는 전지훈련 무용론이 나올 정도로 대표팀에 대한 기대감은 바닥을 쳤다.

미국에서 열린 A매치 3연전에서 홍명보가 졸전을 벌인 이유는 두 가지로 요약할 수 있다. 우선 소집된 태극 전사들이 한국 또는 일본에서 활동하고 있었기에 몸 상태가 정상 궤도에 올라오지 못했다. 동아시아 리그에서 활동하는 선수들에게 1월은 한해 농사를 준비하기 위해 기초 체력을 다지는 기간이다. 하지만 대표팀은 월드컵 본선에 대한 시뮬레이션 성격으로 전지훈련을 진행했기에 강도 높은 담금질 이후 3~4일 간격으로 경기를 치르는 강행군을 이어갔다. 몸을 만들어야 할 시기에 경기를 치르다 보니 경기력이 저조할 수밖에 없었다.

국내에서 하루 한 차례 짧고 임팩트 있는 훈련을 선호했던 홍명보호는 브라질 전지훈련 기간에는 선수들의 컨디션을 끌어올리기 위해 하루 두 차례 훈련을 진행했다. 또한 훈련 시간도 2시간을 육박하기 일쑤였다. 전지훈련 막바지에 잡아놓은 평가전을 치르기 위해서는 어쩔 수 없는 선택이었다. 전지훈련에 참여한 대표팀 관계자는 "남반구에 위치한 브라질은 1월이 한여름이라 해가 지고 난 뒤에 훈련을 해도 선수들이 더운 날씨에 힘들어했다. 게다가 평소보다 빈도가 잦고 훈련양도 많다 보니 선수들이 쉽게 지칠 수밖에 없었다"고 설명했다.

전지훈련에서 바닥을 친 홍명보호는 정예 멤버가 총출동한 그리스와의 마지막 평가전에서 완승을 거두며 극적인 반등에 성공했다. 한 치 앞을 예상하기 힘들 정도로 자욱한 안개에 뒤덮였던 홍명보호에 어느새 장밋빛 미래가 펼쳐졌다.

2014 브라질월드컵에 출전하는 본선 32개국은 5월 12일까지 본선 예비 엔트리 30명의 명단을 국제축구연맹에 제출해야 한다. 그리고 5월 30일 홍명보호에 탑승해 브라질로 향할 최종 엔트리 23명이 결정된다. 명단 발표가 이뤄지면 월드컵의 꿈을 가슴에 품고 있는 누군가는 눈물을 흘릴 것이고, 또 다른 누군가는 기쁨과 환희에 휩싸일 것이다.

꿈이 현실로 다가올 선수는 단 23명에 불과하다. 하지만 홍명보호가 월드컵을 준비하는 동안 함께했던 모든 선수들은 최종 엔트리 승선 여부를 떠나 박수 받을 자격이 있다. 그라운드 안에서 최선을 다한 선수들의 노력은 분명히 인정받아야 한다. 그들이 흘린 땀방울은 브라질월드컵이라는 공통의 목표를 위한 귀중한 밑거름이다.

홍명보호가 브라질월드컵만을 바라보고 달려온 357일간의 대장정은 한국 축구의 소중한 유산으로 남을 것이다.

08 비상 그리고 1271일의 추억

홍명보 감독은 2014년 1월 홀연히 러시아로 떠났다. 그는 러시아에서 지낸 5개월을 돌아보면서 "축구가 아니라 인생을 배웠다"고 했다.

2009년 청소년대표팀 사령탑으로 선임된 뒤 4년 동안 그의 머릿속에는 오로지 런던올림픽이라는 단 하나의 목표만이 자리 잡았다. 런던올림픽을 통해 지도자로서 최고의 명예를 얻었지만 허탈감이 잠시 밀려오기도 했다. 앞만 보고 달려온 만큼 올림픽 이후에 어디로 발걸음을 옮겨야 할지도 고민이었다. 지도자로서 더 높은 곳을 향해 내달릴 것인지, 아니면 자신의 꿈인 축구 행정가로 변신해 또 한 번의 변화를 꾀할 것인지 기로에 섰다.

지도자로서의 삶을 이어가는 것이 어찌 보면 당연한 수순이었다. 런던올림픽을 통해 그의 지도력은 이미 인정을 받았고, 마음먹기에 따라 어떤 자리에든 앉을 수 있는 여건이 마련됐기 때문이다.

하지만 한국 축구 사상 첫 올림픽 메달이라는 찬란한 업적은 양면성을 내포하고 있다. 올림픽 이후 단 한 번의 선택이 그동안 쌓아온 모든 것들을 무너지게 할 수도 있기 때문이다. 런던올림픽의 기쁨을 마음 놓고 누릴 수만은 없는 것이 홍 감독의 운명이기도 했다.

홍 감독은 고심 끝에 또 다른 출발선 상에 섰다. 여러 선택지 중에서 지도자로서 더 큰 꿈을 펼쳐보겠다는 카드를 선택했다. 그리고 자신에게 가장 부족한 점이 무엇인지를 곰곰이 생각했다. 더 넓은 무대에 서기 위해서는 자신이 경험하지 못한 세계에 몸을 던져야 한다는 결론을 얻었다.

홍 감독이 완성형 지도자로 거듭나기 위해서는 그동안 경험해보지 못한 유럽과 클럽이라는 두 미지의 세계를 정복해야 했다. 2005년 국가대표팀 코치로 지도자 생활을 시작한 홍 감독은 줄곧 연령대별 대표팀에서 선수들을 지도했다. 1년 내내 선수들이 훈련을 통해 호흡을 맞출 수 있는 클럽과 달리 대표팀은 정해진 기간에만 선수들을 소집해 훈련을 진행한 뒤 경기를 마치면 선수단이 해산하는 시스템으로 운영된다.

그로 인해 팀을 이끄는 지도자들의 스타일도 확연히 다르다. 대표팀은 국내와 해외 무대를 가리지 않고 최고의 선수들을 불러 모아 최상의 전력을 꾸릴 수 있는 장점이 있다. 하지만 소집 기간이 길지 않기에 팀을 이끄는 사령탑의 전술과 전략에 따라 경기력에 상당한 변화가 찾아올 수 있다. 반면 클럽의 경우 선수단이 매일 훈련을 하고 1주일에 1~2경기를 꾸준히 소화하기 때문에 선수 개개인의 능력이 다소 부족하더라도 조직력을 끌어올린다면 팀의 단점을 극복할 수 있다. 또한 사령탑도 선수들과 함께 장시간 생활하면서 장단점을 정확하게 파악할 수 있고, 각자 개선이 필요한 부분에 대해서는 충분한 시간을 갖고 대응할 수 있다.

대표팀과 클럽은 이처럼 전반적인 특성이 확연히 다른 만큼 감독들의 성향도 차이점이 있다. 대표팀을 이끄는 수장은 단기전에 강한 지도자가 유리하다. 대표팀은 단판 승부 경기와 토너먼트 대회에 출전하는 것이 일반적이다. 경기 준비 시간이 짧기 때문에 선수들의 장점을 극대화할 수 있는 전략이 필요하다. 또한 여러 클럽에서 수준급 선수들로만 구성된 선수단을 운영해야 하는 감독은 불협화음을 최소화할 수 있는 강력한 리더십을 지녀야 한다.

지도자 입문 이후 연령대별 대표팀만을 이끈 홍 감독에게 클럽 수장으로 올라설 기회가 없었던 것은 아니다. 국내와 일본 클럽에서 홍 감독이 지도자로 첫발을 내딛은 후 여러 차례 러브콜을 보냈지만 성사되지 않았다. 2006 독일월드컵 이후 지도자로서 공백기를 보내던 시기에는 클럽 사령탑으로서는 아직까지 준비가 되지 않았다는 판단에 따라 감독직 제의를 완곡히 거절했다. 2009년 청소년대표팀을 지휘봉을 잡은 이후에는 런던올림픽까지 장기 로드맵을 이끌어 가야 하는 중책을 맡은 터라 자신의 임무를 마지막까지 완성하기 위해 오로지 대표팀에만 집중했다.

홍 감독은 한국 축구에서 처음 시도된 청소년대표팀-아시안게임

대표팀-올림픽대표팀으로 이어지는 4년간의 대장정을 마친 뒤 새로운 도전을 위해 세계 축구의 중심인 유럽 무대에 도전하기로 결정했다. 그는 선수 시절 아시아와 북미에서 선수 생활을 했지만 유럽 무대에 서보지 못했다.

홍 감독은 선수 시절 자신을 성장시킨 원동력으로 해외 생활을 꼽는다. 그는 선수 시절 일본 J리그와 미국 프로축구(MLS)에서 활동했다. 우물 안 개구리에서 벗어나 좀 더 넓은 무대에서 많은 것을 보고 느껴야 한다는 것이 그의 지론이다. 비단 축구에만 국한된 이야기가 아니다. 스타플레이어도 30대 중후반이면 자의든 타의든 유니폼을 벗어야 한다. 스타플레이어들도 현역에서 막상 은퇴를 하고 나면 인생 제2막을 어떻게 시작해야 할지 막막하다.

홍 감독은 2002 한일월드컵 직후 소속팀인 포항의 만류를 뿌리치고 MLS LA갤럭시로 떠났다. 당시 홍 감독과 포항 사이에는 복잡한 계약 관계가 얽혀 있어 팀을 떠나는 것이 쉽지 않았다. 하지만 홍 감독은 미래에 대한 투자를 위해 거액의 위약금을 지불하고 미국행을 결정했다.

그는 1990년대 일본 J리그에서 처음으로 해외 리그를 경험하면서 언어의 중요성을 깨달았다. 축구를 기반으로 새로운 인생을 살아가기 위해서는 외국어에 능통해야 한다는 것을 몸으로 느꼈다. LA 갤럭시는 국내 구단보다 대우가 좋지 않았지만 미국에서 선수 생명을 이어가는 것은 물론 영어를 배울 수 있는 좋은 기회였기에 과감한 선택을 주저하지 않았다.

고심 끝에 자신이 나아가야 할 방향을 설정한 홍 감독은 주저하지 않았다. 적극적으로 유럽 클럽의 문을 두드리기 시작했다. 마침 홍 감독의 이력에 관심을 보인 잉글랜드 프리미어리그(EPL) 퀸즈파크레인저스(QPR)에서 지도자 연수에 대해 긍정적인 반응을 나타냈다. 당시 박지성의 소속팀으로 잘 알려진 QPR은 말레이시아에 거점을 둔 아시아 최대 저비용 항공사인 에어아시아의 토니 페르난데스 회장이 구단주다. QPR에서는 런던올림픽을 통해 유럽 한가운데서 아시아 축구의 우수성을 알린 홍 감독을 아시아 마케팅에 활용할 수 있던 상황이라 기대가 컸다.

홍 감독은 QPR이 관심을 보이자 영국 런던으로 날아가 직접 인터뷰에 참여했다. 하지만 동양인 지도자에게 세계 최고 인기를 구가하는 EPL의 벽은 높기만 했다. 홍 감독은 기대를 안고 QPR 구단 관계자들을 만났지만 생각의 차이는 너무나 컸다. 구단 측은 홍 감독에게 참관자(observer) 형식의 지도자 연수를 권했다. 홍 감독이 원한 것은 주변인으로 클럽의 겉모습을 지켜보는 것이 아니었다. 그는 선수들과 함께 호흡하고 클럽의 모든 것을 보고 배울 수 있는 연수를 기대했다. 그라운드뿐만 클럽하우스, 라커룸, 구단 사무실 등 유럽 클럽의 전반적인 시스템을 볼 수 있기를 원했다.

"나는 코칭스태프 회의에 참여하고, 팀 훈련을 정기적으로 지켜볼 기회를 갖기를 원했다. 클럽의 일원으로 함께하고 싶은 마음이 컸다. 하지만 현실은 달랐다. 참관자 수준의 연수는 의미가 없다고 생각했다."

사실 홍 감독의 요구가 유럽 클럽 입장에서는 당황스러울 만한 제안일 수 있다. 비유럽권 지도자가 선진 축구를 이해하고 배우기 위해 유럽 리그에서 지도자 연수를 진행할 경우 대부분 경기를 관전하고 훈련 과정을 지켜보는 수준에 그친다. 다수의 지도자들이 그 정도의 기회만 주어져도 많은 것을 얻을 수 있다고 생각한다.

게다가 유럽은 아직까지 아시아 축구를 한 수 아래로 보기 때문에 지도자 및 선수 교류에 소극적이다. EPL에서도 홍 감독을 런던올림픽에서 동메달을 획득한 명장으로 평가하기보다는 클럽 경험이 전무한 동양에서 온 지도자로만 보는 듯했다.

QPR에서 지도자 연수를 포기한 홍 감독은 런던을 연고지로 하는 또 다른 클럽인 풀럼의 문을 두드렸다.

풀럼 구단과 인터뷰 일정을 협의하는 찰나에 예상치 못한 반가운 소식이 날아들었다. 그가 유럽 클럽에서 지도자 연수를 추진하고 있다는 소식을 접한 히딩크 감독이 직접 돕겠다는 의사를 전해온 것이다. 2002 한일월드컵 이후 호주, 러시아, 터키 대표팀 감독으로 활약한 그는 2012년 2월 러시아 슈퍼리그 안지 마하치칼라의 지휘봉을 잡았다. 안지는 2011년 러시아의 신흥 재벌인 슐레이만 케리모프가 구단을 인수한 뒤 사무엘 에투, 로베르토 카를로스 등 슈퍼스타들을 차례로 영입했고, 세계적인 명장인 히딩크 감독까지 사령탑으로 선임하면서 유럽 신흥 명문으로 급부상했다. 러시아는 2000년대 이전까지 유럽 축구의 변방으로 불렸지만 석유와 가스 생산에 기반을 둔 부호들이 프로리그 구단주로 속속 등장하면서 경쟁력을 갖춘 클럽들이 유럽 클럽 대항전에서 주목받기 시작했다.

유럽 클럽 시스템이 잘 갖춰진 안지를 이끌고 있는 히딩크 감독의 러브콜은 홍 감독에게 더없이 좋은 제안이었다. 게다가 히딩크 감독이라는 든든한 지원군이 있기 때문에 혈혈단신으로 유럽 클럽에 뛰어들어야 하는 위험 부담도 줄어들었다.

홍 감독은 안지행을 결정하면서 스스로 가시밭길에 뛰어들었다. 올림픽이라는 큰 무대에서 엄청난 성과를 달성해낸 지도자가 유럽 클럽을 이끄는 수장이 아닌 어시스턴트 코치로 참여하는 것 자체가 쉽게 이해할 수 없는 행보이기도 했다.

그의 도전은 현실에 안주하는 삶을 살지 않겠다는 굳은 신념에서 비롯됐다. 도전을 즐기는 그의 삶에서 안지 연수는 자연스러운 수순이었다.

홍 감독은 "내가 생각하는 인생은 두 가지다. 더하기 인생도 있고, 곱하기 인생도 있다고 본다. 나는 곱하기 인생을 살고 싶다. 한 단계 더 성장할 기회를 잡기 위해 도전하는 것이다"라고 안지를 떠나게 된 배경을 설명했다.

우여곡절 끝에 지도자 연수를 수행할 보금자리를 찾았지만 미지의 세계에 대한 두려움도 존재했다. 홍 감독은 안지로 떠나기 전 솔직한 심경을 전했다.

"기대가 되는 부분도 있지만 사실 긴장도 많이 된다. 안지의 구단 스태프만 20명이 넘는다고 들었다. 그 사람들에게 나는 동양에서 온 이방인이다. 안지에 합류하면 적응도 해야 하고 내가 얻고자 하는 부분을 달성하기 위해서는 쉽지 않은 과정을 거쳐야 할 것 같다. 안지가 유럽 대항전인 유로파리그도 참여하고 있기 때문에 정말 좋은 공부가 될 것 같다. 그라운드에서 벌어지는 선수단 운영뿐만 아니라 유럽 클럽 시스템 전반에 대한 정보를 많이 얻고 싶다. 사실 내 입장에서는 안지에 합류해서 눈칫밥을 먹어야 하는 상황이 될지도 모른다."

그의 예상은 크게 빗나가지 않았다. 안지에서의 생활은 상상했던 것보다 몇 곱절은 더 힘들었다. 이역만리 러시아로 떠나오면서 모든 것을 내려놓고 바닥부터 다시 시작하겠다는 마음을 굳게 먹었지만 막상 닥쳐오는 현실은 녹록지 않았다. 1990 이탈리아월드컵 엔트리에 든 이후 선수로서 탄탄대로를 걸은 그는 2006 독일월드컵 코치로 지도자 생활을 시작한 이후에도 완벽한 커리어를 쌓아왔다. 하지만 러시아에 도착한 뒤 그가 쌓아온 모든 것들은 거추장스러운 훈장처럼 여겨졌다.

안지에 입성한 그에게는 단 3벌의 훈련복만이 주어졌다. 5개월간 매일 선수들과 땀을 흘리며 유럽 축구를 몸으로 체험하면서 훈련복은 서서히 낡고 해졌지만 그만큼 그의 가슴에는 많은 것이 담겼다. 밑바닥에서 다시 시작하겠다고 마음을 먹었지만 유럽 클럽의 일원으로 인정받기는 쉽지 않았다. 경기 당일에는 선수단 라커룸까지 출입이 가능했지만 정작 벤치에 앉지는 못했다. 하지만 그는 자신의 결정을 후회하지 않았다.

무엇보다 그를 힘들게 한 것은 외로움이다. 굳은 마음을 먹고 한국을 떠나왔지만 가족과 떨어져 지내는 생활이 쉽지 않았다. 지난 4년 동안 동고동락한 선수들이 그립기도 했다.

그는 외로움을 이겨내기 위해 인터넷을 통해 한국 라디오를 자주 접했다. 그때 그의 가슴을 울린 한 곡의 음악이 다가왔다.

상처받는 것보단 혼자를 택한 거지
고독이 꼭 나쁜 것은 아니야
외로움은 나에게 누구도 말하지 않을
소중한 걸 깨닫게 했으니까

이젠 세상에 나갈 수 있어
당당히 내 꿈들을 보여줄 거야
그토록 오랫동안 움츠렸던 날개
하늘로 더 넓게 펼쳐 보이며
다시 새롭게 시작할 거야
더 이상 아무것도 피하지 않아
이 세상 견뎌낼 그 힘이 돼줄 거야
힘겨웠던 방황은

임재범의 〈비상〉이다. 자신의 처지를 노래하는 듯한 가사가 마음에 꽂혔다. 혼자 있는 시간이 많아질수록 지난날에 대한 고마움은 더욱 커져만 갔다. 바로 외로움이 가져다준 선물이었다.

누군가와 추억을 공유할 수 있다는 것은 행복한 일이다. 홍 감독은 2009년 청소년대표팀의 지휘봉을 잡은 뒤 런던올림픽에서 동메달 신화를 달성하기까지 1271일 동안 아름다운 추억을 가슴에 아로새겼다. 그 기억들은 어떠한 시련에도 자신을 흔들지 않게 만들어준 힘이 됐다.

ONE TEAM
ONE SPIRIT
ONE GOAL

홍명보호에서는 벤치에 앉은 선수가 누구든 다시 그라운드에 나설 수 있다는 마음가짐과 준비만 있다면 언제든 출전 기회가 주어졌다. 홍 감독의 굳은 신념이 만들어낸 선수들과의 암묵적인 약속이기도 했다.

"제 기준은 분명합니다. 팀 내에 많은 선수들이 있지만 저는 김기희, 오재석과 같은 선수들에게 눈높이를 맞춥니다. 구자철, 박주영 같은 선수들은 경기에 나가서 감독이 별다른 말을 하지 않아도 알아서 잘 뜁니다. 하지만 벤치에서 많은 시간을 보내는 친구들은 눈길이 더 갈 수밖에 없지요. 그 선수들이 팀 내에서 어떤 역할을 하느냐가 팀 분위기를 좌우할 수도 있습니다. 출전 기회를 잡지 못하는 선수들도 팀 내에서 묵묵히 희생을 하고 있기 때문에 제 눈높이는 항상 그들에게 맞춰져 있습니다."

PART **2**

2009년
청소년월드컵

01
히말라야에서의 다짐
감독 홍명보의 탄생

　대한축구협회는 2009년 2월 19일 파주NFC에서 열린 기술위원회를 통해 홍명보 전 올림픽대표팀 수석코치를 20세 이하 청소년대표팀 신임 감독으로 확정했다.
　당시 청소년대표팀은 조동현 감독의 지휘하에 그해 9월 이집트에서 열릴 국제축구연맹 청소년(U-20)월드컵 본선 티켓을 이미 확보한 상황이었다.
　조 감독은 2005년 11월 청소년대표팀 감독에 선임된 뒤 2007년 캐나다에서 열린 청소년월드컵에서 당초 목표였던 4강은커녕 16강 진출마저 실패하며 용병술과 전략에 대한 질타를 받았다. 하지만 대한축구협회는 조 감독에게 다시 한 번 기회를 주겠다며 청소년대표팀 감독직 유임을 결정했다. 조 감독이 이끈 청소년대표팀은 2008년 11월 사우디아라비아에서 열린 19세 이하 아시아청소년 선수권대회에서 준결승에 오르며 청소년월드컵 본선 티켓을 거머쥐었다.

축구계에서는 조동현 감독 체제로 청소년월드컵 본선을 치를 것이라는 예상이 지배적이었다. 하지만 본선을 7개월여 앞둔 시점에서 전격적인 감독 교체가 이뤄지다 보니 축구계에서는 '천하의 홍명보'라지만 대선배인 조동현 감독을 밀어내는 듯한 모양새가 된 것을 두고 뒷말이 적지 않았다.

대한축구협회는 감독 선임에 대한 논란을 대표팀 체제 개편을 위한 과정으로 이해해주길 기대했다. 그동안 분리 운영해오던 연령대별 대표팀을 런던올림픽부터 통합 운영하겠다는 복안이었다.

홍명보호 이전만 해도 20세 이하 청소년대표팀과 올림픽대표팀을 구성하는 선수들은 연속성을 띠는 반면 팀의 운영은 단절돼 있었다. 그동안 두 대표팀은 각기 다른 감독과 코칭스태프의 지휘를 받아오면서 통일성을 찾지 못했다. 즉 그동안은 두 팀이 동일한 선수로 구성돼도 다른 감독의 지휘하에 경기를 치르는 꼴이었다. 20세 이하 월드컵부터 올림픽까지 이어지는 4년의 시간을 하나의 연장선으로 보지 않았다는 의미다.

지금 20세 이하 월드컵에 출전하는 선수들은 3년 후 열리는 올림픽에서 주축 멤버로 활동할 수 있는 연령대가 된다. 그러니 올림픽을 대비하기 위해서는 두 대표팀을 별개로 운영하는 것보다 하나의 대표팀이라는 관점에서 접근할 필요가 있었다.

홍 감독의 선임은 쉽게 말해 한국 축구에서 한 번도 시도하지 않은 '20세 이하 청소년대표팀과 올림픽대표팀을 하나로 묶는' 첫 시작점이었던 셈이다. 동일한 감독과 코칭스태프가 4년간 이 연령대 선수들을 지켜보며 지도할 수 있다는 자체만으로도 획기적인 대표팀 운영이 예상됐다.

연령대별 축구대표팀은 크게 3팀으로 나뉜다. 17세 이하(U-17) 청소년대표팀, 20세 이하(U-20) 청소년대표팀, 23세 이하(U-23) 선수들로 구성된 올림픽대표팀이다(U는 under의 약자다). 17세, 20세, 23세로 나눈 것은 각 대표팀이 출전할 수 있는 국제대회의 연령 제한에 따른 것이다.

국제축구연맹은 연령 제한 없이 국가대표팀이 출전하는 '월드컵' 이외에도 연령대별 월드컵을 개최하고 있다. 월드컵은 4년에 한 번씩 개최하는 반면, U-17월드컵과 U-20월드컵은 2년 간격으로 열린다. 23세 이하 선수들이 출전할 수 있는 올림픽은 4년 터울로 열리고 있다.

U-17월드컵은 1985년 중국에서 1회 대회가 시작돼 홀수 해마다 대회가 열린다. U-20월드컵 역시 1977년 튀니지에서 초대 대회가 열린 뒤 홀수 해마다 대회가 개최되고 있다.

아시아에서는 U-17월드컵과 U-20월드컵 본선 출전 국가를 선발하기 위해 한 해 먼저인 짝수 해마다 아시아축구연맹(AFC)이 주관하는 AFC청소년선수권대회를 연다. 그로 인해 U-17월드컵과 U-20월드컵 본선에 도전하는 국가들은 청소년선수권대회에 16세 이하(U-16) 대표팀과 19세(U-19) 이하 대표팀을 출전시켜야 한다.

올림픽 축구의 경우 전력 평준화를 명목으로 1992 바르셀로나올림픽부터 23세 이하로 출전 선수 연령이 제한되면서 와일드카드 제도가 생겨났다. 본선 출전 국가는 18명의 최종 엔트리를 구성하게 되는데, 이 중에서 최대 3명까지 24세를 초과하는 선수(와일드카드)를 대표팀에 합류시킬 수 있다.

4년마다 열리는 아시안게임에서도 2002년 인천 대회부터 올림픽과 동일하게 출전 연령을 23세 이하로 제한하고 와일드카드 제도를 도입했다.

참고로 올림픽의 경우 대륙별 예선 방식이 각기 다르다. 유럽, 남미 등은 예선에 참여하는 국가들이 모두 한곳에 모여 U-23선수권대회를 개최해 본선행 국가를 가려낸다. 아시아는 1~3차 예선을 모두 홈-어웨이 방식으로 치러 본선 진출국을 확정해왔다. 2016 리우데자네이루올림픽부터는 아시아도 기존 방식을 폐지하고 22세 이하(U-22) 선수권대회를 열어 올림픽 본선 티켓의 주인공을 가릴 예정이다.

홍명보호 출범 이전까지는 국가대표팀 감독이 올림픽대표팀 감독을 겸임하는 것이 관례였다. 올림픽 예선 일정과 월드컵 예선 일정이 겹치는 기간이 적거나 없었기 때문에 가능한 시스템이었다. '1감독 2대표팀 체제'는 올림픽의 중요성을 감안한 운영 방식이었지만 한편으로는 '선택과 집중'을 위해서 지도체제를 바꿀 필요가 있다는 목소리도 적지 않았다.

당시 대한축구협회 기술위원장이었던 이회택 부회장은 "대표팀 운영 목적에 부합하려면 새로운 감독을 선임해야 한다고 판단했다. 홍명보 감독은 덕망이나 자질 면에서 높은 평가를 받아왔고, 2006 독일월드컵 코치, 2008 베이징올림픽 수석코치 등을 맡으며 경험을 많이 쌓았다. 히딩크, 아드보카트, 베어벡 등 큰 지도자들 밑에서 지도자 수업을 해 무리가 없다"라고 선임의 배경을 설명했다.

홍 감독이 20세 이하 대표팀의 지휘봉을 잡을 때만 해도 3년 뒤 열리는 올림픽까지 무사히 팀을 이끌고 갈 수 있을지는 확실치 않았다. 만약 첫 국제대회인 20세 이하 청소년월드컵에서 기대 이하의 성적을 거둘 경우에는 본선을 앞두고 감독에 대한 사퇴 여론이 불거질 가능성도 배제할 수 없었다.

하지만 이 부회장은 이에 대해 "만약 홍 감독이 올림픽 예선을 통과한다면 당연히 본선까지는 간다고 봐야 한다"며 힘을 실어주었다. 본선 티켓을 따내고도 감독직에서 물러난 조 감독에 대해서는 "경질이 아니라 임기가 만료됐기 때문에 계약 연장을 하지 않은 것뿐"이라고 말했다.

홍 감독도 사령탑으로 첫발을 내디디면서 부담감이 적지 않았다. 그는 당시 "선배를 밀어내고 자리를 차지했다는 것에 솔직히 부담이 있었다. 하지만 나는 청소년대표팀에만 머무는 것이 아니라 올림픽 대표팀까지 이어갈 것이기 때문에 주위에서 들리는 이야기를 의식하지 않고 있다"고 말했다. 홍 감독은 대표팀 첫 소집훈련에서 전임 사령탑인 조 감독을 파주NFC로 초대해 선수단과 저녁 식사를 하도록 배려하는 등 선배에 대한 나름의 예우를 갖추기도 했다.

홍명보에게 청소년대표팀 감독직은 가시밭길과 같았다. 하지만 그는 스스로 그 길을 택했다. 사실 그는 더 편하고 좋은 대우를 받으며 감독으로서 첫 단추를 끼울 기회가 많았다.

1990년대 한국 축구는 아시아의 최강자로 군림했지만 세계 무대에서는 변방에 지나지 않았다. 당시 열린 3차례 월드컵에서 한국은 단 1승도 따내지 못했다.

홍명보 감독은 한국 축구 암흑기에 유일한 희망이었다. 1994년 미국월드컵 조별 리그 3차전 독일전에서 2-3으로 패한 직후 중계방송을 했던 한 아나운서는 "홍명보 같은 선수가 2명만 있었어도 얼마나 좋았겠습니까"라며 아쉬움을 토로할 정도로 그에 대한 기대치와 의존도가 컸다.

그가 축구계에 입문한 것은 광장초등학교 5학년 때였다. 축구를 좋아하던 부친을 따라 집에서 가까운 동대문운동장을 찾던 '어린 홍명보'는 푸른 그라운드의 매력에 푹 빠졌다.

유소년 시절에는 작은 체격이 콤플렉스가 돼 몇 번이고 '축구 선수의 길을 그만둬야 하나'라고 고민하던 평범한 선수였다. 동북고 입학 이후 지금의 체격으로 성장하면서 그의 잠재력은 서서히 빛을 보기 시작했다. 고교 2~3학년 때는 동북고를 수차례 대회 정상에 올려놓으며 주목을 받기도 했지만 그때만 해도 한국을 대표하는 최고의 선수로 성장할지는 자신도 알지 못했다.

홍 감독은 고려대 3학년 때 인생의 전환점을 맞았다. 당시 고려대를 이끌던 남대식 감독은 미드필더로 뛰던 그에게 수비수 전환을 지시했다. 감독의 말은 곧 법이었고, 소속팀 사정상 요청을 뿌리칠 수도 없었다. 수비수 전환은 그동안 보지 못했던 축구의 새로운 세상을 홍 감독에게 열어줬다.

그는 수비수로 변신한 지 불과 1년 만에 국가대표팀에 뽑혀 1990년 2월 노르웨이와의 평가전을 통해 A매치 데뷔전을 치렀고, 그해 열린 이탈리아월드컵 최종 엔트리에 전격적으로 발탁되며 한국 축구의 샛별로 떠올랐다.

이탈리아월드컵을 시작으로 그가 지나간 자리에는 새 역사가 쓰였다. 1992년 포항에 입단하며 프로에 데뷔한 첫해 K리그 사상 처음으로 신인왕과 MVP(최우수선수)를 독식했다. '괴물 신인'의 등장에 한국 축구는 열광했고, 이후에도 홍 감독은 연봉 1억 원 시대를 여는 등 한국 축구의 아이콘으로 자리매김했다.

그는 한국 축구의 정상을 구가하면서도 자신의 위치에 안주하지 않고 새로운 도전을 이어갔다. 1997년 일본 J리그 진출을 선언하며 벨마레 히라쓰카로 이적했고, 1999년에는 가시와 레이솔의 유니폼을 입었다.

가시와 시절에는 일본 J리그 사상 처음으로 외국인 선수로서 주장을 맡아 팀을 이끌었다. 동료들과의 전술 토론 때면 그가 내린 결정에 누구도 이론을 제기하지 못할 정도로 축구에 대한 이해도나 통솔력도 뛰어났다. 개인주의 성향이 강한 일본 선수들마저 홍 감독의 카리스마에 매료될 정도였다.

2001년 말 고향 팀인 포항으로 돌아온 그는 한일월드컵 이후에도 도전을 멈추지 않았다. 2003년에 그는 한국인으로서는 처음으로 미국 프로축구 LA갤럭시에 새 둥지를 틀며 현역 생활을 갈무리했다. 2004년 10월 그는 은퇴를 선언하고 정든 그라운드를 떠나 제2의 축구 인생을 시작했다.

홍 감독은 13년간 대표팀에서 활약하면서 1990년 이탈리아월드컵을 시작으로 한일월드컵까지 4회 연속 본선 무대를 밟았다. 한국은 물론 아시아 최초의 기록이었다. 그는 마지막 월드컵이었던 한일월드컵에서 주장으로서 4강 신화를 이끈 공을 인정받아 대회 브론즈볼을 수상하기도 했다.

홍 감독은 태극 마크를 달고 135경기의 A매치를 소화했다. 이 기록은 아직까지도 깨질 기미가 보이지 않는 국내 최다 출전 기록이다. 전 세계로 범위를 넓혀도 그의 A매치 출장 기록은 20위권에 드는 큰 업적이다.

현역 시절 수차례 세계 올스타로 선정된 그는 2004년 FIFA 창립 100주년을 기념해 '축구 황제' 펠레가 뽑은 'FIFA 100'(실제로는 125명)에 선정됐다. 전 세계를 대표하는 축구 스타들이 이름을 올렸는데, 아시아 선수로는 나카타 히데토시와 홍명보 감독만이 선정돼 더욱 의미가 깊었다.

그는 현역 은퇴 이후 축구행정가로서 제2의 인생을 꿈꿨다. 행정가의 꿈은 선수 시절부터 차근차근 준비했다. 1998년 12월, 홍 감독은 당시 FIFA 부회장이던 정몽준 전 대한축구협회장의 추천으로 FIFA 선수위원회 정식 회원으로 이름을 올렸다. 대한축구협회도 홍명보라는 한국 축구 최고의 브랜드를 세계 축구계에 영향력이 있는 행정가로 키우겠다는 계산을 했다.

그는 현역 시절 받은 전 국민적인 성원과 사랑을 사회에 환원하기 위해 2003년 말 자신의 이름을 건 장학재단을 설립해 축구 유망주들을 돕기 시작했고, 자신을 뛰어넘을 대형 수비수 발굴에도 앞장섰다.

홍 감독은 은퇴 직후인 2005년 2월 대한축구협회 이사로 선임돼 본격적인 축구행정가 활동을 시작하는 듯 보였다. 하지만 한국 축구는 그를 가만두지 않았다. 그해 9월, 국가대표팀 수장으로 선임된 네덜란드 출신의 아드보카트 감독이 홍 감독에게 코치직을 요청하면서 그는 축구행정가가 아닌 지도자의 길로 자연스럽게 접어들었다.

이후 베어벡, 박성화 감독 아래서 국가대표팀과 올림픽대표팀 코치를 맡으며 지도자 경험을 쌓아갔다. 그가 원했든 원치 않았든 한국 축구는 홍명보라는 현 시대 최고의 아이콘을 활용하기 위해 안간힘을 썼다.

홍 감독은 2008 베이징올림픽을 마지막으로 3년간의 코치 생활을 끝내고 재충전을 위한 휴식기에 들어갔다. 또 다른 시작을 앞두고 생각을 정리할 시간이 필요했다.

2008년 10월, 홍 감독은 평소 친분이 있던 엄홍길 대장과 함께 10박 11일의 일정으로 히말라야 트레킹에 나섰다. 치열했던 지난 시간을 되돌아볼 소중한 시간을 갖게 된 것이다.

홍 감독은 험난한 길을 걷고 또 걸으면서 많은 생각을 했다. 앞으로 어떤 일을 해야 자신에게 가치가 있고, 후회하지 않는 선택이 될지를 자신에게 끊임없이 물었다.

그해 겨울, 국내외 여러 구단에서 홍 감독에게 감독직 제의를 해 왔다. 대표적인 구단이 K리그 수원과 J리그 가시와 레이솔이었다. 수원은 당시 팀을 이끌던 차범근 감독이 두 번째 임기를 마치고 휴식에 들어갈 것을 대비해 '플랜 B'로 홍 감독의 영입을 타진했다. 홍 감독이 갖고 있는 한국 축구 내 상징성, 지도자 세대교체의 의미, 국제적인 지명도 등이 수원이 추구하는 장기적인 클럽 운영 계획과 맞아떨어진다는 판단에 따른 것이었다.

일본의 가시와는 감독 경험이 전무한 그에게 10억 원대 연봉을 제시하며 매달렸다. 홍 감독은 1999년부터 4년 동안 몸담았던 팀이라 가시와에 애정이 많았다. 구단 측도 10년이 지난 현 시점에서도 '영웅'으로 평가받는 홍명보의 영입을 통해 팀을 쇄신하길 원했다.

하지만 그는 꿈쩍도 하지 않았다. 홍 감독이 히말라야 트레킹을 통해 얻은 답은 '내가 준비되지 않은 상황에서 어떤 길이든 무작정 걸을 수는 없다'는 것이었다.

2009년 2월, 대한축구협회는 홍 감독에게 청소년대표팀 감독직을 제의하면서 런던올림픽까지의 로드맵을 전했다. 이전까지의 올림픽대표팀 운영방식을 탈피해 20세 이하 대표팀을 초석으로 4년 후 올림픽을 준비하자는 제안이었다. '돌부처' 같았던 홍 감독의 마음이 흔들리기 시작했다. 분명 위험부담이 큰 도전이었다. 하지만 그는 아무도 가보지 않은 새로운 길을 걸어가보기로 마음먹었다.

홍 감독은 청소년대표팀 감독 취임 기자회견에서 감독직을 수락하게 된 배경을 설명했다.

"한국 축구에 봉사할 수 있는 기회라는 생각이 들었다. 한국 축구와 나 자신의 목표를 위해 피할 수 없는 단계다. 한국 축구의 미래를 위해 내 혼을 담아서 열심히 한번 해보겠다. 나는 성인 국가대표 감독이 아니다. 한국 축구의 미래를 지도하는 감독이다. 청소년대표 선수 중 박지성 같은 세계적인 선수를 키워내고 싶다. 그러기 위해 세계 무대에서 뛸 수 있는 기초를 닦아주고 싶다."

홍명보 감독은 자신과의 약속을 지키기 위해 이날 이후 1271일 동안 팀 하나만을 바라보고 달려갔다.

첫 대면
실력보다 인성과 예의가 먼저다

02

2009년 3월 2일 파주NFC, 홍명보호의 첫 공식 훈련이 시작됐다.

홍명보 감독은 별다른 지시를 하지 않고 하루 종일 선수들의 일거수일투족을 조용히 지켜보기만 했다. 그도 열여덟, 열아홉 살의 어린 선수들이 어떻게 생활하고, 무슨 생각을 하는지 잘 알지 못했기에 '관찰'의 시간이 필요했다.

사령탑으로서 처음 지휘봉을 잡은 팀이 19세 이하 청소년대표팀이니만큼 어린 선수들을 알아가는 게 첫 임무이기도 했다. 30대 후반이라는 비교적 이른 나이에 감독직에 올랐기에 지휘 경험 부족이라는 단점도 분명 있지만 '젊음'은 어린 선수들과의 소통에 플러스 요인이 될 것이라고 생각했다.

홍명보 감독과 선수들의 첫 대면은 서로의 생각 차이를 느끼는 자리였다. 산전수전 다 겪은 한국 축구의 전설과 스무 살가량 차이

나는 어린 선수들의 만남이 처음부터 순탄하기만 했다면 그것이 더 이상한 일일 것이다.

소집 첫날 훈련을 마치고 모두 파주NFC 1층에 있는 식당에 모여 저녁 식사를 했다. 식사를 마치고 각자의 방으로 향하는 선수들을 홍 감독은 유심히 지켜봤다. 선수들이 하나둘씩 자리를 비우고 난 뒤 홍 감독은 못마땅한 표정으로 코치들에게 "선수들 모두 지금 강당으로 집합시켜!"라고 예정에 없던 긴급 미팅을 지시했다.

휴식을 취하고 있던 선수들은 팀 전술 미팅으로 생각하고 천진난만한 표정으로 강당에 모여들었다. 그중에서 몇몇 선수들은 강당 입구 자동판매기에서 커피를 뽑아 미팅 장소로 향했다. 선수들이 자리에 앉자 홍 감독이 입을 열었다.

"오늘 너희들을 지켜보니 뭔가 크게 잘못 생각하고 있는 것 같아서 이야기를 좀 할까 하고 불렀다."

순식간에 강당 분위기는 찬물을 끼얹은 듯 싸늘해졌다.

"너희들, 대표팀에 뽑혔다고 뭐 대단한 사람이나 된 것처럼 생각하고 있는 것 같다."

선수들에게 홍 감독은 동경의 대상이었다. 처음 홍명보호에 승선한 선수들은 모두 홍명보 감독과 함께 훈련할 수 있다는 사실 하나만으로도 가슴이 터질 듯한 감격을 느꼈다. 하지만 첫날부터 홍 감독의 불호령이 떨어지자 선수들도 서서히 긴장하는 눈치였다.

홍 감독은 기왕 말을 꺼낸 김에 선수들에게 자신의 생각을 확실히 전해야겠다고 마음먹었다. 한편으로는 팀의 리더로서 자신이 생각하는 축구관과 가치관에 선수들이 따라와주길 기대했다.

홍 감독은 커피를 들고 온 선수를 보며 말했다.

"커피는 쉴 때 방에서 얼마든지 마실 수 있다. 팀원들과 코칭스태프가 모인 미팅 시간에까지 가져올 필요는 없지 않나. 다음부터는 내가 말하지 않아도 지킬 것은 지켰으면 한다."

홍 감독은 제자들의 인성과 예의에 상당히 신경을 썼다. 이 선수들이 미래의 한국 축구를 이끌어 갈 재목들이기에 축구 이외의 면도 소홀히 할 수 없었다. 비록 나이는 어리지만 이들도 가슴에 태극 마크를 달고 대한민국을 대표해 국제 무대에 나서는 것은 매한가지였다. 그래서 그라운드에서의 실력만큼이나 사람이 갖춰야 할 됨됨이도 중요하다고 생각했다. 그래서 홍 감독은 첫 미팅이었지만 선수들에게 거침없이 쓴소리를 날렸다.

"너희들, 저녁 식사 후에 어떻게 식당을 빠져나갔지?"

선수들은 아무도 대답을 하지 못한 채 홍 감독의 눈을 피했다. 자신들이 무엇을 잘못했는지 어느 정도 알아챈 듯 했다.

"오늘 하루 동안만 봐도 알겠지만 이곳에는 너희들을 위해 애써 주시는 분들이 많다. 너희를 대신해서 청소도 해주시고, 식사도 준비해주시고 있다. 근데 너희들은 그분들에 대한 고마움을 알지 못하는 것 같다. 밥 먹고 나가면서 아무도 인사를 하지 않더라. 내가 볼 때 너희는 분명히 문제가 있다."

훈계는 여기서 그치지 않았다. 홍 감독은 홍명보호 1기에 발탁돼 들떠 있는 선수들에게 현재 그들이 어떤 위치에 있는지를 확실하게 알려주고 싶었다.

"뭔가 대단한 선수들이라고 단단히 착각하고 있는 것 같다. 그거 큰 오산이다. 여기 계시는 분들은 너희가 그렇게 동경하는 월드컵 대표 선수들만 해도 수백 명을 봐오신 분들이다. 나같이 월드컵 4강 간 선수들도 숱하게 보셨고, 2002년 월드컵 멤버들도 이분들이 불편함 없이 도와주셔서 좋은 성적을 낼 수 있었다. 그렇게 유명한 선수들이 이곳을 많이 거쳐 갔는데, 너희 같은 어린 선수들은 어떻게 보면 그냥 스쳐 가는 선수에 불과해. 아마 이번 훈련을 마치고 나가면 기억을 못하실 수도 있을 정도다."

선수들을 자극하고 싶은 마음은 없었지만 분명히 짚고 넘어가야 할 이야기였기에 홍 감독은 가슴속의 이야기를 모두 풀어냈다.

"이곳에 있는 동안 잘 먹여주고 불편함 없이 지내게 도움을 주는 것만으로도 항상 이분들에게 감사함을 가져야 돼. 이분들에게 너희는 뭔가 요구할 자격도 없는 선수야. 앞으로 이곳에 있는 동안 그 어떤 요구도 하지 마라."

따끔한 일침을 놓은 후 홍 감독은 자신의 방으로 향했다. 강당에 남아 있던 선수들은 홍 감독의 불호령에 잠시 멍해 있다 자신들이 앞으로 그라운드 밖에서 어떻게 행동해야 하는지 고민했다.

다음 날 아침 식사 시간. 식사를 마친 선수들은 자신의 자리를 정돈한 뒤 나가면서 음식을 준비해준 아주머니에게 감사의 인사를 전했다. 처음이라 어색했지만 "잘 먹었습니다"라는 말에서는 진심이 묻어났다.

그렇게 선수들과 지원스태프는 친분을 쌓아가기 시작해 시간이 지날수록 삼촌과 조카, 어머니와 아들 같은 사이로 변해갔다. 선수들의 진심이 통하기 시작했고, 스태프도 자신의 가족처럼 선수들에게 뭐 하나라도 더 해주려고 노력했다.

2009년 9월 홍명보호가 첫 메이저 대회인 청소년월드컵 본선에 참가하기 위해 출국하던 날 아침, 홍 감독은 주장 구자철과 몇몇 선수들에게 "파주NFC 내에 있는 모든 직원들을 로비로 모시고 오라"고 지시했다. 선수들은 뿔뿔이 흩어져 스태프를 찾아 나섰다. 잠시 후 모든 지원스태프와 선수들이 로비에 모였다.

홍 감독은 모두가 모인 자리에서 선수들에게 한 가지 제안을 했다.

"그동안 너희들을 위해 고생을 많이 하신 분들이다. 대회 나가기 전에 인사를 드리고 가는 것이 도리야. 다들 대회 잘 마치고 돌아오겠다는 의미에서 인사드리고 떠나자."

선수들은 3주간의 합숙훈련 동안 자신들을 돌봐준 스태프들의 손을 일일이 잡으며 감사의 인사를 전했다. 그리고 꼭 좋은 성적으로 보답하겠다는 다짐도 남겼다.

지원스태프는 어린 선수들의 마지막 인사에 큰 감동을 받았다. 선수들을 위해 묵묵히 노력해온 보람도 느꼈다. 그리고 꼭 홍명보호가 좋은 성적을 거두길 진심으로 바랐다.

이후 홍명보호는 파주NFC 지원스태프 사이에서 최고 인기 대표팀으로 자리 잡았다. 그들이 파주에 소집되면 지원스태프는 하나라도 더 먹이고 챙겨주고 싶어 했다. 대표팀 관계자는 "인성을 중요시하는 홍 감독의 철학을 선수들도 모두 공감하고 행동으로 옮기려고 많은 노력을 했다. 해외 원정을 가서도 선수들은 현지 관계자들에게 항상 높은 점수를 받았다"라고 평가했다.

예의를 강조한 홍 감독의 방침은 실제 대회에서도 큰 성과를 냈다. 선수들만이 아니라 지원스태프까지 하나의 팀으로 생각하고 끈끈한 유대감을 형성시킨 홍 감독의 철학은 지원스태프에게서 내 동생, 내 아들 같은 나이의 선수들에게 자발적으로 하나라도 더 챙겨주고 싶은 마음을 이끌어냈다.

선수들은 스포트라이트를 받는 자신을 위해 음지에서 묵묵히 애써주시는 분들을 위해 자만하지 말자는 다짐을 하게 됐다. 또한 든든하게 뒤에서 받쳐주는 지원스태프와의 신뢰 덕에 고된 훈련과 진검 승부의 연속인 일정 속에서도 강한 정신력을 유지할 수 있었다.

03 세계와 싸울 무기 한국형 콤팩트 축구

홍명보 감독은 청소년대표팀 취임 기자회견에서 "앞으로 어떤 축구를 펼칠 생각이십니까?"라는 질문에 "이탈리아식 콤팩트 축구(공격수와 수비수의 간격을 좁히는 전술)를 해보고 싶다"는 뜻을 밝혔다.

이탈리아 축구 하면 떠오르는 것이 '빗장 수비'다. 탄탄한 수비를 바탕으로 상대의 공격을 무력화시키는 것이 이탈리아 축구의 가장 큰 장점이다. 현역 시절 4회 연속 월드컵 본선 무대를 밟은 대형 수비수 출신인 그가 이탈리아 축구를 지향하는 것은 어쩌면 당연해 보이기도 했다. 자신이 가장 많은 경험을 해봤고, 가장 큰 능력을 발휘할 수 있는 부분을 극대화한 대표팀을 만들겠다는 구상은 축구 팬들에게도 상당한 관심을 불러일으켰다.

홍 감독은 2009년 3월 대표팀의 첫 소집훈련부터 자신이 생각하는 축구를 선수들에게 이식하기 위해 노력했다. 미팅 시간에는 이탈리아 세리에A의 명문 구단인 'AC밀란'의 경기 영상을 보여주면서 선수들에게 어떤 축구를 해야 할지를 자연스럽게 이해시키기도 했다.

홍명보호 초창기의 한 선수는 "저녁에 경기 영상을 통해 설명을 듣고 낮에 훈련을 하면 아무래도 감독님이 원하는 전술과 움직임을 조금이라도 빨리 습득하게 되죠. 이제 조금씩 감독님이 무엇을 원하시는지 알 것 같아요"라고 말했다.

하지만 천하의 홍명보라고 해서 모든 일이 술술 풀린 것은 아니다. 홍 감독이 지향한 것은 이탈리아식의 '콤팩트 축구'지만 현실적으로 어려움이 많았다. 객관적으로 볼 때 한국과 유럽 선수들의 체격 수준과 개인 능력 등 여러 가지 조건들이 차이가 많이 났기 때문이다.

홍명보 감독은 현실주의자다. 특히 축구에 있어서는 철저하게 이상을 버리고 현실을 직시했다.

홍명보호의 첫 메이저 대회였던 국제축구연맹 청소년(U-20)월드컵을 준비하던 어느 날 홍 감독은 취재진에게 부진한 공격수들에 대한 속내를 이야기한 적이 있다.

당시 대표팀은 일본 J리그 도쿠시마에서 뛰던 김동섭과 고려대의 박희성을 최전방 공격수로 활용했다. 둘 모두 유망주로 평가받고 있었지만 대표팀의 공격을 이끌기에는 부족함이 많았다. 홍 감독도 대표팀의 최전방 공격수들에 대한 언론의 부정적인 평가를 잘 알고 있었다. 하지만 그는 자기 나름의 냉철한 평가로 선수들의 필요성을 역설했다.

"이 친구들이 이 연령대에서 가장 좋은 경기력을 보이는 공격수들이다. 조금 모자라다고 해도 더 이상의 대안이 없다. 골 결정력에 대해서는 우리가 인정을 해야 할 부분이고 받아들여야 한다. 아프리카의 개인기 좋고 체격도 월등한 공격수나 어릴 때부터 유럽 빅 리그 클럽의 유스 시스템을 통해 성장한 공격수들과 우리 선수들을 비교하는 것은 무리다. 그 친구들이 10개의 슛을 시도해서 5개를 성공시킬 때 우리 공격수들이 10개를 시도해서 1개를 성공시키는 것에 대해 아쉽다거나 안타깝게 생각해서는 안 된다. 지금은 극복할 수 없는 차이다. 다만 우리 선수들은 자신이 할 수 있는 만큼 그라운드에서 최선을 다해주고 있다. 자신이 가진 역량을 100% 발휘하고 있다는 데 의미를 두고 싶다."

홍명보 감독은 20세 이하 연령대에서 한국의 위치가 세계에서 어느 정도에 있다는 것을 그 누구보다 정확하게 알고 있었다. 물론 계속 그 자리에 머물러 있을 생각은 전혀 없었다. 우리의 장점을 살려 세계를 놀라게 하겠다는 전략은 청소년월드컵을 앞두고 본격적으로 진행됐다.

홍 감독은 일본과 미국에서 선수 생활을 해봤고, 지도자로 변신한 후에는 아드보카트, 베어벡과 같은 네덜란드 출신 감독들을 보좌하며 유럽 축구에 대한 이해의 폭을 넓혀갔다. 그는 자신이 몸소 체험한 직간접 경험을 대표팀에 쏟아부을 작정이었다.

전술에 있어서도 세계 무대에서 경쟁력을 갖추면서 가장 한국적인 모델을 찾기 위해 노력했다. 그래서 막연히 이탈리아식 전술을 지향하기보다는 우리 실정에 맞게 변형한 '한국형 콤팩트 축구'를 완성하고자 노력했다.

홍 감독은 "지도자라면 세계 축구의 흐름에 관심을 기울여야 한다. 하지만 우리 실정에 맞는 전술과 전략을 활용하는 것이 가장 중요하다. 유럽이나 남미 축구에서 인기를 끌고 있는 전술이라고 해서 무작정 도입해 우리 선수들에게 해내라고 하는 것은 옳지 않다"고 강조했다.

한국 선수들이 유럽 선수들에 비해 부족한 점만 있는 것은 아니다. 특유의 정신력과 투지는 세계 축구가 인정할 만한 자산이다. 홍 감독의 생각은 의외로 간단했다. 기대할 수 없는 부분은 과감히 포기하고, 대신 우리가 발전시킬 수 있는 부분을 집중적으로 끌어올려서 세계 무대에 도전하겠다는 구상이었다.

홍 감독은 기본 포메이션을 '4-2-3-1'로 정했다. 공격에서는 원톱 공격수에게 부담을 주기보다 2선에 위치한 3명의 공격형 미드필더들의 역할을 강조했다. 수비에서는 더블 볼란치(2명의 수비형 미드필더)와 포백 라인의 유기적인 호흡을 바탕으로 철벽 방어를 기대했다.

포백 시스템은 최종 수비 라인을 4명으로 구성하는 형태를 말한다. 중앙 수비수 2명은 수비에 치중하는 대신 측면 수비수 2명은 수비는 물론 상황에 따라서는 오버래핑(수비수가 공격을 위해 미드필더나 공격수 앞에 위치하는 것)을 통한 공격을 펼치기도 한다.

홍 감독이 가장 중요하게 생각한 포지션은 더블 볼란치였다. 공격의 시작점이자 수비의 최일선 방어선 역할을 해내야 하는 자리이기 때문이다. 더블 볼란치가 팀의 공수 밸런스를 얼마나 잘 이끌고 상대의 공격을 효율적으로 막아내느냐가 승부를 가르는 관건이라 생각했다.

홍명보호는 기존의 대표팀 운영 패러다임에도 파격적인 변화를 시도했다. 먼저 체력 키우기 위주의 메이저 대회 준비 과정에 칼을 댔다. 맹목적인 체력 증강에서 과감히 탈피해 과학적인 접근을 통해 선수 개개인이 최적의 체력을 유지할 수 있도록 하는 데 초점을 맞춘 것이다.

이전 대표팀에서는 대회를 앞두고 모든 선수들이 일정한 체력 기준을 넘어설 수 있도록 하는 데 총력을 쏟았다. 그로 인해 대회 준비 기간 동안 체력 훈련에 상당히 공을 들였다. 하지만 각기 다른 컨디션과 몸 상태에서 대표팀에 합류하는 선수들은 일률적인 체력 키우기 탓에 부작용에 시달리기도 했다.

홍 감독은 청소년월드컵을 앞두고 한국형 콤팩트 축구의 기초를 닦기 위해 일본에서 이케다 세이고 코치를 피지컬 트레이너로 영입했다. 기술에서 모자란 부분을 체력을 통해 보완하려는 의도였다.

토너먼트 대회의 경험이 많지 않은 어린 선수들로 구성된 대표팀이 3일 간격으로 치러지는 경기를 소화하기는 쉽지 않다. 최소한 조별 리그 최종전까지라도 100%의 컨디션을 유지하기 위해서는 피지컬 분야의 전문가가 필요했다.

청소년월드컵을 앞두고 파트타임으로 홍명보호에 합류한 이케다 코치는 이전까지 한국 대표팀이 메이저 대회를 앞두고 실시한 체력 훈련과는 다른 프로그램을 가동했다. 무작정 체력을 극대화하기보다는 본선에 맞춰 선수들이 최적의 컨디션을 유지할 수 있도록 개인별로 훈련량을 조절했다.

이케다 코치의 색다른 훈련법은 홍명보호에서도 관심의 초점이 됐다. 특히 본격적인 훈련 전에 이뤄지는 몸풀기는 눈길을 끌었다. 이케다 코치는 축구 선수들이 주로 사용하는 하체뿐만 아니라 상체 훈련에도 많은 시간을 할애했다.

"상체 훈련은 날개뼈와 골반의 연관성 때문이다. 사람은 지금 두 발로 걷지만 원래는 네 발로 걸었다. 그 시절의 영향이다. 날개뼈 주위를 풀어주면 골반도 유연성이 생긴다. 유연성이 생기면 움직임도 좋아진다. 직립보행 이후 날개뼈를 많이 쓰지 않게 됐기 때문에 움직임이 좋아지려면 그만큼의 노력이 필요하다"라고 이케다 코치는 설명했다. 홍명보호에서는 의미 없이 지나갈 수 있는 10여 분간의 몸풀기도 분명한 기준과 철학에 따라 실행했다.

또한 대회를 앞두고 강력한 체력 훈련을 통해 몸을 만들기보다는 대표팀에 합류하지 않은 상황에서도 선수들의 컨디션을 파악할 수 있는 선수 관리 시스템을 만들었다.

홍명보호는 2009년부터 대표팀에 소집되는 선수들을 상대로 정기적으로 체지방과 젖산 검사(운동 시 피로 회복 정도를 측정)를 시행했다. 그 덕분에 수개월 또는 1~2년 만에 대표팀을 다시 찾는 선수라도 기존 데이터를 토대로 새롭게 검사한 수치를 비교하면 선수들의 컨디션이 어느 정도인지 쉽게 알아챌 수 있었다.

그래서 홍명보호에서는 막연히 '몸이 무겁다' '컨디션이 좋지 않다' 는 등의 느낌은 통하지 않았다. 수치로 나온 객관적인 데이터가 가장 중요한 순간에 컨디션과 몸 상태가 좋은 선수들을 믿고 활용할 수 있는 바로미터가 됐다.

04 감독 홍명보의 눈높이
내가 보는 에이스는 다르다

홍명보호는 2009년 이집트에서 열린 국제축구연맹 청소년(U-20) 월드컵에 부푼 꿈을 안고 참가했지만 조별 리그 1차전 카메룬과의 대결에서 0-2로 완패하며 쓴맛을 봤다.

큰 대회 경험이 많지 않았던 선수들은 90분 내내 긴장한 모습이 역력했고, 낯선 경기장 분위기와 푹신한 '양탄자 잔디'라는 변수 탓에 뜻대로 경기를 풀어내지 못했다. 대회 준비 기간에 갈고닦은 전략과 전술은 전혀 그라운드에 투영되지 못했다. 하지만 홍 감독은 경기 직후 의외의 평가를 내렸다.

"선수들이 잘해줬다. 최선을 다한 경기였다."

감독까지 혹평을 쏟아낸다면 어린 선수들에게는 더 큰 심적인 부담으로 다가올 것이 분명했다. 고개를 떨군 선수들에게 칭찬을 통해 터닝 포인트를 만들겠다는 감독의 의지가 묻어났다.

1차전 패배로 홍명보호의 16강 진출에 먹구름이 꼈다. 독일과의 2차전 경기에서도 진다면 조별 리그 탈락이 확정돼 남은 경기 결과에 상관없이 짐을 싸야 할 판이었다.

독일은 전년도 유럽선수권대회에서 1위를 차지하며 본선 티켓을 따낸 강력한 우승 후보였다. 게다가 미국과의 1차전에서 3-0 대승을 거두며 한국과의 맞대결을 앞두고 상승세를 탄 상황이었다.

홍 감독은 2차전을 앞두고 고민을 거듭했다. 과감한 변화를 통해 반전의 기회를 잡기에는 부담감도 적지 않았다. 벼랑 끝 승부였기 때문에 최소한 무승부 이상을 거두지 못할 경우 비난의 화살은 자연스럽게 사령탑으로 향할 가능성이 높았다.

홍명보 감독이 2차전에서 꺼낸 카드는 파격이었다. 1차전에 내세웠던 공격진을 전원 교체하는 초강수를 둔 것이다. 홍 감독은 경기 전날 공식 기자회견에서 "새로운 선수를 1~2명 정도 투입할 것"이라고 예고했지만 경기 당일 선발 명단은 전혀 달랐다. 5명의 새 얼굴이 그라운드에 등장했다.

카메룬과의 1차전에서 공격을 이끈 김동섭, 이승렬, 조영철을 벤치에 앉혔다. 대신 박희성, 서정진, 김민우를 공격진에 포진하며 완전히 새판을 짰다. 또한 카메룬전에 실수를 범한 GK 이범영 대신 김승규를 투입하는 과감한 결단을 내렸다.

박희성과 김민우는 당시 대학생으로서 대표팀 내에서 큰 주목을 받지 못한 멤버였다. 반면 1차전에 출격한 이승렬과 조영철은 K리그와 J리그에서 맹활약을 펼치며 홍명보호에서 가장 인지도가 높은 선수였다.

홍 감독의 과감한 선택은 성공을 거뒀다. 한국은 독일에게 선제골을 내주며 끌려가다 후반 김민우의 극적인 동점골이 터졌다. 꺼져가던 16강 진출의 불씨를 살리는 득점이었다. 김민우는 득점 직후 자신에게 선발 출전의 기회를 준 홍 감독에게 달려가 덥썩 안겼다. 고마움의 표시였다.

대회 첫 골이 터지자 선수들은 자신감을 갖고 독일을 몰아쳤다. 역전골이 나오지는 않았지만 한국은 1-1로 무승부를 거두며 귀중한 승점 1점을 챙겼다.

홍 감독은 독일전을 마친 뒤 선수 기용에 대해 의미심장한 말을 남겼다.

"밖에서 보는 에이스와 내가 보는 에이스는 다르다."

독일전은 홍명보가 지향해나갈 팀 컬러를 분명하게 보여준 경기였다. 이름값의 거품을 걷어낸 스쿼드 구성(출전 선수 구성)을 알린 신호탄이였고, 스타플레이어라고 해도 경기 출전의 우선권은 없다는 것을 분명히 보여준 경기였다.

이후에도 홍명보 감독의 선수 출전 기준은 명확했다. 현재 선수의 컨디션과 팀 전술을 소화할 수 있는 능력, 축구 지능 등을 고려해 선수들의 경기 출장 여부를 결정했다. 독일전에서 처음 선보인 '홍명보 스타일'에 모두들 에이스 부재에 대한 우려를 표했지만 홍 감독은 자신의 판단을 믿었다.

　홍 감독은 항상 팀의 아래쪽 선수들에게 주목했고, 편견 없이 자신이 보고 느낀 그대로를 통해 선수들을 평가하려고 했다. 청소년대표의 경우 한창 성장 중인 선수들이기 때문에 잠재력을 실전에서 얼마나 잘 발휘하느냐가 경기력의 관건이다. 홍 감독의 눈에는 2차전에 나선 선수들도 '에이스들' 만큼이나 좋은 경기를 펼칠 수 있다는 확신이 있었다.

　홍 감독의 기대에 부응해준 선수들은 팀의 중심 자원으로 급성장했다. 김민우는 대회 3골로 팀 내 최다 득점을 기록했고, 서정진과 박희성 역시 결정적인 순간마다 공격 포인트를 올리며 대회 8강 진출 신화를 이루는 데 크게 기여했다. 그들의 입에서는 "기회를 주신 감독님께 감사드립니다"라는 말이 절로 나왔다.

　벤치에 대한 생각은 선수마다 다르다. 벤치에 앉는 자체가 어색한 선수가 있고, 반대로 익숙한 선수가 있기도 하다. 하지만 홍명보호에서는 벤치에 앉은 선수가 누구든 다시 그라운드에 나설 수 있다는 마음가짐과 준비만 있다면 언제든 출전 기회가 주어졌다. 홍 감독의 굳은 신념이 만들어낸 선수들과의 암묵적인 약속이기도 했다.

　홍 감독은 런던올림픽을 마친 후 자신이 지난 4년 동안 제자들을 바라본 눈높이에 대해 솔직한 생각을 밝혔다.

　"제 기준은 분명합니다. 팀 내에 많은 선수들이 있지만 저는 김기희, 오재석과 같은 선수들에게 눈높이를 맞춥니다. 구자철, 박주영

같은 선수들은 경기에 나가서 감독이 별다른 말을 하지 않아도 알아서 잘 뜁니다. 하지만 벤치에서 많은 시간을 보내는 친구들은 눈길이 더 갈 수밖에 없지요. 그 선수들이 팀 내에서 어떤 역할을 하느냐가 팀 분위기를 좌우할 수도 있습니다. 출전 기회를 잡지 못하는 선수들도 팀 내에서 묵묵히 희생을 하고 있기 때문에 제 눈높이는 항상 그들에게 맞춰져 있습니다."

실제로 홍 감독은 일본과의 런던올림픽 3~4위전을 앞두고 본선에서 단 한차례로 그라운드를 밟아보지 못한 김기희의 출전에 대해 많은 고민을 했다. 만약 김기희가 경기에 출전하지 못한 채로 대표팀이 일본을 꺾고 동메달을 차지한다면 모두가 해피엔딩을 즐길 수는 없었기 때문이다. 김기희는 팀 내에서 유일하게 병역면제 혜택을 받지 못한 '불운아'로 남을 수 있었다.

경기를 뛴 선수들만큼이나 김기희도 팀을 위해 많은 희생을 했다. 그리고 대회를 준비하기 위해 많은 땀을 흘렸다. 홍 감독은 일본전의 종료를 알리는 휘슬이 울릴 때 모두가 기뻐할 수 있길 진심으로 바랐다.

대한민국을 대표하는 스타급 선수였던 홍명보 감독이 낮은 곳의 선수들과 눈높이를 맞출 수 있었던 건 10대에 얻은 뼈저린 경험 덕이다. 40대의 지도자가 된 지금도 그의 머릿속에는 당시의 기억이 생생히 남아 있다.

광장초등학교 5학년 때 축구를 본격적으로 시작한 홍 감독은 학교 내에서 꽤나 알아주는 선수였다. 홍 감독 자신도 "초등학교 때만 해도 나는 또래 친구들에 비해 축구를 좀 하는 편에 속했다"고 기억을 떠올렸다.

하지만 광희중학교를 진학한 후 평범한 선수로 전락했다. 홍 감독은 "중학교에 가서 경기를 해보니 완전히 다른 세상이더라. 경기에 나가면 나보다 훨씬 힘도 좋고 빠른 선수들이 많았다. 그때가 내 인생의 최대 시련이었다"라고 고백했다.

홍 감독은 중학교 시절만 해도 공부도 소홀히 하지 않았다. 운동하는 학생들은 공부를 하지 않는다는 선입견을 깨기 위해서라도 훈련이 끝난 뒤에는 책상에 앉는 것을 게을리하지 않았다. 제법 공부에도 흥미가 있다는 사실을 알게 된 담임선생님이 축구를 그만두고 공부에 전념할 것을 권유했을 정도다.

하지만 자신이 가장 하고 싶은 것이 축구였기 때문에 홍 감독은 한 곳만을 바라보고 달렸다. 그러나 시간이 지날수록 자신의 축구 실력이 볼품없다는 것을 느끼면서 미래에 대한 두려움도 점점 커졌다. 고등학교, 대학교까지 축구 선수로서 살아남을 수 있을지 의문이 들기도 했다.

홍 감독은 "나는 너무 축구를 하고 싶은데 그게 안 될까 봐 어린 나이지만 걱정을 많이 했다. 코치 선생님이 '너는 체력도 안 되고 하니 축구를 그만두라' 고 할까 봐 두려웠다. 언제 축구를 그만두라고 할지 몰라서 하루하루를 긴장 속에 살았다"라고 말했다.

홍 감독은 세상 그 무엇보다 축구가 간절했다. 그리고 자신뿐만 아니라 모든 사람의 꿈이 소중하다는 사실도 깨달았다. 그 마음은 지금까지도 변함이 없다. 그는 "그때 가졌던 그 초심을 지금까지도 잊지 않고 살고 있다. 본인이 하고 싶은 것을 하지 못하게 되면 어떨까. 그런 생각을 하기 때문에 스포트라이트를 덜 받는 선수들에게 더 관심을 가질 수밖에 없다"라고 설명했다.

05 대인의 풍모
리더가 흔들리면 모두가 흔들린다

하나의 목표를 위해 모든 힘을 집중해야 할 시기에 돌발 상황이 발생할 경우 팀의 리더가 어떠한 반응을 보이고 대처하는지에 따라 구성원들의 분위기가 좌우된다. 축구팀도 예외가 될 수 없다.

홍명보호가 주요 대회에 참가할 때마다 예상치 못한 일들이 터져 경기를 앞둔 선수단을 긴장시켰다. 하지만 홍명보 감독은 놀랄 만큼 차분한 대처로 선수단이 동요하는 것을 미연에 방지했다.

2009년 이집트에서 열린 국제축구연맹 청소년(U-20)월드컵 16강전을 하루 앞둔 날, 홍 감독은 훈련장인 페트로 스포츠클럽으로 출발하기 위해 숙소인 카이로의 JW 메리어트 호텔을 나서던 중 대표팀 버스를 보고 깜짝 놀랐다. 대표팀 버스의 왼쪽 창문 유리 한 면이 완전히 박살 나 있었던 것이다.

해외에서의 돌발 상황은 코치진을 당혹케 한다.

당시 FIFA는 국가별 특징으로 버스 외부를 장식해 각 대표팀에게 제공했다. 대표팀 버스는 출고된 지 얼마 되지 않은 신차였기 때문에 외부 충격 외에는 유리창이 파손될 이유가 없어 보였다. 하지만 당시 버스 운전사는 "뜨거운 햇빛의 열기로 달궈진 유리창이 이동 중 충격을 받으며 깨진 것 같다"며 자초지종을 설명했다.

다행히 선수들이 탑승하기 전에 유리 파손을 알게 돼 사고는 피할 수 있었다. 하지만 선수단의 안전을 위해 버스 교체를 요구한 대표팀과 당장은 힘들다는 조직위원회 간의 실랑이로 인해 출발 시간이 지체됐다. 현지에서 대표팀을 지원하던 대한축구협회 관계자가 조직위원회로부터 훈련 종료 후 버스를 수리하겠다는 확답을 받은 뒤에야 대표팀의 훈련 출발을 결정했다.

결국 이날은 안전을 위해 파손된 유리창 인근 좌석을 비워두고 탑승하기로 결정했다. 그 탓에 일부 코칭스태프는 대표팀 버스로 이동하지 못하고 다른 차량을 이용해 훈련장으로 향했다.

버스 파손 이외에도 또 다른 해프닝들이 조별 리그를 힘겹게 통과하고 새로운 마음으로 토너먼트를 준비하던 대표팀의 발목을 잡았다.

평상시에도 업무 태만으로 각국 대표팀의 눈총을 받아온 '이집트 경찰'이 이번에는 한국 대표팀의 훈련장 가는 길을 제대로 찾지 못해 문제를 일으켰다.

각국의 대표팀이 훈련장이나 경기장으로 이동할 때는 항상 경찰 차량들이 대표팀 버스를 에스코트한다. 그런데 이날은 선두에 선 경찰 차량이 훈련장의 위치를 제대로 파악하지 못하고 헤매는 바람에 15분이면 충분할 거리를 무려 45분씩이나 걸렸다.

당초 대표팀은 경기 전날이라 파라과이와 경기할 카이로 인터내셔널스타디움에서 적응 훈련을 하려고 했지만, 숙소에서 이동 거리가 멀어 선수들의 컨디션 조절을 위해 가까운 페트로 스포츠클럽으로 훈련장을 변경했다. 하지만 길을 돌고 돌아 도착하니 홍 감독으로서는 쓴웃음이 나올 수밖에 없었다.

대표팀은 당초 훈련 시간을 오후 5시부터로 계획했지만 버스 유리 파손과 경찰의 에스코트 실수로 인해 1시간 늦은 6시에나 훈련장에 도착했다. 대표팀의 한 관계자는 "원래 우리 훈련이 6시에 예정돼 있다가 5시로 옮겼는데 경찰들이 불만스러운 표정을 짓더라. 그러더니 이런 일이 터졌다"라고 말했다.

우여곡절 끝에 간신히 훈련장에 도착했지만 곧바로 훈련을 시작하지 못했다. 대회 조직위원회와 훈련장 현장 관계자 간의 소통에 문제가 생겨 또 한 번 사고가 터진 것이다.

한국 대표팀이 현장 관계자에게 안내받은 훈련장은 '인조잔디 구장'이었다. 상식적으로 이해가 가지 않는 상황이었다. 인조잔디에서 뛸 경우 발목과 무릎 등의 관절에 무리가 갈 수 있고, 부상의 위험도 크다. 한 국가의 대표팀이 16강전을 하루 앞두고 인조잔디 구장에서 훈련하는 것은 상상할 수도 없는 일이다. 그런데도 현장 관계자들은 홍명보호가 도착하자 자연스럽게 인조잔디 구장으로 그들을 인도했다.

축구협회 관계자가 조직위원회에 다시 한 번 강력하게 항의를 한 뒤에야 대표팀은 천연잔디가 깔린 메인 스타디움으로 이동해 어렵사리 훈련을 시작할 수 있었다.

선수들과 코칭스태프가 오로지 경기에만 집중을 해야 할 시기에 연달아 터진 사건들로 찝찝함은 떠나지 않았다. 혹여나 경기력에 문제가 생기지는 않을까 하는 우려가 생길 정도였다. 하지만 홍 감독은 일련의 사건들에 대해 단 한마디로 분위기를 다잡았다.

"대인(大人)은 사소한 실수에 신경 쓰지 않습니다."

그는 연이어 터진 해프닝에 신경 쓰지 않고 경기에만 집중하겠다는 의지를 밝혔다. 그의 바람대로 선수들은 경기 전날 사건 사고들에 연연하지 않고, 파라과이전에서 3-0 완승을 따내며 8강 신화를 이뤄냈다.

3년 뒤, 2012 런던올림픽 조별 리그 1차전을 앞두고도 대표팀을 떠들썩하게 만든 사건이 터졌다. 한 번도 아니고 두 번이나 대표팀의 훈련장에 '스파이'가 나타난 것이다.

멕시코와의 조별 리그 1차전을 이틀 앞두고 영국 뉴캐슬 코크레인파크 스포츠클럽에서 열린 대표팀 훈련에 영국 입성 후 처음으로 외신 기자들이 홍명보호를 취재하기 위해 모였다.

그런데 한 무리의 사람들이 취재진이라고 보기에는 어딘가 어색한 모습으로 시종일관 훈련을 지켜봤다. 휴대폰으로 훈련 동영상을 찍는 사람도 있었고, 줄곧 팔짱을 낀 채 훈련을 지켜보는 사람도 있었다.

이들은 이틀 후 한국과 경기를 펼칠 멕시코 대표팀의 관계자들이었다. 이날 오전에 멕시코 훈련장을 다녀온 국내 취재진이 대표팀의 미디어담당관인 차영일 대한축구협회 홍보국 과장에게 이들이 멕시코 관계자라고 귀띔을 해주면서 상황은 급박하게 돌아갔다.

차 과장은 국제축구연맹 관계자에게 상황을 설명한 뒤 이들이 훈련장을 떠나도록 협조를 부탁했다. 한국 훈련장에 은근슬쩍 들어온 멕시코 대표팀 관계자들은 끝까지 자신들이 기자라고 주장했지만 정작 미디어 출입증을 제시하지도 못했고, 대표팀 관계자들에게 제공되는 출입증만 내밀었다. 결국 구장 보안 관계자들이 나서 이들을 훈련장 밖으로 내보내면서 상황이 일단락됐다.

멕시코 대표팀 관계자들은 30여 분 동안 한국 대표팀의 훈련을 지켜보며 사진과 동영상까지 찍었다. 그나마 다행인 것은 본격적인 전술훈련을 시작하기 전에 이들의 신분이 탄로 나 훈련장을 떠났다는 것이다.

한차례 스파이 폭풍이 거쳐 간 뒤 고요하던 훈련장에 또 한 번 돌발 상황이 벌어졌다. 수비수들의 전술훈련을 지휘하던 김태영 수석코치가 갑자기 대표팀 미디어담당관을 부르더니 훈련장 출입구 쪽을 가리켰다. 스위스 대표팀 관계자가 출입구가 열린 틈으로 한국 대표팀의 훈련을 지켜보고 있었던 것이다.

미디어담당관이 이를 제지하기 위해 달려갔지만 눈치를 챈 스위스 관계자가 줄행랑을 친 뒤였다. 바로 옆 훈련장에서 스위스 대표팀의 훈련이 진행되고 있었기에 범인을 색출하기도 쉽지 않았.

한국이 속한 B조 4개국이 훈련장으로 사용하고 있는 코크레인파크 스포츠클럽에는 4개의 축구장이 있었고, 날씨와 기온, 습도 등을 고려하다 보니 국가별로 훈련 시간이 겹치는 경우도 종종 있었다. 하지만 훈련 그라운드마다 보안을 위해 사방이 모두 덮개로 가려져 있기 때문에 같은 시간에 훈련을 하더라도 안을 들여다볼 수는 없다.

물론 열린 문틈 사이로 훈련을 지켜보는 것은 예상하지 못한 일이다. 대표팀 미디어담당관은 강풍으로 계속 열리는 문을 붙잡고 씨름을 한 끝에 겨우 고정을 시켜 스파이들의 돌출 행동을 원천 봉쇄했다.

결국 2시간 남짓한 훈련은 두 차례 스파이들의 출현으로 인해 뒤숭숭한 분위기로 마무리됐다. 이날의 해프닝은 본선을 코앞에 두고 상대국 간의 정보전이 본격적으로 시작됐다는 의미로 받아들여졌다. 한국 대표팀 입장에서는 집중되는 염탐에 신경이 쓰이지 않을 수 없는 상황이었다.

하지만 홍 감독은 의연한 자세로 해프닝을 받아들였다. 그는 "기본적으로 상대에게 우리의 훈련을 보여주는 것은 원치 않는다. 지금 각국은 이미 어느 정도 국가별 전력이 노출돼 있는 상황이다. 이번 일은 크게 신경 쓰고 싶지 않다"며 해프닝의 의미를 전했다.

어떤 돌발 상황이 생기든 수장이 당황하는 모습을 보이거나 조금이라도 흔들리는 눈빛을 보인다면 그를 믿고 따르는 구성원들은 더 큰 두려움과 위기를 느끼게 된다. 홍 감독은 홍명보호를 이끌면서 어떠한 상황에서도 중심을 잡을 줄 아는 지도자였다.

06 혁신적인 팀 미팅
꿀 먹은 벙어리들이 입을 열다

홍명보 감독은 청소년대표팀 사령탑으로 첫 지휘봉을 잡으며 그라운드 안팎에서 기존의 패러다임을 깨부수는 작업들을 이어갔다. 그중에서도 가장 혁신적인 것은 팀 미팅이었다.

런던올림픽을 앞둔 어느 날 홍 감독에게 "4년간 팀을 이끄셨는데 어떤 면에서 선수들이 가장 많이 성장했다고 보십니까"라고 물었다. 홍 감독에게서 의외의 답이 돌아왔다.

"다른 것은 잘 모르겠지만 이거 하나만은 확실히 달라졌습니다. 이제 저에게 말을 하기 시작했습니다."

홍 감독은 대표팀을 이끌면서 '소통과 대화'를 위해 꾸준히 노력해왔다. 기존의 수직적인 의견 전달 방식을 탈피해 선수와 코칭스태프가 동등한 입장에서 수평적인 커뮤니케이션 상대가 되길 원한 것이다.

그 일환으로 미팅 시간에는 일방적인 지시가 아니라 선수들과의 대화를 원했다. 경기를 앞두고 팀 미팅을 할 때는 선수들의 참여를 위해 여러 가지 아이디어를 활용했다. 상대팀의 비디오 영상을 보여준 뒤 느낀 점과 대비책을 고민해보고 발표하는 시간을 갖기도 했다. 코칭스태프가 상대의 장단점을 단정하는 것이 아니라 선수들이 직접 '브레인 스토밍'을 통해 대안을 만들어내는 능력을 길러주기 위해 마련한 방안이었다.

실제로 경기장 안에서 뛰는 것은 선수다. 코칭스태프는 그저 벤치에서 조언을 할 수밖에 없는 위치다. 선수들이 능동적이고 자발적으로 상대에 대한 정보를 취득하고 대비하는 것은 어찌 보면 당연한 일이기도 했다.

유년 시절 학원축구에서 경험한 감독의 일방적인 지시와 복종에 길들여져 있던 선수들은 이런 미팅 분위기에 쉽게 적응하지 못했다. '하라는 것만 하면 된다'고 생각하던 선수들은 홍명보호에 승선하는 순간 좀 더 능동적이고 적극적인 생각의 전환이 필요해졌다.

홍명보호의 초창기만 해도 홍 감독이 선수들에게 어떠한 사안에 대해 솔직한 의견을 개진해보라고 하면 다들 '꿀 먹은 벙어리'처럼 눈만 깜빡였다. 그런 상황을 홍 감독도 충분히 이해했다. 단기간에 선수들의 생각이 바뀌지 않으리라는 것은 잘 알고 있었다.

홍 감독은 "처음 내가 대표팀을 맡았을 때는 선수들이 나와 눈을 맞추는 것도 꺼렸다. 내가 말을 걸까 봐 두려워하기도 했다. 아직까지 우리 어린 선수들은 코칭스태프와 이야기하는 것에 익숙하지 않다. 지시를 받고 그대로 행동에 옮기는 것에 익숙하기 때문에 자신의 마음속에 있는 이야기를 꺼내는 것도 낯설어한다. 나는 그런 것들을 바꾸고 싶었다"라고 말했다.

런던올림픽이 다가올 시점에는 2009년 홍명보호의 태동부터 함께 인연을 맺어온 선수들은 홍 감독과의 대화에 전혀 거리낌이 없을 정도가 되었다. 3년 이상 한솥밥을 먹다 보니 홍 감독에 대한 선입견도 사라지고, 그가 선수들에게 원하는 것이 무엇인지도 확실히 깨닫게 된 것이다.

실제로 그라운드 밖에서는 감독과 선수 사이를 뛰어넘는 편안한 대화도 자주 이어졌다. 소집훈련이 없을 때도 선수들은 홍 감독에게 자신의 고민을 털어놓거나 안부를 전하기 위해 종종 연락을 취했다.

홍 감독은 "나는 감독 생활을 시작하면서 선수들과의 관계에 있어 하나의 기준을 정했다. 그라운드 밖에서는 선수들이 내 눈치를 보지 않게 하겠다는 다짐이었다"라고 말했다.

홍 감독은 '할 땐 확실하게 하자'는 스타일이다. 비록 하루 90분밖에 훈련을 하지 않더라도 그 90분간의 훈련 동안에는 모든 집중력을 그라운드 안에 쏟아내야 한다는 것이 홍 감독의 지론이다. 선수들에게는 그라운드 안에 들어서면 훈련도 실전이라고 생각하고 대응하길 요구했다.

그래서 선수들은 훈련 중간에 잠시 쉬는 시간이 끝나면 한데 모여 터치라인 밖에서 그라운드로 뛰어 들어간다. 본격적인 훈련을 앞두고 식었던 몸을 다시 덥히기 위해서다. 조금이라도 훈련에 집중하기 위한 그들만의 약속이다.

반면 선수들이 훈련을 마치고 그라운드를 빠져나오면 더없이 편한 '형'과 같은 존재로 홍 감독은 그들을 대한다.

다만 그는 몇 가지 원칙을 정했다. 시간에 대해서는 철저히 원칙을 고수했다. 훈련 시간에 늦거나 식사 시간에 늦는 선수들에게는 불호령이 떨어졌다.

또한 훈련을 나서는 과정에서도 팀의 모습을 갖추길 원했다. 선수들은 훈련 시간에 각자 그라운드로 나오지 않고, 파주NFC의 1층 로비에 모두가 모인 것을 확인한 뒤에야 그라운드로 향했다.

합숙 생활 중 자신의 방 밖으로 나올 때는 상의를 하의 안으로 넣고 이동하는 것을 원칙으로 세웠다. 선수들뿐만 아니라 코칭스태프와 지원스태프도 복장에서부터 흐트러진 모습을 보이면 안 된다는 생각에 구성원 모두가 이 기준에 맞춰 생활을 했다.

홍 감독이 팀 미팅에서 보여준 또 다른 파격은 선수들에게 반말 대신 경어를 사용한 점이다. 팀 미팅에서 질책과 추궁보다는 칭찬과 격려를 하겠다는 홍 감독의 의지였다. 선수들도 처음에는 쉽게 적응이 되지 않았다. 자신들이 우상으로 여겨온 홍 감독이 경어로 팀 미팅을 진행하는 것을 보고 처음에는 고개를 갸우뚱거렸다.

홍 감독은 2009년 청소년월드컵 조별 리그 1차전에서 카메룬에게 0-2로 완패한 뒤 가진 팀 미팅에서 "여러분 오늘 잘 싸웠습니다. 충분히 잘했어요"라고 말문을 열었다. 패배로 긴장하고 있던 선수들의 마음은 홍 감독의 한마디에 눈 녹듯이 녹아내렸다.

선수들은 시간이 지나면서 서서히 홍 감독이 경어를 사용하는 의미를 깨닫게 됐다. 팀이라는 최고의 가치를 위해서는 구성원 중 어느 누구도 소중하지 않은 사람이 없다. 홍 감독은 "내가 그들을 소중히 하지 않는다면, 그들도 나를 소중히 하지 않을 것이다"라며 경어를 사용하는 이유를 밝혔다.

홍명보는 미팅 진행에서도 '프레젠테이션' 방식을 도입하며 혁신을 꾀했다. 감독이 선수들을 세워놓고 혼자 열변을 토하던 기존 방식과 달랐다. 어린 선수들이 한눈에 정보를 이해할 수 있는 '신식' 방법을 도입한 셈이다.

프레젠테이션으로 진행되는 미팅의 시작은 더욱 특별했다. 홍 감독은 모든 팀 미팅의 첫 장면을 선수단 전원과 코칭스태프가 함께 찍은 단체 사진으로 시작했다. '우리는 하나'라는 단결심을 갖게 하고 국가대표의 자긍심을 일깨워주며, '팀'이라는 공동체의 소중함을 알려주기 위해서였다.

이어지는 화면에는 홍명보 구성원들이 궁극적으로 추구해야 할 가치를 담았다. '네버 스톱(never stop, 절대 포기하지 마라)'과 '렛츠 메이크 어 히스토리(let's make a history, 역사를 만들어보자)'라는 문구를 두 번째 화면에 적었다. 가장 중요한 두 가지 목표를 미팅마다 반복해서 보여주는 자체만으로도 선수들에게는 자연스러운 정신 무장으로 이어졌다. 선수들에게 동기부여를 하기 위한 장치로는 안

성맞춤이었다.

홍명보가 만들어갈 '새 역사'는 이미 미팅 때부터 만들어지고 있었다. 두 문구로 채워진 화면에 이어서 본격적인 상대팀 분석과 함께 경기 시 꼭 유념해야 할 점 등 본론이 이어지면 자연스레 선수들의 집중력은 높아졌다.

홍 감독은 경기 전날 오후에 열리는 팀 미팅에서는 마지막 장면에 선수들이 마음에 새겨야 할 각오를 적었다. 짧지만 의미가 명확한 '사즉생 생즉사' '배수진' '죽어도 팀이고 살아도 팀이다' 등의 말을 통해 선수들의 호승심을 끌어올렸다.

홍 감독이 이러한 미팅을 준비한 데는 2006 독일월드컵 당시 보좌했던 아드보카트 감독의 영향이 크다. 홍 감독은 선수 시절이던 2002 한일월드컵 당시 히딩크 감독에게 지도를 받았고, 2005년 지도자로 변신해 아드보카트 감독, 베어벡 감독, 박성화 감독 등을 도와 팀을 이끌었다.

홍 감독은 지도자 생활의 롤 모델로 아드보카트 감독을 꼽았다. 그는 "히딩크 감독님 때는 선수였기 때문에 큰 그림 정도만 생각이 나지만 아드보카트 감독님과 함께 지낸 시간들은 아주 자세히 기억합니다. 아드보카트 감독님은 히딩크 감독님과 같이 네덜란드 명장으로서 비슷한 점이 많습니다"라고 평가했다.

2005년 아드보카트 감독이 한국 국가대표팀을 맡으면서 코치로 발탁된 홍 감독은 당시 훈련방법과 일정은 물론 식사하는 자리에서 나눈 이야기까지 모두 메모를 해 정리했다.

홍 감독이 아드보카트 감독에게 배운 가장 큰 덕목은 선수들과의 관계였다. 아드보카트 감독은 어떠한 상황에서든 선수들을 진심으로 대했다.

홍 감독도 팀을 운영하면서 선수들에게 솔직하게 다가가기 위해 많은 노력을 기울였다. 소모적인 신경전도 벌이지 않고, 선수들에게는 최대한 자신의 생각을 가감 없이 전하려고 노력했다. 그 덕분에 감독과 특정 선수 간의 '밀당(밀고 당기기)'도 없었다.

홍 감독은 "전 선수들을 되도록 정직하게 대하려고 합니다. 선수들의 자존심도 건드리지 않으려고 노력합니다"라며 선수들과의 관계에 대한 생각을 밝혔다. 홍 감독이 선수들에게 진정성 있는 모습을 보여준 만큼, 선수들도 자연스레 팀의 수장에 대한 믿음과 신뢰가 커질 수밖에 없었다.

무관심이 불러온 승부욕
우리는 해낼 것이다

07

홍명보호는 2009년 국제축구연맹 청소년(U-20)월드컵 16강전에서 파라과이를 3-0으로 대파하며 기적의 8강행을 일궈냈다. 그리고 더 높은 곳을 바라봤다. 그들의 도전은 거기서 멈출 것 같지 않았다. 하지만 8강전에서 가나에 2-3으로 패하며 1983년 이후 26년 만에 노렸던 4강 진출에는 실패했다.

홍명보호의 8강 진출은 한국 축구사의 한 페이지를 장식할 만한 큰 업적이었다. 특히 전혀 기대치 않던 청소년대표팀의 선전은 경기를 거듭할수록 '기적'처럼 느껴졌다.

무명의 태극전사들을 일으켜 세운 것은 아이러니하게도 철저한 무관심이 부른 승부욕이었다. 홍명보 감독은 이집트 수에즈에서 가나전을 마친 다음 날 대회를 결산하는 자리에서 솔직한 속내를 털어놨다.

기자들과 간담회를 하는 홍 감독의 모습.

"대회 참가를 위해 인천공항에서 출국 기자회견을 할 때였습니다. 배웅을 나온 사람들의 눈빛이 한결같았죠. '너희가 대회 나가서 얼마나 하겠냐. 1승이라도 할지 모르겠다' 는 눈빛으로 우리를 바라봤습니다. 축구협회 관계자들, 취재진들 모두 그랬죠. 그때 마음먹었습니다. '아무도 기대하지 않지만 우리는 보란 듯이 해낼 것이다.' 그만큼 자신도 있었습니다. 비록 주목받지 못하는 선수들이지만 우리는 철저히 대회를 준비해왔고, 세계 무대에서 당당히 싸울 자세가 되어 있었습니다. 그리고 선수들이 그동안 받아온 무관심과 설움을 이번 대회에서 풀기를 기대했습니다."

홍명보호는 첫 메이저 대회 출항부터 주목받지 못한 태생적인 한계를 안고 있었다. 2년 전인 2007년 한국은 FIFA 17세 이하 청소년월드컵에서 주최국임에도 16강 진출에 실패했다. 홈 어드밴티지를 발판으로 좋은 성적을 거둘 것이라는 예상과는 달리 세계의 높은 벽을 실감하는 데 그쳤다. 그 때문에 2년 뒤 이집트에서 열릴 20세 이하 청소년월드컵에서 주축 멤버로 뛸 당시 대표팀 선수들에 대한 기대치가 매우 낮은 상태였다.

청소년월드컵 참가를 위해 홍명보호에 발탁된 선수들의 절반에 가까운 10명은 아마추어 선수였고, 대표팀의 막내인 미드필더 최성근은 당시 고등학생이었다.

엔트리 발표 직전까지 합류를 기대했던 기성용은 결국 발탁하지 못했다. 기성용은 당시 국가대표팀을 오가며 차세대 한국 축구의 아이콘으로 급부상 중이었다. 대한축구협회 기술위원회는 기성용을 성인대표팀에 전념하라는 차원에서 청소년월드컵 발탁 대상에서 제외시켰다. 홍 감독은 "기술위원회의 결정을 존중한다. 기성용이 국가대표팀과 소속팀에서 더욱 성장하기를 바란다"라며 깨끗하게 물러났다.

최종 엔트리가 발표되자 축구계에서는 "경험이 일천한 선수들이 조별 리그에서 3전 전패만 당하지 않으면 다행이다"라는 말까지 나왔다. 하지만 홍 감독은 "내가 수개월 동안 직접 발로 뛰며 면밀히 기량을 체크한 선수들이다. 이 연령대에서 최고의 선수들이라고 자부한다"라며 선수 구성에 강한 자신감을 보였다.

게다가 홍명보호는 대진 운마저 좋지 않았다. 대회 전 발표된 조 편성에서 한국은 카메룬, 독일, 미국과 함께 '죽음의 조'에 속하게 돼 16강 진출의 희망은 더욱 멀어져가는 듯 보였다. 메이저 대회를 앞두고 단골로 언급되던 '1승의 제물' 조차 고르기 힘들 정도의 최악의 조 편성이었다.

역대 청소년대표팀과 비교해도 홍명보호는 큰 장점을 찾아보기 힘들었다. 2000년대 들어 청소년월드컵에 출격하는 대표팀에게는 매번 '역대 최강'이라는 수식어가 따라다녔다. 2002 한일월드컵 이후 축구에 대한 관심이 높아졌고, 학원축구에도 체계적인 시스템이 도입되면서 어린 선수들의 기량은 해가 갈수록 좋아졌다. 청소년월드컵은 당대 최고의 선수들을 모아 세계 무대에 도전하는 자체만으로도 한국 축구의 청사진을 그려볼 수 있는 좋은 기회가 돼왔다.

특히 직전 대회였던 2007년 캐나다 대회에는 이청용, 기성용 등 현재 유럽 빅 리그에서 활동하며 한국 축구의 중심축 역할을 하고 있는 선수들이 대거 출전해 큰 화제가 됐다. 당시 언론은 이들에게 '한국 축구의 황금세대'라는 별칭을 안기며 극찬을 아끼지 않았다.

하지만 세계의 벽은 높았다. 조동현 감독이 이끈 당시 대표팀은 조별 리그에서 단 1승도 거두지 못하고 2무 1패의 성적으로 16강 진출에 실패했다. 하지만 그들에게는 비난보다 찬사가 이어졌다. 그동안 지속돼온 롱패스 위주의 '뻥 축구'를 탈피해 아기자기한 중원 플레이를 기반으로 한 발전한 축구를 구사했다는 데 높은 점수를 줬다.

그러나 2년 뒤, 홍명보를 바라보는 시선은 차가웠다. 파주NFC

에서 청소년월드컵을 대비해 마련된 약 3주간의 합숙훈련 동안 모든 스포트라이트는 홍 감독에게 집중됐다. 선수들에게 쏠리는 관심은 제한적이었다. 2008년 K리그 신인왕을 수상한 이승렬, J리그에서 활동 중인 조영철 등이 그나마 인지도 있는 선수들로 꼽혔다.

취재진은 홍명보호의 훈련 시간이 되면 선수의 얼굴을 봐도 이름을 몰라 대한축구협회 홍보국 직원에게 묻기 바빴을 정도다. 반면 첫 감독직에 오른 홍 감독에 대한 관심은 시간이 갈수록 늘어만 갔다. 홍명보호의 훈련방식, 선수와 감독 간의 관계 등 홍 감독을 중심으로 한 관심은 식지 않았다. 대표팀에 대한 기대가 적었던 만큼 극소수의 취재진만이 대회 장소인 이집트를 찾았다. 조별 리그 통과가 현실적으로 힘들다는 판단이 대세였기 때문에 현장을 찾은 일부 취재진도 1, 2차전에서 연이어 대패를 한다면 3차전 경기 일정과 관계없이 조기 귀국을 고려하기도 했다.

대회가 개막되고 1차전에서 한국이 카메룬에 0-2로 완패를 당하자 '역시나!' 라는 평가가 여기저기서 나왔다. 2차전 상대는 유럽 챔피언 독일이니만큼 비관론은 눈덩이처럼 불어났다. 하지만 홍명보호는 독일전 1-1 무승부에 이어 조별 리그 최종전에서 미국에 승리를 거두고 16강에 올랐다.

16강 진출 자체만 해도 모든 사람들의 예상을 깨는 결과였다. 16강 상대인 파라과이는 남미에서 브라질과 함께 강호로 손꼽혔다. 또한 한국보다 조별 리그를 하루 먼저 끝내 휴식 시간이 긴 메리트를 안고 있어서 홍명보호의 전망은 그리 밝지 않았다. 하지만 대표팀은 모두의 예상을 비웃기라도 하듯 화끈한 공격력을 앞세워 3-0 대승을 거두고 8강에 올랐다. 메이저 대회 8강 진출은 2002 한일월드컵 이후 축구계의 가장 큰 사건이었다. 상황이 이쯤 되자 국내 언론사들이 부랴부랴 이집트로 취재진을 급파했다. 만약 4강 진출에 성공할 경우에는 최소한 두 경기 이상을 더 취재할 수 있다는 기대감도 있었다.

당시 대회 개막부터 대표팀을 밀착 취재한 필자도 현지 취재진 숫자가 하루가 다르게 늘어가는 모습을 보며 국내에서 불고 있는 홍명보 열풍을 간접적으로나마 느낄 수 있었다. 평소 조용하던 홍명보의 훈련장에는 가나와의 8강전을 앞두고 취재진 숫자가 점점 늘어나기 시작했다. 선수들도 서서히 국내에서 자신들에 대한 관심이 높아지고 있다는 사실을 체감할 수 있었다.

유명세가 높아진 만큼 부담감도 커졌다. 홍 감독은 대회 본선에서 선수들의 몸 상태만큼이나 심리적인 부분도 철저하게 관리하려고 노력했다. 하지만 8강전이 다가올수록 선수들이 받는 심리적인 압박감이 점점 커졌다. 마음을 비우고 뛰던 이전 네 경기와는 완전히 다른 모습이었다.

결국 가나와의 8강전은 패배로 끝났다. 그리고 홍 감독은 뒤늦은 관심에 아쉬움을 토로했다. 어쩌면 그동안 보여준 철저한 무관심에 대한 서운함의 표현이었을지도 모른다.

청소년월드컵 직전 파주에서 대표팀의 훈련이 한창이던 어느 날 취재진이 홍 감독에게 "이번 대표팀은 선수들에게는 별 관심이 없고

홍명보가 8강에 진출하자 취재진이 갑자기 늘어났다.

오로지 감독에게만 초점이 맞춰지는 것 같다"고 하자 그는 "취재진들이 나를 보러 와주는 것만 해도 고맙다. 언젠가 이 선수들은 한국 축구에 좋은 재목이 될 것이다. 그때가 되면 아마 나보다 더 많은 스포트라이트를 받을 것이다"라고 자신했다.

당시 주고받은 대화는 농담에 가까웠다. 하지만 4년 후 홍 감독이 던진 말은 현실이 되었다. 2010 광저우아시안게임, 2012 런던올림픽을 통해 홍명보를 거쳐 간 대다수 선수들이 이제 한국 축구에서 없어서는 안 될 주요 재목들로 성장했다. 또 앞으로 향후 10년은 이들이 한국 축구의 '황금세대'로서 세계를 놀라게 할 것이 분명하다.

후반 31분까지 한국은 1-3으로 뒤지며 패색이 짙었다. 모두가 포기한 그 순간, 태극전사들은 포기하지 않았다. 후반 32분 박주영의 추격 골을 시작으로 경기 종료 직전인 후반 43분과 44분 지동원이 2골을 몰아치며 4-3 대역전승이 완성됐다.

한국 축구사에 길이 남을 감동적인 승리였다. 홍 감독도 후배들이 만들어낸 각본 없는 드라마에 벅찬 감동을 감추지 못했다. 후배들의 투혼은 홍 감독의 눈가를 촉촉하게 만들었다.

PART 3

2010년
광저우아시안게임

눈앞이 아닌 미래를 보다
아시안게임을 위한 홍명보호의 시동

당초 계획대로라면 2010년의 홍명보호는 아무런 대외 일정이 없는 상태로 시간을 보내야만 했다. 청소년월드컵 8강 신화를 이뤄낸 홍명보호는 일본과의 평가전을 통해 자연스레 올림픽대표팀 체제로 개편이 이뤄졌으나 올림픽이 개최되는 시기는 2012년, 아직 3년 남짓의 시간이 남아 있었다.

더구나 한국은 2008 베이징올림픽 축구 결과에 따라 아시아축구연맹이 선정하는 13개국의 상위 그룹에 포함돼 2012 런던올림픽 축구 아시아 지역 예선 1차를 자동으로 통과했다. 그래서 2차 예선이 시작되는 2011년 6월까지 사실상 개점휴업 상태로 시간을 보내야만 했다.

하지만 2009년 12월, 홍명보 감독이 2010 광저우아시안게임 대표팀을 이끌 사령탑으로 선임되면서 '홍명보의 아이들'이 다시 한

번 뭉칠 수 있는 환경이 만들어졌다.

대한축구협회는 2009년 초에 홍 감독을 청소년대표팀의 수장으로 임명했지만 아시안게임 감독직 겸임에 대해서는 아무런 말도 하지 않은 상태였다. 홍 감독이 코치 생활을 끝내고 처음으로 지휘봉을 잡은 상황이었기 때문에 부담을 주지 않기 위해서였고, 또한 홍 감독이 청소년대표팀을 이끌면서 어느 정도의 지도력을 보여줄지도 지켜봐야만 했다.

아시안게임은 그동안 성인대표팀 감독이 겸임하는 경우가 잦았다. 23세 이하의 젊은 선수들 중에서 성인대표팀을 경험한 선수들을 주로 발탁해서 대회에 출전시켰기 때문에 성인대표팀 감독이 선수를 파악하고 대회를 준비하는 데 큰 문제가 없었다. 또한 예선을 거치지 않는 아시안게임의 대회 특성상 준비 기간과 본선 기간을 합쳐도 1개월 남짓한 시간만 소요되다 보니 성인대표팀 감독이 아시안게임 대표팀 사령탑을 겸임하는 데 장애가 되는 요소도 없다.

홍명보 감독이 아시안게임 대표팀 감독으로 선임되자 팀을 어떻게 운영할 것인가에 대해 사람들의 관심이 쏠렸다. 아시안게임은 올림픽과 동일하게 23세 이하의 선수들이 출전하는 대회다(와일드카드로 24세 초과 선수 3명을 선수단에 포함시킬 수 있다).

홍 감독과 그동안 손발을 맞춰온 20~21세의 청소년월드컵 주축 멤버로 아시안게임에 나서서 큰 경기 경험도 쌓게 하고 2년 후의 올림픽을 대비할 것인지, 아니면 23세까지 선수 구성을 확대해 베스트 멤버로 대회에 출전할 것인지가 관건이었다. 대한축구협회는 홍 감독에게 선수 구성과 운영에 대한 전권을 부여했다.

홍 감독은 아시안게임 대표팀 감독직을 수락한 직후 "아시안게임은 23세 이하 연령대 중 최고의 선수들로 나가겠다"라고 구상을 밝혔다. 올림픽대표팀과 아시안게임 대표팀을 이원화해서 운영하겠다는 방침이었다.

2년 후에 열리는 런던올림픽 역시 23세 이하의 선수만 출전이 가능하기에 현재 23세의 선수가 아시안게임에 출전하면, 올림픽 때는 25세가 되어서 와일드카드가 아니면 출전할 방법이 없게 된다.

홍 감독은 "아시안게임은 선수들의 병역 문제가 걸려 있어 나름대로 중요하다. 연령대에 맞는 최고의 선수들로 구성하겠다"라고 설명했다. 이로써 구자철·기성용(89년생), 김민우(90년생) 등 8강 신화 멤버는 물론 이청용·유병수(88년생), 이상호·박현범·심영성(87년생) 등 당시 국내외 리그에서 활약하고 있는 영건들의 광저우행이 가능해졌다.

한국 축구는 1986 서울아시안게임 이후 아시안게임에서 금메달을 목에 걸지 못했다. 홍 감독도 한국 축구의 한을 풀기 위해 최강의 전력을 꾸리겠다는 생각으로 출전 가능 연령대 선수들 중에서 최고의 자원을 선발하겠다는 의지를 보였다.

하지만 선수 구성 방침에 변화가 찾아왔다. 2010년 5월 네덜란드에서 열린 친선대회를 마치고 돌아온 홍 감독은 아시안게임 선수 구성을 전면적으로 개편했다. 광저우아시안게임을 런던올림픽 출전 가능 연령대인 21세 이하 선수들로 치르겠다는 복안이었다. 눈앞보다는 미래를 생각하겠다는 홍 감독의 의지 표명이기도 했다.

홍 감독이 21세 이하 선수 구성으로 방향을 튼 이유는 크게 두 가지였다. 첫째는 대회를 준비할 시간이 많지 않다는 점이다. 아시안게임 본선에 대비한 대표팀의 소집 기간은 2주로 정해져 있다. 반면 올림픽과 월드컵의 경우 본선 전까지 1달의 훈련 기간을 보장한다. 홍 감독은 "아시안게임을 앞두고 훈련할 수 있는 기간이 열흘밖에 되지 않는다. 기량이 검증된 선수들로 대회를 나가는 것이 맞는다고 생각한다. K리그에 소속된 23세 선수들의 경기를 죽 지켜봤지만 21세 선수들과 기량에서 큰 차이가 나지 않았다"라고 밝혔다.

청소년월드컵 출전을 위해 장기간 손발을 맞춰온 21세 이하 선수들을 주축으로 아시안게임에 나서는 것이 '새 얼굴'들이 가세한 대표팀보다 조직력이 좋을 것이라는 판단이었다. 또한 굳이 23세 이하 선수들을 인위적으로 섞을 경우 팀워크에 균열이 올 수도 있기 때문에 기존 멤버들을 중용하겠다는 뜻으로도 해석됐다.

그렇다고 해서 순혈주의를 고집하지는 않았다. 홍 감독은 "당연히 와일드카드도 검토하고 있다. 아직 완성되지 않은 우리 선수들에게 필요한 방법이다. 취약 포지션을 고려해 와일드카드 기용을 결정하겠다"며 노련한 선수들로 대표팀의 부족한 경험을 보완하겠다는 뜻을 전했다.

21세 이하 선수들로 광저우아시안게임에 나서겠다는 또 한 가지 이유는 런던올림픽의 연속선상에서 아시안게임을 치르겠다는 것이었다.

홍 감독은 청소년대표팀 지휘봉을 잡을 때부터 4년 후 런던올림픽을 목표로 팀을 운영했다. 홍 감독의 구상에서는 청소년월드컵과 광저우아시안게임은 마지막 종착역인 런던올림픽으로 가는 하나의 과정이었고, 청소년월드컵을 통해 선수들이 눈부시게 성장했지만 올림픽을 앞두고 다시 한 번 잠재력을 끌어올릴 수 있는 발판이 필요했다. 아시안게임은 병역 혜택이 걸린 대회라 선수들의 부담감이 크겠지만 세계 무대인 올림픽을 앞두고 값진 경험이 될 것이라는 점에서 결단을 내렸다.

광저우아시안게임 본선을 2개월 앞두고 홍 감독은 최종 엔트리 20명의 명단을 발표했다. 예상대로 청소년월드컵 멤버들이 대거 이름을 올렸다. 엔트리의 절반이 넘는 13명이 구자철, 김보경 등 8강 신화에 힘을 쏟은 선수들이었다.

취약 포지션에는 와일드카드를 활용했다. 성인대표팀의 골키퍼 정성룡 차출은 무산됐지만 남아공월드컵 멤버 2명을 와일드카드로 보강했다. 당시 프랑스 리그1 AS모나코에서 활약하던 박주영을 최전방 공격수로 투입하기 위해 발탁했고, 중원 장악력을 높이기 위해 김정우를 엔트리에 포함시켰다.

대표팀은 21세 이하와 와일드카드로만 구성된 것은 아니었다. 수비 라인 보강을 위해 당시 22~23세였던 신광훈과 김주영이 엔트리에 가세했다.

홍 감독은 주장 완장을 찰 선수를 일찌감치 정했다. 청소년월드컵부터 팀을 이끌어온 미드필더 구자철이었다. 홍 감독은 "지난해 20세 이하 대표팀을 이끌 때도 잘해줬다. 경기장 안에서나 밖에서나 게임을 이끌고 선수들을 리드하는 리더십이 아주 훌륭하다"며 선정 배경을 전했다.

구자철에게 주장을 맡긴 것은 '소통의 힘'을 발휘하기 위해서였다. 구자철은 박주영, 김정우와 함께 성인대표팀 생활을 했고, 또래 선수들 사이에서는 맏형 역할을 톡톡히 해냈다. 또한 코칭스태프와도 오랜 시간 함께 지내며 허물없는 관계를 이어왔다. 경험과 나이를 우선시해 와일드카드 선수를 주장으로 내세울 수도 있었다. 하지만 어린 선수들 위주로 구성된 대표팀이 자칫하면 딱딱한 분위기로 흐를 수 있기 때문에 구자철을 주장으로 선택한 것이다.

사실상 21세 이하 대표팀을 광저우아시안게임에 내세우겠다는 전략이 공식화되자 축구계 일각에서는 '홍명보 스타일'에 대한 우려의 목소리가 터져나왔다. 축구 선수들의 경우 1~2년간의 경험 차이가 제법 큰 경기력 차이로 연결되는데, 경험을 '쌓을' 선수가 아닌 이미 어느 정도 경험을 '쌓은' 선수들을 보내 금메달 획득 확률을 높여야 한다는 시각이었다.

결론부터 말하자면 21세 이하 선수들이 주축으로 나선 광저우아시안게임에서 홍명보호는 '완벽한 성공'을 거두지는 못했다. 하지만 그들은 광저우에서 20여 일간 생활하며 메달보다 더 값진 인생의 자산을 얻었다.

결승 진출 좌절로 인생 최악의 시련을 겪어보기도 했고, 이란과 3~4위전에서 기적 같은 역전 드라마를 쓰며 최고의 기쁨을 맛보기도 했다. 선수들은 대회가 마무리될 즈음 "이번 대회를 통해 인생을 배웠다"라고 할 정도로 내적 성장에 큰 도움을 받았다.

광저우아시안게임에서의 경험은 2년 뒤 열린 런던올림픽의 좋은 예행연습이 되었다. 2~3일마다 이어지는 빡빡한 경기 스케줄, 승승장구하며 결승 진출을 노렸다가 겪은 좌절, 3~4위전에서 마지막 투혼을 펼치면서 결국 이룩해낸 승리! 광저우의 모든 것이 런던의 결실을 위한 자양분이 되었다.

질책하지 않는 홍 감독
스스로 반성하는 선수들

02

광저우아시안게임에 출전하는 홍명보호는 '금메달이 아니면 의미가 없다'며 24년 만의 금메달 획득을 노렸다. 본선을 앞둔 대표팀에는 자신감이 넘쳤고, 이번에야말로 금메달을 따낼 절호의 기회가 될 것이라는 전망이 많았다.

일본 오키나와에서 훈련을 마치고 중국 광저우에 도착한 홍명보호는 조별 리그 1차전 북한과의 대결을 준비했다. 북한전은 사실상 조 1위 결정전과 같았다. 북한은 같은 조에 속한 요르단, 팔레스타인에 비해 경기력에서 앞서 있다는 평가를 받았다. 하지만 전력이 베일 속에 가려져 있어 어느 정도 수준을 보여줄지 가늠하기 힘들었다.

국제대회에서 첫 경기의 중요성은 상당하다. 홍명보호는 2009년 청소년월드컵 조별 리그 1차전에서 카메룬에게 0-2로 져 조별 리그 탈락의 위기에 직면한 경험이 있다. 북한과의 1차전은 첫 경기의 긴장감과 함께 금메달 도전의 성공적인 첫발을 내디뎌야 한다는 부담감을 모두 극복해야 하는 경기였다.

북한 팀에 대한 정보는 많지 않았다. 북한은 2010 남아공월드컵 멤버인 김영준, 박남철, 리광천을 와일드카드로 선발하며 아시안게임에 대한 의욕을 보였다. 또한 국제 경기 경험이 있는 선수들도 다수 포진됐다. 2005 페루청소년월드컵(17세 이하)과 2007 캐나다청소년월드컵(20세 이하)을 경험한 선수가 절반 이상을 차지했다. 당시 북한 대표팀을 이끈 조동섭 감독은 2003년부터 7년 동안 연령별 대표팀 지휘봉을 잡아 조직력에서도 상당한 강점을 보여줄 것이라는 예상을 가능케 했다.

홍명보호는 북한의 경기 운영을 어느 정도 간파하고 있었다. 객관적인 전력에서 뒤지는 북한이 '선수비 후역습' 카드를 들고 나올 것이 뻔했다. 관건은 수비벽을 어떻게 뚫느냐였다. 또한 선제 득점이 언제 터지느냐도 관심사였다. 초반에 한국의 득점이 터진다면 경기를 쉽게 풀어갈 수 있었기 때문이다.

2010년 11월 8일 중국 광저우 웨슈산 스타디움.
아시안게임에서 벌어진 남북 대결에 온 국민의 눈길이 쏠렸다. 시원한 대승으로 금메달을 향해 진군할 것이라는 예상이 지배적이었다. 하지만 경기 종료를 알리는 심판의 휘슬이 울릴 때가 되자 홍명보호에 대한 국민들의 실망감은 극에 달했다.

예상대로 우리 대표팀이 경기 전체를 지배했다. 하프게임에 가까운 일방적인 경기 운영이었다. 한국은 전후반 21개의 슛을 쏟아냈다. 하지만 단 한 개의 슛도 골네트를 가르지 못했다. 골문을 외면하거나 상대 GK 선방에 걸리기 일쑤였다. 헛심을 빼는 공격 작업만이 90분 내내 이뤄졌다.

결과는 0-1패.

한국은 첫 경기이니만큼 베스트 멤버들을 투입해 북한의 '그물망 수비'를 뚫기 위해 노력했다. 북한은 예상대로 최전방 공격수를 제외한 모든 필드 플레이어가 수비로 내려앉아 한국의 공격을 막는 데 급급했다.

한국은 전반 초반부터 북한의 골문을 노렸다. 측면 돌파, 세트피스(사전에 선수들끼리 약속한 플레이를 통해 경기를 운영하는 것), 중거리 슛 등 할 수 있는 득점 루트를 모두 가동했지만 북한의 수비벽을 무너뜨리지 못했다.

반면 북한은 찬스에 강했다. 전반 36분 공격 진영에서 프리킥을 얻은 북한은 리광천의 다이빙 헤딩슛으로 선취 득점에 성공했다.

홍명보호가 먼저 실점을 하긴 했지만 이대로 무너질 것이라고는 아무도 생각지 못했다. 한국은 실점 이후 파상공세를 펼쳤고 그럴수록 북한의 수비는 더욱 단단해졌다. 북한은 1골을 지키기 위해 온몸으로 한국의 공격을 막아냈다.

후반 20분에는 북한의 박남철이 경고 누적으로 퇴장당하면서 수적 우세 상황까지 맞았다. 홍명보 감독은 공격진에 활기를 불어넣기 위해 지동원과 윤빛가람을 차례로 투입하며 한 방을 노렸다. 그러나 기다리던 골이 나오지 않았고, 결국 한국은 북한에 패하며 고개를 떨군 채 경기장을 빠져나왔다.

북한전 패배는 자존심 문제를 떠나 금메달 목표에도 분명 악재였다. 첫 경기였기에 패배가 곧 탈락을 의미하는 것은 아니었지만 팀에 적지 않게 위험 부담을 가중시켰다. 한국은 1차전 패배로 인해 자력으로 조 선두에 오르지 못하게 됨에 따라 조 2위가 현실적인 목표가 됐다. 이 경우 중국, 일본 등 강팀들이 속한 A조 1위와 16강에서 맞대결해야 하는 처지가 되었다.

패배만큼이나 무득점 경기에 대한 우려도 컸다. 일방적인 경기를 펼치고도 골이 안 터지다 보니 '해결사' 부재에 대한 아쉬움이 터져 나왔다. 북한전 최종 공격수에는 박희성이 선발로 투입돼 무게감이 떨어진다는 지적도 나왔다. 와일드카드 공격수인 박주영은 소속팀 사정으로 북한전 직후 합류할 예정이었다. 개인 능력이 출중한 박주영이 있었더라면 경기 양상이 달랐을 것이라는 평가였다. 하지만 홍 감독의 생각은 달랐다.

"박주영이 있었어도 결과는 달라지지 않았을 것이다. 박주영이 없어서 졌다는 생각은 하지 않는다. 패인은 실점 장면에서 집중력이 부족했고, 우리가 좋은 찬스에서 골을 넣지 못한 게 아닌가 생각한다."

홍 감독의 말에는 팀이 단 한 명의 선수에 의해 좌우되지는 않는다는 지도 철학이 그대로 드러났다.

선수들은 예상 밖의 패배에 당혹스러움을 감추지 못했다. 하지만 홍 감독은 묵묵히 패배를 받아들였다. 금메달을 향한 대장정의 시작이 좋지 않지만 오히려 선수들에게는 자극제가 될 수 있다고 생각했다.

홍 감독은 경기 직후 라커 룸에서 "16강 이후 단판 승부에서 이런 경기를 펼친다면 바로 탈락이다. 오늘 경기는 분명 우리 팀에 교훈이 될 것이다"라며 호통보다는 긍정적인 마음가짐을 강조했다.

팀을 이끄는 수장이 어떤 마음을 갖느냐가 구성원들에게 큰 영향을 끼친다. '패배를 보약으로 삼자'는 홍 감독의 메시지는 선수들의 생각에도 변화를 가져왔다. 졌다고 움츠리기보다는 지난 일을 잊고 앞으로 더 좋은 경기를 펼칠 수 있다는 마음을 먹게 했다.

북한전 패배 이틀 뒤 열린 조별 리그 2차전에서 홍명보호는 요르단을 상대로 4-0의 시원한 승리를 거뒀다. 1차전과는 완전히 달라진 모습이었다. 단 하루의 휴식에도 불구하고 선수들은 집중력을 잃지 않았고, 찬스 때는 매섭게 상대 골문을 노렸다. 요르단전을 마친 선수들은 이날 승리의 요인을 '반성의 힘'에서 찾았다.

북한전 직후 선수들은 숙소에서 반성의 시간을 가졌다. 코칭스태프의 요청이 아니라 맏형인 박주영을 중심으로 선수들이 자발적으로 대화의 시간을 가진 것이다. 북한전 패배로 흔들리는 마음을 다잡고 최선을 다하자는 결의를 다지는 시간이었다. 또한 박주영의 가세로 팀 동료들 간의 대화 시간이 필요하기도 했다.

경기 직후 믹스트존 인터뷰에서 선수들은 반성의 시간이 팀의 터닝 포인트를 만드는 데 결정적인 역할을 했다고 입을 모았다.

"저녁 시간에 선수들이 모여 속마음을 털어 놓았다. 하나가 되자, 경기에 못 뛰는 선수들을 위해서라도 최선을 다하자는 생각이었다."
공격수 지동원

"반성의 시간 동안 하고 싶은 말을 마음껏 했다. 문제점을 고치자고 다짐했다." 수비수 신광훈

"반성의 시간이 앞으로 더욱 강해질 수 있는 시발점이라고 생각한다. 원래 우리의 플레이를 되찾자는 각오였다." 미드필더 구자철

취재진을 통해 선수들이 반성의 시간을 가졌다는 이야기를 전해 들은 홍 감독은 무척 흐뭇해 했다. "반성의 시간은 선수들의 자발적인 행동이었던 것 같다. 팀을 위해 이야기할 수 있다는 것이 우리의 강점이다"며 멋쩍은 미소를 지었다.

북한전 직후 가진 반성의 시간은 자칫 흐트러질 수 있었던 팀을 하나로 뭉치게 하는 계기가 됐다. 요르단전 대승으로 전환점을 만든 홍명보호는 이후 4강전까지 승승장구했다. 특히 개최국 중국과의 16강전에서는 텃세로 고전할 것이라는 예상과 달리 3-0 완승을 거두며 홍명보호의 무서운 상승세를 보여줬다.

흐르는 눈물
병역 혜택의 부담감

03

축구 팬들에게 '아시안게임 축구' 하면 가장 먼저 떠오르는 것은 아마도 금메달 획득 시 주어지는 병역면제 혜택일 것이다. 매 대회마다 대표팀은 금메달을 목표로 삼았고, 자연스레 선수들의 병역면제 여부가 이슈가 돼왔다.

홍명보호도 예외가 아니었다. 광저우아시안게임에 출전하는 선수들도 마음 한편에는 당연히 병역면제에 대한 기대감을 안고 있었다. 하지만 그 누구도 겉으로 내색은 하지 못했다. 병역면제는 양날의 칼이다. 금메달 획득 시 얻을 수 있는 가장 현실적인 혜택으로 선수들에게는 큰 동기부여가 되기도 하지만 어마어마한 부담감을 안겨주기도 한다.

아시안게임 때마다 우승 후보로 꼽히던 한국이 20년 넘게 금메달 사냥에 실패한 결정적인 이유를 꼽자면 병역 혜택에 대한 압박감을 들 수 있을 것이다. 마지막 금메달을 목에 건 1986 서울아시안게임 이후 개최된 다섯 차례의 대회에서 한국은 단 한 번도 결승에 진출하지 못했다. 객관적인 전력만 놓고 본다면 이해할 수 없는 결과다.

유럽 진출을 원하는 선수들에게 병역면제는 인생의 향방이 걸린 중요 사안이다. 현역 선수로서 기량을 유지하면서 군복무를 하기 위해서는 현실적으로 상무나 경찰청 등에 입대해 프로 1, 2군 무대에서 활동하는 방법밖에 없다.

군 복무를 해결하기 위해 한창 꿈을 펼쳐야 하는 20대 중반의 나이에 해외 리그에서 뛰다가 한국으로 유턴하는 일도 심심치 않다. 또한 군 복무 문제에 걸려 해외 진출을 포기하는 케이스도 있다. 분단국가의 서글픈 현실은 축구 선수들에게도 예외가 될 수 없다.

유망주들의 해외 진출을 가로막는 병역 문제에 대해 대안을 모색해보자는 축구계의 목소리가 나오고 있지만 현실적으로 당장 변화를 기대하기는 힘들다. 상황이 이렇다 보니 병역 혜택은 대표선수라면 누구든 잡고 싶은 하나의 목표가 됐다.

하지만 실제로 병역 혜택의 관문을 통과한 사례는 극히 드물다. 아시안게임에서 금메달을 차지하거나 올림픽에서 동메달 이상의 성적을 내야만 병역 혜택이 주어지는데, 1986 서울아시안게임에서 남자 축구대표팀이 금메달을 획득한 이후 병역 혜택을 받은 선수는 없었다. 예외적으로 2002 한일월드컵 16강 진출 당시 대표팀 주장이던 홍명보의 요청으로 군 미필 선수들이 병역 혜택을 받은 사례는 있다. 하지만 예외 규정도 더 이상은 없었다.

홍명보호는 그 한계를 넘어서고 싶었다. 그래서 되도록 병역 혜택에 대한 언급을 자제했다. 목표인 금메달을 차지하면 자연스레 따라올 결과물이기 때문에 신경을 쓰지 않겠다는 의미였다. 하지만 메달권에 가까워질수록 우려하던 심적인 부담이 들불처럼 번져갔다.

금메달 전선의 최고 고비로 꼽히던 개최국 중국과의 16강전을 3-0 대승으로 마친 홍명보호는 탄탄대로를 예상했다. 8강에서도 우즈베키스탄과 연장 승부까지 가는 접전을 벌이긴 했지만 3-1 승리를 거두며 메달권에 바짝 다가섰다. 두 경기만 이기면 그토록 원하던 금메달과 병역면제 혜택을 동시에 얻을 수 있는 위치까지 올라온 것이다.

홍 감독은 우즈베키스탄전 직후 선수들과 긴급 미팅을 가졌다. 경기 내용에 대한 질타를 하기 위해서가 아니었다. 뭔가 털어내고 가야 할 시점이었다. 팀의 수장으로서 선수들의 솔직한 이야기를 듣고 싶기도 했다.

홍 감독은 선수들이 모인 자리에서 "하고 싶은 이야기를 한번 다 털어놓아보라"고 제안했다. 선수들은 뭔가를 이야기하고 싶은 눈빛이 역력했지만 쉽게 입을 열지 않았다. 홍 감독은 편안한 분위기를 조성하면서 선수들의 이야기가 시작되기를 기다렸다. 이내 하나둘씩 자신의 고충을 털어놓기 시작했고, 얼마 지나지 않아 미팅 장소는 울음바다로 바뀌었다.

선수들은 너 나 할 것 없이 병역 혜택에 대한 부담감을 토로했다.

그동안 가슴을 짓누르고 있던 심한 압박감을 털어놓으면서 뜨거운 눈물을 쏟아내는 선수들을 바라보던 홍 감독의 눈에도 눈물이 맺혔다.

홍 감독도 어느 정도는 예상하고 있었지만 선수들이 받는 병역 혜택의 중압감이 이 정도일 줄은 몰랐다. 1시간여의 눈물의 미팅을 마무리하면서 홍 감독은 "이제 병역 혜택은 생각지 말고 정말 신 나고 즐겁게 경기를 펼치자"고 선수들에게 당부했다.

사실 홍 감독도 병역 혜택의 부담감을 안고 싸운 경험이 있다. 홍명보, 황선홍, 서정원 등 당대 최고의 선수들이 참가한 1994 히로시마아시안게임에서 한국은 개최국 일본과의 8강전에서 2-1로 승리를 거두며 금메달 획득 가능성을 높였다.

모두들 숙적 일본을 잡았으니 금메달은 한국 차지라고 예상했다. 하지만 선수단 내부 분위기는 그리 밝지 못했다. 금메달이라는 목표가 가까워지자 몸과 마음이 서서히 무거워지기 시작한 것이다. 결국 준결승전에서 우즈베키스탄에 0-1로 예상 밖의 패배를 당하며 금메달의 꿈은 산산조각이 났다.

홍 감독은 후배들이 자신과 똑같은 실수를 되풀이하지 않기를 바랐다. 또한 눈물의 미팅을 통해 조금이라도 마음의 응어리를 풀었을 것이라고 생각했다. 하지만 병역면제라는 희망 고문은 결국 홍명보호의 발목을 잡았다.

아랍에미리트연합과의 준결승전. 병역 혜택이라는 마음의 짐은 여전히 선수들의 가슴 한편에 자리 잡고 있었다. 밀집 수비로 일관하는 아랍에미리트연합을 넘어서기 위해서는 침착함이 필요했다. 공격에서도 강약 조절을 통해 빈틈을 파고드는 지혜가 요구됐지만 홍명보호 선수들은 전반적으로 다급해 보였다.

이겨야만 한다는 중압감이 쉽게 풀어가야 할 경기를 어렵게 만들었다. 연장전까지 120분 동안 한국은 상대 골문에 24개의 슛을 쏟아부었지만 결정적인 한 방이 없었다. 터질 듯 터지지 않는 득점을 기다리다 결국 연장 후반 추가 시간에 결승골을 내주며 공든 탑이 한 번에 무너졌다. 결승 진출 실패는 누구도 예상치 못한 결과였다.

좌절한 선수들은 고개를 떨군 채 경기장을 빠져나왔다. 홍 감독은 "병역 혜택이 선수들의 경기력에 정말 엄청난 영향을 미친 것 같다. 동기부여가 된다고 생각할 수도 있겠지만 플러스, 마이너스를 따진다면 결과적으로 마이너스가 된 것 같다"라며 쓴맛을 다셨다.

26년 만의 아시안게임 금메달 획득 도전은 결국 4년 뒤 대표팀의 숙제로 남겨졌고, 간절히 바라던 병역 혜택도 물거품이 되고 말았다.

죽어도 못 보내
내가 어떻게 널 보내

04

　몸과 마음은 이미 지쳐 있었다. 팀의 수장인 홍명보 감독조차 선수들을 바라보면 안타까운 마음이 들 정도였다.

　이란과의 동메달 결정전은 11월 8일 북한과의 조별 리그 1차전을 시작으로 18일 동안 일곱 경기를 치르는 고된 여정의 마지막 순간이었다. 결승 진출 좌절에 대한 아픔이 채 가시지 않았지만 몸은 이미 3~4위전이 치러지는 중국 광저우 톈허스타디움 그라운드에 서 있었다.

　피할 수도, 도망갈 수도 없었다. 홍명보호는 말 그대로 벼랑 끝에 서 있었다. 만약 3~4위전에서 패한다면 2006 도하아시안게임에 이어 또다시 이란에게 막혀 '노메달'의 굴욕을 맛봐야 하는 절체절명의 상황으로 몰린 것이다.

　예상대로 선수들의 몸은 무거웠다. 홍명보호는 전반에만 이란에게 2골을 내주며 끌려갔다. 홍 감독은 하프타임에 선수들에게 작전 지시를 하기 전에 '이제는 뭔가 책임을 져야 할 때'라는 생각이 머릿속을 스쳐갔다. 이 경기 결과에 따라 자신의 거취에 대한 결단을 내려야 한다고 마음을 먹었다.

그는 후반전을 앞두고 선수들에게 짧은 한마디를 던졌다.

"국민들이 지켜보고 있는데 이렇게 경기하면 안 된다."

선수들이 겪고 있는 고통을 누구보다 잘 알고 있었기에 "더 열심히, 최선을 다해서 뛰어라"라는 말은 차마 할 수 없었다.

선수들도 비록 몸과 마음은 힘든 시간을 겪고 있지만 이번 대회를 이대로 끝낼 수는 없었다. 그동안 흘린 땀과 노력을 보상받지 못한 채 빈손으로 돌아가는 것은 그 누구도 원치 않는 결과였다.

연장자인 박주영이 먼저 나섰다. 그는 지쳐 있는 후배들에게 "할 수 있다. 더 집중하자"라고 외치며 마지막 45분간의 대반전을 꿈꿨다.

후반 31분까지 한국은 1-3으로 뒤지며 패색이 짙었다. 모두가 포기한 그 순간, 태극전사들은 포기하지 않았다. 후반 32분 박주영의 추격 골을 시작으로 경기 종료 직전인 후반 43분과 44분 지동원이 2골을 몰아치며 4-3 대역전승이 완성됐다.

한국 축구사에 길이 남을 감동적인 승리였다. 홍 감독도 후배들이 만들어낸 각본 없는 드라마에 벅찬 감동을 감추지 못했다. 후배들의 투혼은 홍 감독의 눈가를 촉촉하게 만들었다.

"금메달보다 값진 동메달입니다. 감독으로서 마땅히 해야 할 '열심히 해달라'는 말도 차마 하기 어려운 상황이었는데 선수들이 잘 이겨냈습니다. 그동안 많은 경기를 겪어본 선수들인데도 이번 대회는 정말 힘들었습니다. 몸보다 정신적으로 많이 힘들었지요. 선수촌 내에서도 선수들이 자기 통제를 많이 했습니다. 제가 다 눈물이 나서 자세히 얘기를 못하겠네요"라면서 눈시울을 붉혔다.

선수들에게도 그날의 기억은 평생 잊지 못할 추억으로 남았다. 소속 구단의 대표팀 차출 반대에 부딪혀 아시안게임 참가가 불투명했던 박주영에게는 이란전 승리를 통한 동메달 획득이 더욱더 뜻깊었다.

박주영은 "선수 모두의 포기하지 않으려는 마음이 하나로 합쳐졌습니다. 아시안게임이 끝난 뒤에도 한국 축구는 더욱 잘될 것입니다. 그동안 느껴보지 못한 것을 이번 대표팀에서 얻었고, 소중한 것을 깨우쳤습니다. 앞으로 인생을 어떻게 살아야 할지 알 듯합니다"라며 동료들에 대한 고마움을 전했다.

한 편의 영화와 같았던 이란전을 마치고 숙소로 돌아가는 대표팀 버스 안.

홍 감독은 자신의 귀를 의심했다.

뒷자리에서 나지막이 울려 퍼지던 노랫소리는 하나둘씩 음색이 더해지면서 버스 맨 앞자리에 앉아 있던 홍 감독에게까지 전달됐다. 대역전극에 성공한 여운이 남아 있기는 했지만 선수들이 이동하는 버스에서 입을 모아 노래를 부르는 것은 생소한 장면이었다.

홍명보에게 대표팀 버스는 철저히 휴식의 공간이었다. 홍 감독은 훈련과 경기 직후 이동 시에 버스 안에서 코칭스태프뿐만 아니라 대표팀 관계자들조차 전화 통화를 금지할 정도로 선수들의 편안한 휴식에 신경을 써왔다. 그런 버스 속에서 노랫소리가 들려온 것이다.

홍 감독은 버스 안에 울려 퍼지는 노랫말에 귀를 기울였다.

죽어도 못 보내
내가 어떻게 널 보내
가려거든 떠나려거든 내 가슴 고쳐내
아프지 않게 나 살아갈 수라도 있게
안 된다면 어차피 못살 거
죽어도 못 보내

2AM의 〈죽어도 못 보내〉였다. 홍 감독은 선수들이 부르는 노래의 의미를 단박에 알아차리지는 못했다. 단순히 승리에 도취돼 부르는 '기쁨의 노래'가 아니라는 것만 직감적으로 느낄 수 있었다. 노랫말을 곱씹다 보니 노래에 담긴 메시지가 무엇인지 조금씩 깨닫게 됐다. 사랑하는 사람을 떠나보내지 않겠다는 가사는 홍 감독을 놓아주기 싫은 선수들의 마음을 대변했다.

홍 감독은 당시 심정을 이렇게 전했다.

"무슨 노래를 부르나 하고 들어봤더니 '죽어도 못 보내'라는 가사가 들리더라. 선수들이 내가 아시안게임을 마지막으로 대표팀 감독직에서 물러날까 봐 이 노래를 부르는구나 하는 생각이 들었다. 당시에는 금메달을 따지 못하면 목표 달성에 실패한 것이었으니 선수들이 그런 생각을 가졌을 수도 있겠다 싶었다."

홍 감독은 2009년 청소년대표팀 지휘봉을 잡을 때부터 '자리'에 연연하지 않겠다는 의지를 수차례 밝혔다. 메이저 대회에서 자신이 납득할 수 없는 성적표를 받아 든다면 미련 없이 감독직에서 물러나겠다는 배짱도 있었다. 그런 홍 감독을 잘 아는 선수들은 아시안게임에서 결승 진출에 실패한 탓에 그들의 마지막 목표인 런던올림픽까지 홍명보호가 지속되지 않을 수도 있다는 불안감에 휩싸였다. 그 누구도 홍 감독의 속마음을 알 수 없었기 때문이다.

홍 감독은 아시안게임에 나서면서 '금메달이 아니면 의미가 없다'며 뚜렷한 목표를 세웠다. 당시 대표팀은 2년 뒤 열릴 런던올림픽을 겨냥해 21세 이하의 선수들을 주축으로 삼았지만 그래도 아시아 최강 자리에 오를 수 있다는 자신감이 있었다.

하지만 준결승전에서 아랍에미리트연합에게 연장 후반 종료 직전 일격을 당하며 예상 밖의 패배로 금메달의 꿈은 물거품이 됐다. 결승 진출 실패 후 국내에서도 비난 여론이 고개를 들었다. 목표를 달성하지 못했으니, 대회 직후 누군가는 책임을 져야 한다는 목소리도 나왔다.

홍 감독은 준결승전에서 패한 직후 믹스트존 인터뷰를 통해 "한국이 그동안 아시안게임에서 실패한 이유를 분석하고 많은 준비를 했는데 똑같은 상황이 벌어진 데 팬 여러분께 죄송하다. 나한테 이번 대회는 실패한 대회다. 감독으로서 어떤 것도 이루지 못했다"며 자책했다.

선수들도 홍 감독의 발언을 접하면서 '감독님과 함께할 수 있는 시간이 많이 남지 않았다'는 생각이 들었을지 모른다. 그래서 마지막 인사를 대신해 '당신을 떠나보내지 않겠다'는 의지를 젊은 선수들답게 노래로 표현한 것이다.

이 노래는 아시안게임을 준비하면서 그동안 함께 고생한 홍 감독에게 바치는 처음이자 마지막 선물이었고, 한편으로는 아시안게임에서 이루지 못한 성과를 런던올림픽에서는 꼭 이뤄내자는 의지의 표현이기도 했다. 선수들의 마음속에는 이미 런던올림픽에서 홍 감독과 함께하고픈 바람이 가득 담겨 있었다.

홍 감독을 떠나보내지 않겠다는 선수들의 우려는 기우(杞憂)에 불과했다. 준결승 패배 이후 홍명보호에 대한 실망감과 부족한 준비 과정을 꼬집던 국내 언론도 이란과의 3~4위전에서 보여준 태극전사들의 눈물겨운 투혼에 박수갈채를 보냈다. '24년만의 금메달'이라는 목표를 달성하지 못한 홍 감독과 코칭스태프에 대한 책임론도 불거지지 않았다. 금메달보다 값진 동메달을 따낸 홍명보호를 비난할 사람은 아무도 없었다. 오히려 홍명보호가 이루어내지 못한 아시안게임 금메달 획득 도전의 실패를 교훈 삼아 2년 뒤 런던올림픽에서는 더욱 강해진 모습으로 돌아오길 기대했다.

"나는 내 마음속에 항상 칼을 가지고 다녀. 그 칼은 다른 사람을 해치려고 갖고 다니는 칼이 아니야. 너희들이 다칠 것 같으면 그 칼로 내가 먼저 죽을 거야. 그러기 위해서 나는 항상 칼을 가지고 다니니까 너희들은 팀을 위해서 죽으란 말이야. 무슨 말인지 알겠어? 나는 너희들을 위해 죽을 거니까, 너희들도 팀을 위해 칼을 하나씩 마음속에 지니길 바란다."

PART 4

2011년
런던올림픽 예선

홍정호, 윤석영, 김보경
올림픽을 위해 잠시 꿈을 미뤄둔 선수들

01

어린 축구 선수들에게 "꿈이 무엇인가요?"라고 물으면 대부분 두 가지 목표를 말한다. 첫째는 가슴에 태극 마크를 달고 국가를 대표해 경기에 나서는 것이고, 둘째는 해외 진출을 통해 자신의 능력을 시험해보는 것이다.

2005년 박지성이 잉글랜드 프리미어리그 맨체스터 유나이티드에 진출해 활약을 펼치자 후배들도 해외 진출에 대한 많은 자극을 받았다. 축구 변방이라고 무시받던 한국 선수가 축구 종주국인 잉글랜드의 최고 명문 클럽에서 꾸준히 경기를 뛰며 수차례 우승컵을 들어 올리는 장면은 어린 꿈나무들에게 큰 힘이 됐다.

박지성의 성공 이후 많은 선수들이 해외 진출에 도전했다. 각고의 노력 끝에 소속팀에서 인정을 받으며 국위선양을 한 선수가 있는가 하면 힘겨운 시간을 보낸 끝에 한국 무대로 돌아온 선수도 있다.

축구 선수라면 누구나 해외 리그에서 자신의 이름을 빛내고 싶다는 꿈을 안고 산다. 하지만 홍명보호를 거쳐 간 선수들은 조금 달랐다. 그들은 눈앞으로 다가온 꿈의 실현보다는 장기적인 미래를 위해 자신의 거취를 고민했다.

2009 청소년월드컵 8강 진출을 통해 깜짝 스타로 떠오른 홍명보 선수들에게 해외 구단들은 러브콜을 보냈다. 대회 직전까지만 해도 국내에서도 이름을 몰라주던 무명이었지만 세계대회를 통해 기량을 입증받은 것이다. 하지만 더 큰 꿈을 위해 몇몇 선수들은 해외 진출 기회를 다음으로 미루는 용단을 내렸다.

청소년월드컵의 열기가 채 식지 않은 2009년 11월 K리그 드래프트 행사장.

각 구단들이 신인 선수를 지명하는 이 자리에서 관심은 단연 '홍명보의 아이들'에게 쏠렸다. 청소년월드컵까지 대학생 신분을 유지하던 선수들이 프로 입문을 위해 드래프트 신청을 하면서, 이들이 어느 구단의 선택을 받을지 관심이 모아졌다.

이날 드래프트에서 전체 1순위로 지명된 선수는 조선대 출신의 홍명보호 중앙 수비수 홍정호였다. 그는 드래프트 이전에 일본 J리그 주빌로 이와타로의 이적설이 불거져 K리그 데뷔가 불투명한 상황이었다. 홍정호는 전체 1순위로 제주에 입단한 것을 매우 기뻐하며 일본행을 포기한 이유를 다음과 같이 밝혔다.

"사실 일본행을 고려했지만 이집트에서 돌아오며 K리그에 도전하기로 마음먹었다. K리그에서 뛰면 올림픽대표팀 사령탑인 홍명보 감독님께 내 플레이를 보여드릴 기회가 더 많을 것이다."

홍정호가 K리그를 선택한 것은 3년 뒤 열릴 런던올림픽에 홍명보호의 일원으로 출전하고 싶은 마음 때문이었다.

청소년월드컵에서 홍명보호가 8강 진출의 위업을 이룬 직후 젊은 선수들의 J리그행이 잦아졌다. 당시 대학생 신분이던 대표팀의 김영권(오미야), 김민우(사간 도스), 김보경(세레소 오사카) 등이 연이어 일본 진출을 선언했다.

홍명보 감독은 평소 어린 선수들의 무분별한 J리그 진출에 대해 부정적인 시각을 보여왔다. 홍 감독은 자신이 J리그에서 활동을 해 봤기 때문에 어린 선수들의 일본행을 우려할 수밖에 없었다. 일본 프로클럽은 한국과 달리 신인선수들도 훈련 시간을 제외하고는 혼자서 의식주를 해결해야 한다.

K리그의 신인급 선수들은 전원 클럽하우스에서 합숙생활을 한다. 연차가 많은 선수들도 미혼자는 선수 본인이 원할 경우 팀에서 동료들과 함께 생활하기도 한다. 반면 일본은 선수 개인이 집을 구하고, 훈련에 맞춰 클럽하우스로 출퇴근하는 시스템이다. 선수 입장에서는 훈련 이외의 시간에는 자유로운 생활을 할 수 있다는 장점이 있지만 정작 어린 선수들에게는 고충이 되기도 한다.

홍 감독은 "20대 초반의 선수들은 한창 잘 먹을 시기다. 한국에 있으면 하루 세끼 충분한 영양 보충을 할 수 있지만 일본 생활을 할 경우 편의점에서 도시락을 사 먹으면서 지내야 한다. 부모님이 일본에서 함께 지내며 챙겨주시는 것도 쉽지 않다. 먹는 것이 부실해지면 컨디션이 좋아질 수 없다. 일본으로 향하는 선수들을 말릴 수는 없다. 다만 어릴 때 일본으로 가고 싶다면 차라리 결혼을 일찍 해서 가정을 꾸리고 가족과 함께 가는 것이 좋은 방법"이라고 말했다.

홍정호가 K리그 드래프트를 통해 인정받으면서 프로에 데뷔하는 모습을 본 홍 감독도 내심 기뻤다. 드래프트 소식을 전해 들은 직후 홍 감독은 홍정호에게 전화를 걸어 축하 메시지를 전했다. 일본행을 뿌리치고 K리그에 도전하는 제자에게 힘을 불어넣어주고 싶었던 것이다. 홍정호는 "홍 감독님께 갑자기 전화가 와 깜짝 놀랐어요. 축하한다면서 프로 가서도 최선을 다하라고 하셨습니다"라며 스승의 연락에 기뻐했다.

홍 감독의 기대대로 홍정호는 제주에서 데뷔 시즌부터 팀의 주전 수비수로 성장하며 탄탄대로를 이어갔다. 대형 수비수로서 가치가 높아지자 국내외 다수 구단들은 홍정호를 영입하기 위한 사전 작업에 들어갔다.

홍정호는 2010년부터 제주와 3년 계약을 체결했기 때문에 계약 마지막 해인 2012년이 다가오자 이적설이 끊이지 않았다. 하지만 그는 2011년 말 제주와 3년 연장계약을 체결하면서 팀 잔류를 선택했다.

런던올림픽을 코앞에 두고 새로운 팀으로 이적하는 것은 쉽지 않다. 만약 다른 팀으로 이적한다면 적응 기간을 가져야 하고, 단기간에 현 소속팀에서만큼의 경기력을 보여줄 것이라는 보장도 없었다. 런던올림픽에서 좋은 모습을 보여준다면 이후에라도 충분히 자신이 원하는 리그와 구단에 새로운 둥지를 틀 수 있다는 판단에 홍정호는 제주에 남기로 결정했다. 결국 그는 런던올림픽 출전이라는 단 하나의 목표를 위해 프로 데뷔와 이적에 관한 모든 결정을 내린 셈이다.

런던올림픽 출전이라는 꿈을 위해 유럽 진출을 잠시 접어둔 선수도 있다. 대표적인 선수가 측면 수비수인 윤석영과 미드필더 김보경이다.

윤석영은 2009 청소년월드컵과 2010 광저우아시안게임을 통해 측면 수비수 기근에 시달리던 한국 축구의 새로운 대안으로 떠올랐다. '제2의 이영표'라는 별명을 얻을 정도로 안정적인 수비력은 물론 과감한 오버래핑을 통한 공격 시도로 각광을 받았다. 고등학교를 졸업하고 일찌감치 K리그에 뛰어든 그는 전남에서 꾸준한 활약을 펼쳐왔다.

2010년 말 윤석영은 독일 분데스리가 TSG 1899 호펜하임으로부터 입단 제안을 받았다. 입단 테스트를 통한 이적 제안이 아니라 계약 기간 3년을 못 박은 구체적인 러브콜이었다. 호펜하임은 윤석영을 영입하기 위해 장기간 공을 들였다.

하지만 윤석영은 2011년 초 전남과 2년 연장계약을 체결하면서 국내 잔류를 선택했다. 유럽 진출을 바라던 윤석영이 호펜하임행을 거절한 것은 런던올림픽을 앞두고 홍명보호 승선 확률을 높이기 위한 결단이었다.

윤석영은 2009년 홍명보호가 돛을 올린 시기부터 함께 성장해온 대표적인 선수다. 그만큼 올림픽에 대한 열망도 컸다. 홍명보호에서는 동료들과의 주전 경쟁에서 앞서 경기 출전 기회가 많았다. 하지만 지금 독일로 진출해 곧바로 주전 자리를 꿰찰 수 있다는 보장도 없는 상황에서 무작정 이적을 추진할 수는 없었다.

전남에서 윤석영은 전력의 핵심이었고, K리그에 남는다면 그의 활약을 홍 감독에게 보여줄 기회가 많았다. 더구나 수비수의 특성상 주전 경쟁에서 승리하지 못한다면 출전 기회를 잡기조차 쉽지 않다. 백업 수비수는 언제 그라운드에 나설지 기약할 수 없기 때문이다. 그래서 이적에 대한 부담감이 다른 포지션보다 크다.

윤석영의 결단은 2년 뒤 큰 선물로 돌아왔다. 런던올림픽 본선에서 모든 경기에 선발 출전한 그는 동메달을 따낸 뒤 유럽 리그 여러 구단으로부터 관심을 받았다. 비록 당시에는 유럽 여름 이적 시장 마감 시한이 임박해 이적이 성사되지 않았지만, 2013년 1월 퀸즈파크레인저스로 이적하며 유럽 무대 진출에 성공했다. 또한 그는 런던올림픽의 활약을 바탕으로 국가대표팀에 연이어 발탁되며 차세대 한국 축구를 이끌 측면 수비수로 주목받고 있다.

'홍명보호의 황태자'로 불리는 김보경 역시 런던올림픽을 앞두고 수많은 유럽 구단의 이적 제의를 뿌리쳤다. 그는 2009 청소년월드컵 직후 일본 J리그 세레소 오사카에 입단하며 프로에 데뷔했다. 일본 무대에서도 착실한 플레이로 짧은 시간에 팀 내 입지를 넓혀 갔다.

2010년 1월 잠비아와의 평가전을 통해 A매치에 데뷔한 그는 남아공월드컵 최종 엔트리에 이름을 올리며 고속 성장을 거듭했다. 2011년 아시안컵을 마지막으로 국가대표팀에서 은퇴한 박지성이 자신의 후계자로 김보경을 지목해 화제가 되기도 했다.

김보경은 2010년 이후 홍명보호와 국가대표팀을 오가며 양 대표팀의 핵심 자원으로 활동했다. 팀이 위기에 몰리면 어김없이 득점포를 가동하며 인상적인 활약을 펼쳤다.

그가 한국을 대표하는 미드필더로 성장하자 유럽 명문 구단들이 관심을 보이기 시작했다. 2011년 여름에는 세레소 오사카와의 계약 기간 6개월을 남긴 상황에서 잉글랜드 프리미어리그, 독일 분데스리가 등 유럽 빅 리그 구단들로부터 영입 제의를 받았고, 포르투갈 벤피카와 스포르팅 리스본은 회장까지 나서 김보경에게 구애를 펼쳤다.

하지만 김보경은 밀려드는 이적 제안에도 전혀 흔들리지 않았다. 홍명보 감독 그리고 동료들과 약속한 런던올림픽 출전과 메달 획득이라는 목표를 이루기 위해 일본 잔류를 택했다. 그는 소속팀과 1년 재계약에 합의했고, 2012년에는 시즌 초반부터 연이어 득점포를 가동하며 한때 리그 득점 순위 선두권을 달릴 정도로 순도 높은 골 결정력을 뽐냈다.

　김보경은 런던올림픽 최종 엔트리에 이름을 올린 뒤 비로소 유럽 무대 진출을 마음먹었다. 유럽 여름 이적 시장이 열리자 기성용이 뛰었던 스코틀랜드의 명문 구단인 셀틱 등 수많은 클럽이 김보경 영입전에 뛰어들었다. 흔히 말하는 '빅 클럽'들이 그에게 손짓했지만 결국 잉글랜드 챔피언십(2부 리그)의 카디프시티로 이적을 결정했다.

　20대 초반의 나이에 첫 유럽 진출을 빅 클럽으로 하는 것도 나쁜 결정은 아니다. 아직 나이가 어리니 혹시 실패하더라도 또 기회가 있기 때문이다. 그러나 김보경은 한 단계 한 단계 차근차근 자신의 축구 인생을 다져가기로 마음먹었다. 유럽 1부 리그 구단들의 러브콜을 뿌리치고 2부 리그 카디프시티로 향한 가장 큰 이유는 더 큰 무대로 진출하기 위한 준비를 가장 잘할 수 있는 여건이 마련된 구단이었기 때문이다.

　김보경은 "몇몇 팀에서 제게 관심을 보였습니다. 하지만 무작정 유럽으로 간다면 벤치에 앉을 수밖에 없다고 생각했습니다. 그러던 중 카디프의 감독도 절 원한다고 들었고, 2부 리그에서 착실히 단계를 밟아나가는 것이 더 좋다고 판단해 이적을 결심했습니다. 카디프시티를 빅 클럽으로 가기 위한 발판으로 삼겠습니다"라고 이적 직후 소감을 밝혔다.

　유럽 진출의 성공 조건은 새로운 무대에 얼마나 잘 적응할 수 있는지에 달렸다. 자신의 능력을 그라운드에서 보여주기 이전에 유럽 문화에 녹아드는 노력이 필요하다. 김보경은 카디프시티가 자신의 유럽 무대 적응에 최적의 팀이 될 것이라고 생각했다. 또한 꾸준한 출전 기회를 노릴 수 있다는 점도 카디프시티행에 큰 메리트가 됐다.

의리의 사나이, 이케다 세이고
천하의 홍명보가 삼고초려로 모신 코치

02

그를 표현할 땐 이런 수식어가 따라 붙는다.

'천하의 홍명보가 모시는 코치.'

일본인 최초로 한국 축구대표팀 코치로 활동한 이케다 세이고 코치가 그 주인공이다.

이케다 코치와 홍 감독의 인연은 2000년대 초반으로 거슬러 올라간다. 안정환과 유상철이 뛰던 J리그 요코하마에 몸담고 있던 이케다 코치는 당시 한국 선수들의 통역 담당이 홍 감독의 J리그 시절 통역을 도와준 인연이 있어 자연스럽게 친분을 쌓게 됐다.

그러던 어느 날, 평소와 같이 일본을 찾은 홍 감독과 식사를 함께 한 이케다 코치는 흥미로운 제안을 받게 된다. 홍 감독은 "언젠가 제가 감독이 되면 저를 도와줄 수 있겠습니까?" 하고 물었다. 이케다 코치는 평소 홍 감독과 함께 일을 해보고 싶은 마음이 있었다. 그래서 "그날이 언제가 될지는 모르지만 당신이 원한다면 얼마든지 도와주지요" 하며 흔쾌히 답했다.

농담 삼아 지나가듯 한 약속이 2009년 현실로 다가왔다. 홍 감독은 청소년대표팀의 지휘봉을 잡은 뒤 첫 메이저 대회인 국제축구연맹 청소년월드컵을 앞두고 선수들의 컨디션과 체력 상태를 체계적으로 관리해줄 코칭스태프를 찾았다. 고민 끝에 떠오른 사람이 바로 이케다 코치였다.

이케다 코치는 부상으로 선수 생활을 일찌감치 접고 1993년부터 피지컬 분야를 공부했다. 당시만 해도 아시아 축구에 피지컬 코치가 따로 없을 때였다. 이케다 코치는 "내가 어린 시절부터 운동을 하면서 부상을 자주 당하다 보니 어떻게 하면 선수들이 몸 관리를 잘할 수 있고, 더 좋은 몸 상태에서 경기에 나설 수 있을지가 늘 궁금했다. 그런 궁금증에서 시작한 것이 여기까지 오게 됐다"고 배경을 설명했다.

이케다 코치는 이탈리아, 브라질 등 유럽과 남미의 여러 클럽과 대표팀에서 피지컬 코치로 명성을 쌓았다. 그리고 전 세계를 돌며 배운 자신만의 노하우를 일본 축구를 위해 활용하고 싶었다.

이케다 코치는 J리그 우라와 레즈 아카데미의 육성 총책임자로 활동하던 중 홍 감독의 전화를 받았다. 자신을 도와달라는 요청이었다. 홍 감독의 제의를 받고 이케다 코치는 고민에 휩싸였다. 자신이 한국 대표팀에 합류하기 위해서는 쉽지 않은 과정을 거쳐야 한다는 사실을 누구보다 잘 알았기 때문이다. 현재 클럽에서 어린 선수들을 가르치고 있는 현실도 무시할 수 없었다. 이케다 코치는 우라와 구단에 사정을 설명했지만 돌아온 대답은 'NO'였다.

이케다 코치는 구단의 강한 반대에 부딪혀 한국행을 포기했다. 또 언제가 될지 모르지만 다음 기회가 온다면 그때는 꼭 홍 감독과 같이 일을 하겠다고 마음을 먹고 한국 청소년대표팀 합류를 사실상 포기했다.

그때 홍 감독이 예고도 없이 우라와 구단으로 직접 찾아왔다. 그리고 아무도 예상치 못한 행동으로 모두를 깜짝 놀라게 만들었다. 홍 감독은 우라와 구단 사장과 전무에게 머리를 조아리면서 부탁했다. 대회를 준비하는 단 2개월만이라도 이케다 코치와 함께할 수 있도록 해줄 수 없겠느냐는 요청이었다.

홍 감독의 간청에 오히려 구단 관계자들이 충격을 받았다. 홍 감독은 일본 J리그에서 뛰던 현역 시절 외국인 선수로서는 처음으로 주장에 선임될 정도로 입지전적인 인물로 통했다. 축구 실력은 물론 솔선수범하는 그의 생활 태도는 많은 일본인들의 귀감이 됐다. 지금도 홍 감독을 잊지 못하는 일본 팬들이 상당히 많다. 이케다 코치는 "당시 구단 고위 관계자가 '천하의 홍명보가 머리를 숙일 만큼 당신이 그렇게 대단한 사람인가'라고 반문할 정도로 정말 깜짝 놀랐다"고 말했다.

결국 우라와 구단도 홍 감독의 진심 어린 행동과 간곡한 요청에 마음이 흔들리기 시작했다. 우라와 구단은 이케다 코치를 청소년월드컵 준비 기간부터 파견 형식으로 홍명보호에 보내주기로 약속했다.

홍 감독은 팀을 위해서라면 자신의 권위를 버리고 머리를 숙일 줄 아는 지도자였다. 그는 감독으로서 맞는 첫 메이저 대회를 준비하면서 이케다 코치의 능력이 필요했다. 세계 무대에 도전하기 위해서는 기술과 전략뿐만 아니라 선수들의 체력 역시 중요하다는 것을 잘 알고 있었기 때문이다.

이케다 코치는 홍 감독의 '삼고초려'로 태극 마크를 달 수 있는 길이 생겼지만 모든 문제가 마무리된 것은 아니었다. 이케다 코치가 일본인으로서 처음으로 한국 축구팀을 돕기 위해 대한해협을 건넌다는 소식이 일본 언론에 알려지면서 또 다른 위기가 찾아왔다. 이케다 코치는 대표팀 합류 직전 상황을 이렇게 전했다.

"내가 한국 대표팀의 일원으로 합류한다는 소식을 듣고 여러 반응들이 있었다. 나와 친한 지인들은 '명예로운 일, 영광스러운 일'이라고 평가했다. 하지만 반대 여론도 만만치 않았다. 인터넷을 통해 나의 소식에 악플이 많이 달렸다. 솔직히 나는 그런 이야기가 상관없었다. 기왕 홍 감독을 돕기로 마음을 먹었으니 비난을 감수할 수 있었다. 하지만 나의 가족, 형제들은 그런 것에 민감하게 반응했다. 가족들은 나를 걱정하면서 눈물을 보이기도 했다. 지금 생각해 보면 지인이나 가족들에게는 너무 걱정하게 만들어서 미안한 마음이 크다."

이케다 코치는 마음의 짐을 안고 한국행 비행기에 몸을 실었다. 일본인으로서뿐만 아니라 한 인간으로서 자신의 결정이 옳은 것인지에 대한 고뇌가 머리에 가득 찼다. 하지만 자신이 사랑하는 사람들의 걱정을 뒤로한 채 한국행을 결정한 이상 자신이 가지고 있는 능력을 홍명보호에 이식하기 위해 최선의 노력을 다했다.

결국 홍 감독이 모시고 온 이케다 코치는 청소년월드컵 8강 신화의 숨은 주역이 됐다. 그리고 2010년 1월 파트타임 피지컬 트레이너 직함을 떼고 올림픽대표팀의 정식 코치로 임명돼 홍명보호와의 인연을 이어가게 됐다.

이케다 코치와 홍명보호의 인연은 해피엔딩으로 막을 내렸다. 2012 런던올림픽에서 동메달을 차지하면서 이케다 코치는 일본 축구 역사상 처음으로 타국의 코칭스태프로 올림픽에서 메달을 손에 넣게 됐다.

하지만 그는 동메달의 기쁨을 속으로만 삼키며 고초의 시간을 겪어야 했다. 런던올림픽 3~4위전에서 한국과 일본이 맞붙게 되면서 이케다 코치는 혼란스러웠다. 결정적인 경기에서 조국을 적으로 대해야 하는 심정은 그 누구도 헤아릴 수 없을 정도로 괴로웠다.

결국 홍명보호의 승리로 대결은 막을 내렸고, 그도 대표팀의 일원으로서 4년 동안 고생한 스태프, 선수들과 함께 기쁨을 나눴다. 하지만 마음 한편은 여전히 무거웠다.

대표팀이 올림픽을 마치고 한국으로 귀국한 뒤에도 이케다 코치는 한동안 일본으로 떠나지 못했다. 이유는 독도 문제로 불거진 한국과 일본의 외교적인 마찰로 인해 한일전 이후 이케다 코치에 대한 일본 내 여론이 급격하게 나빠졌기 때문이다. 일본 축구 관련 인터넷 게시판에는 이케다 코치를 비난하는 글이 줄을 이었고, 그는 한순간에 배신자로 낙인이 찍혔다.

이케다 코치는 물론 일본에 머물고 있는 가족들까지 우익 단체로부터 위협받는 상황이 됐다. 가족들은 대회 직후 집을 떠나 안전한 곳으로 거처를 옮겨 생활을 해야 했다. 일본에 돌아가지 못한 이케다 코치는 자신으로 인해 가족들이 어려움을 겪고 있다는 것에 너무나 마음이 아팠다.

곁에서 지켜보던 홍 감독도 "일본으로 돌아가지 못하고 있는 이케다 코치가 마음에 걸린다. 좋은 방향으로 문제가 해결되길 진심으로 바란다"며 안타까운 마음을 전했다.

올림픽의 여운이 어느 정도 가시고, 사람들의 관심도 시들해질 무렵에야 이케다 코치는 일본으로 떠나 가족들과 해후했다. 그는 이후에도 홍명보호의 동메달을 축하하는 행사가 있을 때마다 마다하지 않고 한국을 찾는 의리를 보여줬다.

이케다 코치에게 올림픽 본선을 앞둔 어느 날 이런 질문을 던진 적이 있다.

"홍명보 감독은 이번 올림픽을 마지막으로 물러납니다. 만약 언젠가 홍 감독이 다시 함께하자고 하면 승낙하시겠습니까?"

그는 잠시도 망설이지 않고 자신의 생각을 밝혔다.

"홍 감독은 존경할 수 있는 사람이다. 진짜 필요하다고, 도와달라고 하면 나는 흔쾌히 가겠다. 그렇게 제의해준다면 영광이다."

국적을 넘어선 '의리'였다. 홍명보호가 왜 강한지를 단적으로 알려주는 대답이었다.

이케다 코치에게 또 다른 질문을 던졌다.

"당신이 생각하는 홍 감독은 어떤 사람입니까?"

"홍 감독은 통찰력, 감각, 승부욕, 감성, 경기를 읽는 힘이 뛰어나고 특출하다. 그 정도 위치에 선 사람들은 우쭐해질 수 있다. 하지만 홍 감독은 겸손하고 모든 일을 같은 눈높이에서 본다. 쉽게 할 수 있는 일이 아니다. 무엇보다 홍 감독은 마음이 뜨거운 사람이다. 그는 네 번이나 월드컵에 나갔다. 누구나 할 수 있는 게 아니다. 노력도 필요하고 운도 있어야 한다. 그렇게 정직하게 살아가니 운도 따라온다. 매력 있는 사람이다."

우리가 상상하는 것 이상의 끈끈한 무엇인가가 홍명보라는 하나의 울타리 안에서 함께 지내온 이케다 코치와 홍 감독 사이를 감싸고 있는 것이 분명하다.

03
나는 너희들을 위해 죽을 테니 너희들은 팀을 위해 죽어라

　리더가 갖춰야 할 덕목 중 가장 중요한 것은 위기 상황을 헤쳐나가는 능력일 것이다. 구성원들이 흔들릴 때 국면을 전환할 수 있는 강력한 메시지를 전하는 것도 리더의 역할 중 하나다.
　런던올림픽 최종 예선에 들어선 홍명보호는 2011년 11월 열릴 카타르와의 2012 런던올림픽 아시아 지역 최종 예선 2차전을 앞두고 위기를 맞았다. 오만과의 최종 예선 1차전에서 승리를 따내며 순조로운 스타트를 보여줬지만 첫 원정경기에 대한 부담감이 선수단을 짓눌렀다. 또한 카타르전 이후 3일 만에 홈에서 열릴 사우디아라비아와의 3차전까지 성공적으로 치러내야 하는 압박감도 컸다. 본선 티켓을 거머쥐기 위해서는 2연전에서 최소한 1승 1무 이상의 성적이 필요했다.
　카타르전을 앞둔 홍명보호는 선수 구성에서부터 난관에 봉착했다. 팀의 중심을 잡아줄 선수가 네 명이나 국가대표팀에 차출되면서 첫 원정길에 변수로 떠올랐다. 2014 브라질월드컵 3차 예선 아랍에미리트연합(UAE), 레바논과의 원정 2연전을 앞둔 국가대표팀은 당시 올림픽대표팀의 주축 멤버였던 미드필더 윤빛가람, 홍철, 서정진과 수비수 홍정호를 발탁했다.

당시 축구계는 올림픽대표팀과 국가대표팀의 중복 차출 문제로 한동안 시끄러웠다. 대한축구협회가 결국 중재에 나서 "선수 차출의 우선권은 국가대표팀에 있다"는 결정을 내렸다. 올림픽대표팀의 입장에서는 7회 연속 본선 진출을 위해 총력을 모아야 할 시기에 선수 구성에 난항을 겪을 수밖에 없는 악재였다.

국가대표팀은 11월 11일과 15일 UAE, 레바논과의 원정 2연전을 앞두고 있었고, 올림픽대표팀은 23일 카타르 원정경기가 예정돼 있었다. 국가대표팀에 발탁된 홍명보호의 4총사는 먼저 중동에서 두 경기를 치른 뒤 올림픽대표팀이 카타르에 입성하면 곧바로 현지에서 합류해 남은 경기 일정을 소화할 계획이었다.

경기 일정이 겹치지는 않았지만 국가대표팀에 차출된 선수들은 장기간 중동 원정을 소화해야 하는 상황이라 컨디션 유지가 쉽지 않을 것으로 예상됐다. 그런 위험 요소에도 불구하고 국가대표팀에 합류한 선수들을 올림픽대표팀에 다시 차출하는 것은 어쩔 수 없는 선택에 가까웠다. 유럽파 선수들의 소집이 힘든 상황에서 K리그와 J리그 소속의 주요 멤버들조차 제외하고 카타르전을 대비하기에는 위험 부담이 따랐다.

긴장 속에서 카타르전을 준비하던 올림픽대표팀에 예상 밖의 악재가 터졌다.

UAE전에서 2-0 승리를 따낸 국가대표팀이 레바논 원정에서 졸전 끝에 1-2 패배를 당한 것이다. 아시아 최강으로 불리는 한국이 FIFA 랭킹 146위의 약체 레바논에게 패배를 당한 충격은 엄청났다. 이 경기 전까지 한국은 레바논과의 7차례 A매치에서 6승 1무로 무패 행진을 달렸다. 그해 8월 일본 삿포로에서 열린 일본과의 평가전에서 0-3 완패를 당하고 흔들리던 국가대표팀은 레바논 전을 통해 씻을 수 없는 치명타를 입었다. '굴욕적인 패배'라며 국내 언론들은 앞다퉈 대표팀의 졸전에 비난을 퍼부었다. 축구 팬들도 당시 경기에 나선 선수들에 대한 실망감을 SNS 등을 통해 여과 없이 드러냈다.

레바논전 패배의 여파는 올림픽대표팀에게도 이어졌다. A매치를 소화하고 올림픽대표팀에 합류한 네 선수들은 레바논전 패배로 마음이 무거웠다.

홍명보 감독은 "그 전까지는 항상 선수가 없어서 고민을 많이 했다. 국가대표팀에서 네 명이 온다는 것은 분명 큰 힘이 되는 부분이다. 하지만 그 친구들 나름대로 마음고생이 심한 상태였다. 국가대표팀에서 경기를 뛴 선수들이나 못 뛴 선수들이나 나름대로 힘든 상황이었다. 그때 내가 보기에 네 명 모두 좋은 상태는 아니었다"라고 기억을 떠올렸다.

레바논전에서 홍정호, 서정진은 선발 출전했고, 윤빛가람은 후반 초반 교체 투입됐다. 경기를 뛴 선수들은 최악의 결과를 만든 것에 대한 죄책감에 시달렸다. 벤치에서 힘든 시간을 보낸 선수도 마음이 편치만은 않았다.

레바논전을 마친 선수들은 올림픽대표팀에 합류하면서 새로운 시작을 다짐했지만 패배의 악몽은 쉽사리 머릿속을 떠나지 않았다. 카타르전을 앞두고 현지에서 열린 훈련에서도 올림픽대표팀의 분위기는 무거웠다.

만약 카타르전에서도 패배를 당한다면 '형'들에 이어 '아우'들도 중동 원정에서 한국 축구의 위기를 불러왔다는 오명을 입을 수 있는 상황이었다. 홍 감독은 경기를 앞두고 흔들리는 선수들의 마음을 다잡을 수 있는 메시지를 전하고 싶었다.

그는 결과만큼이나 과정을 중요시하는 지도자다. 홍 감독은 선수들이 최선을 다하는 모습을 보여준다면 설령 결과가 좋지 않더라도 그들의 방패막이가 되어줄 준비가 돼 있었다. 마음속 깊이 간직했던 생각을 선수들에게 알려줘야 하는 시간이 다가왔다.

홍 감독은 카타르전을 앞두고 열린 팀 미팅에서 평소와 같이 상대팀 분석과 전략, 전술에 관한 이야기로 풀어나갔다. 결전을 앞두고 마음이 무거운 선수들의 눈빛이 홍 감독에게까지 느껴졌다. 홍 감독은 미팅 마지막에 자신의 이야기를 꺼냈다.

"나는 내 마음속에 항상 칼을 가지고 다녀. 그 칼은 다른 사람을 해치려고 갖고 다니는 칼이 아니야. 너희들이 다칠 것 같으면 그 칼로 내가 먼저 죽을 거야. 그러기 위해서 나는 항상 칼을 가지고 다니니까 너희들은 팀을 위해서 죽으란 말이야. 무슨 말인지 알겠어? 나는 너희들을 위해 죽을 거니까, 너희들도 팀을 위해 칼을 하나씩 마음속에 지니길 바란다."

홍 감독이 말한 '칼'의 의미는 두 가지였다. 최선을 다한 뒤에 어떤 결과가 나오든 팀의 수장인 자신이 책임을 지겠다는 것이다. 또한 올림픽 본선으로 가는 길에 걸림돌이 될 수 있는 외압, 비판 등을 사령탑으로서 막아내겠다는 뜻이기도 했다. 선수들은 오로지 목표를 향해 뛰라는 지시이자 명령이었다. 그리고 모든 구성원들이 팀이라는 최고의 가치를 위해 맡은 바 역할에 최선을 다하자는 결의이기도 했다.

당시 미팅에서 홍 감독의 비장한 메시지를 들은 선수들은 소름이 돋을 정도로 충격과 감동을 받았다. 팀을 생각하는 홍 감독의 마음이 온몸으로 느낄 정도로 전해졌다. 미드필더 서정진은 "감독님께서 카타르전을 앞두고 말씀하신 부분이 가장 기억에 남는다. 감독님을 믿고 따른다면 분명 좋은 결과가 나올 것이라는 확신이 들었다"라고 말했다.

홍 감독의 메시지는 숨죽이고만 있던 선수들을 깨어나게 했고, 패배에 대한 두려움과 위기의식에서 벗어나게 해주는 전환점이 됐다. 코칭스태프와 선수들 각자의 마음에 지니게 된 '칼'은 런던행이라는 공통의 목표를 위해 모두가 흔들리지 않고 난관을 헤쳐 나가게 하는 밑바탕이 됐다.

선수들은 자신들을 지켜줄 든든한 바람막이인 홍 감독을 믿고 따랐고, 팀의 목표인 런던올림픽을 위해 한 발씩 전진해 나갔다.

홍명보호의 기둥
홍정호의 눈물

04

2011년 11월 올림픽대표팀이 묵고 있는 카타르의 한 호텔.

경기 전날 홍명보 감독은 주장 홍정호를 자신의 방으로 불렀다. 홍 감독은 여간해서는 선수들을 자신의 방으로 호출하지 않는다. 하지만 그날은 홍정호에게 꼭 확인할 것이 있었다.

홍정호는 올림픽대표팀의 카타르전을 앞두고 열린 2014 브라질월드컵 3차 예선 레바논전에 선발 출전했지만 1-2 충격패를 당하며 비난의 중심에 섰다.

그는 레바논전에서 주 포지션인 중앙 수비수가 아닌 수비형 미드필더로 경기에 나섰다. 생소한 역할이었지만 팀의 사정상 자신에게 맞지 않는 옷을 입을 수밖에 없었다. 더구나 결과가 좋지 않다 보니 실패한 그의 변신에 대한 비난 여론이 삽시간에 번져갔다.

자신의 주 포지션에서 경기를 치르고 졌다면 비난을 달게 받아들일 수 있었을 것이다. 하지만 자신이 팀을 위해 희생한 것은 모두 잊힌 채 오로지 패배에 대한 책임만 돌아오는 상황이 너무나 힘들었다. 레바논전 직후 카타르 현지에서 올림픽대표팀에 합류한 홍정호의 머릿속에는 패배의 잔상이 강하게 남아 있었다.

홍명보 감독은 국가대표팀에 차출된 뒤 올림픽대표팀으로 합류한 4명(홍정호, 홍철, 서정진, 윤빛가람)의 선수들을 훈련 기간 동안 유심히 관찰했다. 체력 상태는 물론 정신적인 면까지 면밀히 체크했다. 카타르전에서 최소한 무승부 이상의 결과를 만들어야만 올림픽 본선 진출 가능성을 높일 수 있는 상황이었기에 선수 기용에서 전략적인 접근이 필요했다.

홍 감독은 4명의 선수 중 홍정호를 제외한 3명은 교체 카드로 활용하겠다고 결정했다. 서정진, 윤빛가람, 홍철의 경우 미드필더 자원이기 때문에 경기 중반 흐름을 바꿀 수 있는 조커로서 활용하겠다는 생각이었다. 또한 이미 장기간 해외에서 체류한 만큼 체력적인 피로도를 감안해 선발 멤버에서는 제외했다.

반면 홍정호는 선발 출전시키기로 마음먹었다. 수비 라인을 이끌며 팀의 중심을 잡아주길 바랐다. 하지만 홍정호가 레바논전 패배의 여파로 정신적인 고통을 겪고 있었기에 경기를 뛸 수 있을지는 홍 감독도 확신할 수 없었다.

홍 감독은 홍정호를 불러 조심스럽게 출전 가능 여부를 물었다.

"네가 지금 힘들어하는 것은 잘 알고 있어. 하지만 이번 경기에서는 네가 팀을 위해서 뛰어줘야 해."

홍정호는 고개를 떨군 채 "감독님, 죄송합니다. 이번 경기는 못 뛰겠습니다"라고 답했다. 홍 감독은 홍정호의 심정을 이해했다. 하지만 경기에 나서지 않는 것이 최선의 치유법은 아니라는 사실을 꼭 알려주고 싶었다. 피하려고만 든다면 오히려 장기적인 슬럼프에 빠질 수도 있는 상황이었기 때문이다.

"그럼 너 경기 나가지 말고 벤치에서 쉬고 있을래?"

"네, 그렇게 하고 싶어요."

홍정호는 재차 경기에 출전하고 싶지 않다는 의사를 밝혔다. 홍 감독의 머릿속은 백지장처럼 하얘졌다. 주장이자 가장 믿었던 선수인 홍정호가 가장 중요한 경기에서 뛰지 못하겠다는 이야기를 할 줄은 예상하지 못했다. 어떻게든 그를 설득해 출전시키고 싶은 마음이 컸다. 하지만 원치 않는 출전으로 인해 또 한 번 마음의 상처를 입을지도 모른다는 생각에 조심스레 그의 생각을 물었다.

"네가 정말 힘들다면 나는 너를 안 뛰게 할 용의가 있어. 하지만 만약 우리 팀이 경기를 어렵게 풀어가고 있을 때 네가 벤치에서 그걸 보고 있으면 어떤 마음이 들 것 같아?"

홍 감독이 질문을 던지자 홍정호의 눈가에는 뜨거운 눈물이 솟구쳤다. 분명 그런 상황이 온다면 팀의 주장으로서 자신의 마음이 편치 않을 것이라는 사실을 잘 알고 있었기 때문이다. 눈물을 떨구는 제자를 지켜보는 홍 감독의 마음도 편치 않았다. 둘은 한동안 말이 없었다.

"감독님, 뛰겠습니다."

홍정호는 리더로서 숙명을 받아들이기로 결심했다. 홍 감독은 리더가 짊어져야 할 무게감을 누구보다 잘 알고 있었다. 현역 시절 소속팀과 국가대표팀에서 수년간 주장으로서 팀을 이끈 그였다. 그래서 홍정호의 결정이 얼마나 힘들고 외로운 선택인지도 잘 알았다.

홍 감독은 홍정호에게 "리더라는 것이 그런 거다. 어렵고 힘들 때 리더는 피해 가지 못한다. 그걸 당당하게 맞서서 이겨내면 진정한 리더가 될 수 있다"며 미안함을 에둘러 전했다.

홍정호는 이튿날 카타르전에 선발 출전해 장현수, 오재석, 윤석영과 함께 튼튼한 수비 라인을 구축했다. 홍정호는 이를 악물고 경기 종료 휘슬이 울리는 그 순간까지 뛰었다. 결과는 1-1 무승부. 원했던 승점 3점을 얻지는 못했지만 본선 진출의 발판을 만드는 데는 성공했다. 그리고 홍정호에게는 팀의 리더로서 한 단계 성장할 수 있는, 잊지 못할 90분이 됐다.

홍정호는 홍명보호의 기둥이었다. 2009 청소년월드컵, 2010 광저우아시안게임에서 주전 중앙 수비수로 활약하며 홍명보호의 대표적인 스타로 발돋움했다. 올림픽 예선에서는 7경기 연속 풀타임 출전하며 팀의 든든한 버팀목이 됐다. 홍정호는 7회 연속 올림픽 본선 진출의 1등 공신으로 평가받기에 충분했다.

올림픽대표팀은 2012년 2월 오만과의 올림픽 최종 예선 5차전 원정경기에서 3-0 완승을 거두며 본선 티켓을 따냈다. 이후 본선에 참가할 18명의 최종 엔트리에 관심이 쏠렸다. 예선 기여도와 팀에서의 비중을 고려할 때 홍정호의 런던행은 확정적이었다.

하지만 그에게 엄청난 시련이 닥쳤다. 홍정호는 올림픽을 4개월여 앞둔 4월 K리그 경남전에서 무릎 부상을 당했다. 부상 직후 정밀검사에서는 무릎 인대 일부 손상으로 2개월 정도 재활을 통해 복귀가 가능하다는 진단을 받았다. 큰 부상이었지만 올림픽 본선에서 뛸 수 있다는 것만으로도 그는 고통을 참아낼 수 있었다.

홍정호는 지난 4년간 올림픽 출전이라는 꿈 하나만을 바라보고 쉼 없이 달려왔다. 본선을 코앞에 두고 부상을 당했지만 조금이라도 빨리 복귀하겠다는 일념 하나로 재활에 몰두했다. 하지만 의료진이 처음 이야기했던 복귀 가능 시일이 다가와도 부상 부위의 통증은 가시질 않았다. 재활 프로그램대로라면 6월에는 그라운드 복귀를 위한 본격적인 훈련을 시작해야 했지만 다친 무릎은 편치 않았다.

홍정호는 올림픽 본선을 2개월여 앞둔 6월 초 부상 부위 정밀검사를 다시 받았다. 그리고 청천벽력 같은 소식을 접했다. 무릎 후방 십자인대 파열이었다. 부상 직후 첫 진단이 제대로 이뤄지지 않아 허송세월을 보낸 것이다. 결국 홍정호는 당장 수술대에 올라야 하는 상황을 맞게 돼 올림픽 본선 참가 좌절은 물론 연내 복귀도 불투명해졌다.

홍 감독은 올림픽대표팀 선수들의 컨디션을 체크하기 위해 일본에 머물고 있을 때 홍정호의 낙마 소식을 전해 듣고 침통해했다. 홍정호만은 놓치고 싶지 않았다.

홍정호는 대형 수비수 기근으로 고민하던 한국 축구를 구해줄 재목이었다. 2009 청소년월드컵에서 8강 진출을 이뤄내자 수비 라인을 이끈 홍정호에게 '제2의 홍명보'라는 찬사가 쏟아졌다. 홍 감독도 자신을 이을 수비수로 성장한 홍정호를 무척 아꼈다. 게다가 한국 축구에서 수비수로서 유럽 빅 리그 진출이 가장 기대되는 선수로 홍정호를 꼽을 정도로 그의 성장 가능성에 높은 점수를 줬다. 홍 감독은 홍정호가 런던올림픽을 통해 세계 무대에서 자신의 진가를 발휘하는 모습을 기대했다. 하지만 부상으로 인해 모든 꿈이 수포로 돌아갔다.

홍 감독은 홍정호의 낙마 소식을 전하며 솔직한 심경을 밝혔다.

"홍정호만큼 우리 팀에서 역할을 해온 선수를 찾기 힘들다. 감독이자 선배의 입장에서 아쉬움이 크다. 우리로서는 아주 중요한 선수를 잃었다. 이제 현실을 받아들이고 빨리 대안을 찾는 것이 중요하다. 홍정호가 올림픽에 못 나갈 줄은 전혀 생각지 못했다."

홍 감독은 홍정호에게 거는 기대가 컸다. 런던올림픽 본선에서 그의 리더십을 발판으로 선수단이 하나가 될 수 있다고 믿었다. 그래서 그에게 올림픽팀 주장을 맡기려 했다.

홍 감독은 "런던올림픽 주장으로 홍정호를 마음속에 두고 있었다. 예선 내내 어려운 상황에서도 팀을 이끌며 자신을 희생해왔기 때문에 본선에서는 그에게 주장 완장을 채워주고 싶었다. 홍정호는 충분히 우리 팀의 리더가 될 자격이 있는 선수였다"며 아쉬워했다.

05
지략의 승리
홍 감독의 계산된 투 트랙

　홍명보 감독은 축구 선수가 대성하기 위해 가져야 할 가장 중요한 무기로 '다양한 아이디어'를 꼽는다. 볼을 얼마나 멀리 차고, 세게 차느냐 같은 기술적인 능력이 아니라 머릿속에 어떤 대안을 가지고 그라운드에서 플레이를 펼치느냐가 그 선수의 성패를 가를 수 있다는 의미다. 경기 중 펼쳐지는 수천, 수만 가지 상황에서 짧은 시간에 정확한 판단을 통해 문제를 해결할 수 있는 능력이 필요하다는 것이다. 위기 상황을 타개할 수 있는 임기응변 능력도 그중 하나다.

　어느 날 홍 감독이 수비 유망주들에게 원 포인트 레슨을 해주며 질의응답 시간을 가졌다. 한 고등학생 수비수가 "미드필더와 간격을 줄이며 상대를 압박하라고 하시는데, 압박을 할수록 우리 같은 수비수 입장에서는 뒤 공간이 점점 늘어나는 위험 부담을 안게 될 수밖에 없습니다. 순간적으로 침투하는 공격수들을 어떻게 막아내야 할지 궁금합니다"라고 물었다.

홍 감독은 질문한 학생에게 "100m 몇 초에 뛰니?"라고 물었다. 학생이 "정확히 안 재봐서 모르겠습니다"라고 하자 씩 웃으며 이야기를 본격적으로 시작했다.

"만약 100m를 11초에 뛰는 공격수가 있어. 근데 수비수인 네가 100m를 13초에 뛴다고 가정하자. 그럼 뒤 공간에 볼이 투입될 때 동시에 스타트를 끊으면 공격수가 유리하겠지. 그래서 수비수에게는 예측과 대비하는 자세가 중요한 거야. 신체적이라든지 운동적인 부분에서 분명 상대보다 약점을 안고 있을 수 있어. 상대보다 발이 느리다는 약점을 상쇄시키기 위해서는 상대방 미드필더 중 누가 침투 패스를 잘하는지 정도는 숙지하고 경기에 나가야 돼. 그리고 패스 타이밍을 읽을 수 있어야 돼. 똑같이 뛰어서 네가 뒤처진다면 예측을 하고 한발 더 먼저 움직일 필요가 있지"라며 준비된 칠판에 작은 그라운드를 그린 뒤 학생들에게 좀 더 자세한 설명을 이어갔다.

홍 감독은 현역 시절뿐만 아니라 지도자 생활을 하면서도 팀을 위한 수많은 아이디어를 생각하고 고민해왔다. 특히 위기 시에 대비해 그 어떠한 변수에도 흔들리지 않을 대안을 준비하기도 했다.

2011년 11월, 홍 감독은 머리가 복잡했다. 런던올림픽 최종 예선 2, 3차전을 4일 간격으로 치르는 것도 벅찬 상황에서 역시차의 악조건까지 안고 경기를 치러야 해서 정상적인 선수단 운영이 쉽지 않았기 때문이다.

카타르와 한국의 시차는 6시간. 선수들은 카타르와의 원정경기를 위해 1주일여 동안 중동의 시차에 맞춰 생활을 하다 한국으로 돌아와 이틀 만에 또다시 경기에 나서야 하는 처지였다. 당시 올림픽대표팀 내에서 역시차를 경험해본 선수는 단 한 명도 없었다.

홍 감독은 현역 시절 역시차를 겪어봤기 때문에 앞으로 치를 두 경기에서 어느 정도의 위험 부담을 안고 싸워야 하는지도 잘 알았다. 그는 카타르 원정을 떠나기 전 "훈련과 경기를 하지 않는 코칭스태프도 이번 2연전을 마치고 나면 녹초가 될 것이다. 선수들의 체력은 오죽하겠는가. 역시차로 경기를 준비하면 사실상 컨디션 조절을 포기해야 한다"며 걱정했다.

홍명보호가 역시차를 극복하기 위해 마련할 수 있는 현실적인 대안은 많지 않았다. 일반적으로 원정 이후 곧바로 홈경기를 펼쳐야 하는 경우에는 평소보다 많은 선수들을 대표팀에 발탁하고 경기 전 가장 컨디션이 좋은 선수들을 선별해 두 경기에 교차 투입하는 방법을 활용한다. 그러다 보니 먼저 열리는 원정경기에 비중을 많이 둘 수밖에 없다. 일단 원정경기에 베스트 멤버를 가동해 올인하고, 이후 열리는 홈경기에서는 최대한 안정적인 선수 구성을 통해 1승 1무 전략으로 나서는 것이 보통이다. 물론 2승을 모두 따낸다면 가장 좋은 결과겠지만 현실적인 가능성은 그리 높지 않다.

홍 감독은 카타르와의 최종 예선 2차전을 1주일여 앞둔 시점에서 20명의 대표팀 멤버를 발표했다. 명단만 봐서는 여느 경기와 차이점을 찾을 수 없었다. 예선전에 나설 만한 선수들은 대부분 카타르 원정 길에 올랐다. 홍 감독은 속내를 밝히지 않았지만 비장의 카드를 가슴속에 품고 있었다.

카타르와의 최종 예선 2차전은 한국이 일방적으로 우세한 경기를 펼쳤지만 승리를 따내지는 못했다. 전반 막판 카타르에게 페널티킥 골을 내준 뒤 추격전을 벌인 끝에 김현성의 동점골이 터졌지만 역전에는 실패했다. 한국은 전후반 열네 번의 슛을 시도했지만 골문 안으로 들어간 것은 단 한 개였다. 카타르는 최근 귀화 선수들을 대거 보강해 경기력이 많이 향상됐지만 한국과 어깨를 나란히 할 정도의 수준은 아니었다. 원정경기라는 점을 감안하더라도 아쉬운 결과였다.

경기를 마친 홍명보호는 곧바로 귀국 길에 올랐다. 조금이라도 일찍 한국에 도착해야만 역시차의 피로도를 줄일 수 있기 때문이다. 한국에 도착한 선수단은 파주NFC에 여장을 풀고 휴식에 들어갔다.

이튿날 사우디전을 앞둔 첫 훈련 전에 반가운 얼굴들이 등장했다. J리그에서 뛰고 있는 김영권, 조영철 등 4명의 선수가 사우디전을 위해 홍명보호에 합류한 것이다.

급조된 작품이 아니었다. 이미 홍 감독이 계산해놓은 전략이었다. 선수들의 합류는 역시차 극복을 위한 이른바 '투 트랙(연속성이나 공통점을 가진 두 가지 사안에 대해 각기 다른 방식으로 대응하는 것) 카드'였다.

대한축구협회는 당초 카타르 원정경기부터 이들을 대표팀에 합류시킬 것을 요청했지만 소속 클럽의 반대로 무산됐다. 시즌 막판 치열한 순위 다툼을 벌이고 있는 시기였기에 소속팀에서도 장거리 원정경기에 선수를 보내는 데 난색을 표한 것이다.

홍 감독은 J리거들의 차출을 포기하지 않았다. 오히려 전화위복의 기회로 삼기 위해 다시 한 번 J리그 구단들을 설득했다. 카타르 원정 동행을 포기하는 대신 한국에서 열리는 사우디전에서는 4명의 선수들이 합류하게 해달라고 다시 요청했고, J리그 구단들은 그 제안을 받아들였다.

홍 감독은 역시차 극복을 위해 여러 가지 방안을 고민하던 중 '투 트랙 카드'를 선택한 것이다. 카타르 원정을 다녀온 선수들을 사우디전까지 그대로 유지하면서 시차 적응을 하지 않아도 되는 J리그 선수들을 투입해 선수단에 활력을 불어넣겠다는 전략이었다. J리거 4총사는 피곤한 홍명보호에 비타민과 같은 존재였다.

대한축구협회도 이례적으로 4일 간격으로 열리는 2연전 중간에 다시 한 번 대표팀 명단을 발표했다. J리거 4명이 추가된 24명의 사우디전 대비 명단이었다. 홍 감독은 "선수들의 체력 상태를 감안할 때 특단의 대책이 필요했다. 만약 카타르 원정 멤버 그대로 사우디전을 치른다면 우리 입장에서는 큰 손해다"라고 이유를 설명했다.

사우디전을 앞두고 새롭게 합류한 J리거들에게 거는 기대가 컸다. 홍 감독은 추가 발탁한 J리거 4명 중에서 사우디전 전날 소속팀에서 경기를 소화한 김보경을 제외하고, 수비수 김영권, 미드필더 정우영, 공격수 조영철을 선발로 투입했다. 곳곳에 포진된 새 얼굴들은 팀에 활력을 불어넣었고 지친 동료들을 위해 한 발이라도 더 뛰는 모습을 보여줬다.

역시차의 부담을 안고 싸우는 태극전사들의 컨디션은 전체적으로 좋아 보이지 않았다. 평소 야생마처럼 그라운드를 휘젓던 백성동마저 발이 무거워 보였다. 그래도 '중간 수혈' 된 선수들을 중심으로 똘똘 뭉치며 경기를 나름대로 잘 풀어나갔다. 전반 중반에는 김현성이 상대 수비수에게 페널티킥을 얻어내며 기선 제압의 기회를 잡았다.

벤치에서 잠시 고심하던 홍 감독은 조영철에게 페널티킥을 차라고 지시했다. 선제골을 넣을 수 있는 절호의 기회에서 가장 집중력을 발휘할 수 있는 선수는 역시차를 겪지 않고 있는 선수였다. 조영철은 홍 감독의 기대에 부응하듯 상대 골키퍼가 움직이는 것을 보고 차분하게 반대쪽 골문으로 슛을 꽂았다.

1-0으로 앞선 채 전반을 마쳤지만 불안한 리드였다. 선수들의 체력이 급격히 떨어지는 후반을 어떻게 극복하느냐가 승부의 관건이었다. 홍 감독은 하프타임에 후반 교체 멤버를 구상하기 위해 코치들과 머리를 맞댔다. 그때 '중간 수혈' 멤버 중 유일하게 선발 멤버에서 제외된 김보경이 조심스럽게 코칭스태프에게 다가왔다.

"동료들이 힘든 상황에서도 뛰고 있는 것을 보니 저도 조금이나마 힘을 보태야 할 것 같아요. 45분 정도는 충분히 뛸 수 있습니다."

바로 어제 90분 풀타임을 뛴 선수라 사우디전 출전을 만류하던 코칭스태프도 김보경의 이야기를 듣고 마음을 바꿨다. 평소 같으면 경기 투입을 생각지도 않았을 상황이지만 팀의 사정이 급박하게 돌아가다 보니 누군가의 희생이 필요했다.

홍 감독은 후반 15분 백성동 대신 김보경을 투입하며 승부수를 띄웠다. 경기 막판으로 갈수록 선수들의 발걸음은 무뎌졌다. 집중력이 떨어지는 플레이가 이어지자 벤치 멤버들은 동료들을 독려하기 위해 소리를 질렀다.

조영철의 결승골을 끝까지 잘 지켜낸 한국은 결국 귀중한 승점 3점을 따내며 '죽음의 2연전'을 마쳤다. 최상의 결과인 2승을 따내지는 못했지만 '투 트랙 카드'라는 깜짝 전략을 통해 1승 1무의 만족스러운 성적표를 받게 됐다.

경기 종료를 알리는 주심의 휘슬이 울리자 급격히 높아진 피로를 참지 못한 몇몇 선수들은 그 자리에 누워 거친 숨을 몰아쉬었다. 반면 홍 감독과 코칭스태프는 그제야 2연전 대비 전략이 성공적으로 마무리됐다는 생각에 안도의 한숨을 내쉬었다.

06 예정된 길은 없다
중동 텃세를 넘어 올림픽으로

　충격적인 소식이었다. 마지막 총력전을 펼쳐야 할 시기에 예상치 못한 변수가 발생했다. 올림픽대표팀이 사우디아라비아와의 런던올림픽 최종 예선 4차전 원정경기를 대비해 카타르에서 전지훈련을 하던 2012년 2월 1일, 국제축구연맹은 3개월 전 열린 카타르와 오만의 아시아 지역 예선에 대해 오만의 몰수승(3-0 승)을 결정했다. 경고 누적으로 인해 오만전에 출전하지 못하는 카타르 선수가 경기에 나섰다는 이유였다.
　선수 부정 출전은 아마추어 리그에서도 좀처럼 보기 힘든 사건이다. 올림픽 최종 예선은 중동세가 강한 아시아축구연맹(AFC)이 관리하기 때문에 오만의 몰수승이 동아시아의 맹주인 한국을 견제하기 위한 '중동의 계략'으로 의심받기도 했다.
　당시 경기 결과는 1-1 무승부였기에 오만은 가만히 앉아서 승점

2점을 보태 승점 6점을 마크하며 단숨에 조 선두 한국(승점 7)의 턱밑까지 올라왔다.

최종 예선을 세 경기 앞둔 시점에서 갑작스러운 순위 변동으로 본선으로 가는 로드맵의 수정이 불가피했다. 예상했던 시나리오를 모두 폐기하고 새로운 전략을 세워야만 했다.

홍명보호는 당초 2012년 2월 열릴 사우디아라비아(6일), 오만(22일)과의 중동 원정 2연전의 목표를 1승 1무로 잡았다. 홍 감독은 "사우디아라비아전에서 이기고 오만을 상대로 지지 않는다면, 다른 팀들과 승점 차를 고려할 때 중동 원정 2연전의 가장 좋은 결과가 아닐까 싶다"라며 중동 2연전에서 승점 4점을 따내는 것을 목표라고 말했다.

오만이 몰수승을 거두기 전까지만 해도 2위권 국가와의 승점 차가 3점 이상 벌어졌기 때문에 5차전까지 승점 4점을 보탠다면 충분히 본선 진출을 확신할 수 있는 상황이었다. 하지만 오만의 몰수승 이후 상황은 완전히 달라졌다. 단독 선두를 질주하던 아시아 전통의 강호가 조 1위 자리를 위협받는 위치까지 몰렸다.

그로 인해 중동 2연전의 부담감은 더욱 커졌다. 이제는 한국과 사우디, 한국과 오만의 경쟁이 아닌 한국과 중동의 싸움으로 비쳤다. 특히 오만은 7회 연속 올림픽 본선에 도전하는 한국과 달리 역사상 단 한 번도 올림픽 본선 무대에 진출한 적이 없었기에 몰수승으로 조 2위로 뛰어오른 후 오만 축구계는 축제 분위기에 휩싸였다.

홍명보호는 카타르 현지 적응훈련을 거쳐 결전지인 사우디에 입성한 이후에도 오만의 몰수승에 대한 언급은 하지 않았다. 예상치 못한 상황에 당황했지만 사우디전에 집중하겠다는 의지의 표현이었다.

중동의 강자로 평가받던 사우디는 한국전을 앞두고 조 최하위였다. 사실상 본선 진출이 힘든 상황이었기에 한국 입장에서는 손쉬운 상대가 될 수 있었다. 하지만 쫓기는 입장에서는 그 어떤 상대도 만만하게 볼 상황이 아니었다. 게다가 사우디가 유일하게 승점을 따낸 경기가 카타르와의 홈경기였기 때문에 원정경기를 치르는 한국에게는 상당한 부담으로 작용했다.

중동 국가들끼리는 '형제의 나라' 라는 인식이 강하기 때문에 사우디가 오만을 위해서라도 현재 순위에 상관없이 한국전에 베스트 전력을 가동할 것이라는 예상도 나왔다.

한국과 사우디전의 킥오프 4시간 전. 카타르와 오만의 리턴매치가 펼쳐졌다. 이 경기에서 현재 조 2위인 오만이 승리를 거둔다면 홍명보호 선수들은 상당한 압박감을 안고 사우디와의 경기에 나서야 하는 상황이었다.

오만은 카타르에게 선제골을 내줬지만 후반 초반 역전골을 성공시키며 2-1로 리드를 잡았다. 경기 종반까지 오만은 경기의 주도권을 잡았고, 조 1위 탈환의 목전까지 왔다. 하지만 승리를 자신하던 오만은 경기 종료를 4분 앞두고 카타르에게 동점골을 허용하며 승점 1점을 보태는 데 만족해야 했다.

한국 선수들은 사우디와의 경기를 준비하고 있던 시간이라 오만과 카타르의 경기 결과를 알지 못했다. 만약 한국에서 열리는 경기였다면 스마트폰이나 태블릿 PC를 이용해 결과를 실시간으로 확인할 수도 있었을 것이다. 하지만 결과적으로는 모르는 게 약이 됐다.

홍명보호의 코칭스태프는 오만과 카타르가 극적으로 무승부를 거뒀다는 사실을 전해 들었지만 선수들에게는 알리지 않았다. 경기를 앞두고 긴장감을 유지하고 있는 상황에서 굳이 오만의 무승부를 전할 이유가 없었다. 이날의 상대는 오만이 아니라 사우디였기 때문이다.

경기장에 나선 홍명보호 선수들은 오만의 경기 결과에 상관없이 조 1위를 지키기 위해 승리를 머릿속에 그렸다.

전반전에는 양팀 모두 날카로운 창끝을 드러내지 않고 탐색전을 펼치며 시간을 흘려보냈다. 홍명보호는 후반에 승부를 걸기 위해 전반에는 최대한 실점을 하지 않는 전략으로 맞섰다. 사우디도 전반 동안 한국의 공격을 역이용하겠다는 움직임을 보였지만 큰 소득을 얻지 못했다.

홍명보호는 전반 34분 프리킥 상황에서 김보경의 크로스를 홍정호가 골문 정면에서 헤딩으로 연결했지만 아쉽게 크로스바를 맞고 튕겨나왔다. 선제골에 목말랐던 한국에게는 아쉬운 장면이었다. 홍 감독은 선수들의 움직임을 지켜보면서 후반 공격 작업에 대한 구상에 들어갔다. 짧은 시간이지만 사우디 수비진의 약점을 찾아내는 것이 급선무였다. 하지만 전반 막판 예상치 못한 변수가 나타났다.

왼쪽 풀백 주전 윤석영의 부상으로 투입된 황도연이 상대 공격수와 충돌하며 오른팔을 다쳐 더 이상 경기를 할 수 없는 상황에 몰렸다. 벤치에는 전문 풀백 자원이 없었다. 홍 감독은 측면 미드필더와 풀백으로 두루 기용이 가능한 김민우를 교체 투입하며 급한 불을 껐다. 김민우는 고교 시절까지 풀백으로 뛰었기 때문에 '플랜 B'로 손색이 없었다. 하지만 최근에는 공격수로 완벽히 포지션 체인지를 한 상황이라 수비수로서 실전을 어떻게 치러낼지는 우려 반 기대 반이었다.

전반 45분 동안 두 팀 모두 득점 없이 경기를 마쳤고, 후반 대격전을 위해 선수들은 라커 룸으로 발걸음을 옮겼다. 균형의 추가 기울어지지 않아서인지 선수들의 표정에는 여유가 묻어났다. 팔씨름 고수들은 상대의 손을 잡아보는 것만으로도 승부를 예측할 수 있다고들 한다. 축구에서도 전반 동안 선수들 간에 몸을 부딪치고, 볼을 잡기 위해 경합을 벌이다 보면 어느 정도 상대의 세기를 느낄 수 있다. 후반전을 위해 경기장으로 들어서는 선수들의 모습에서는 충분히 승리할 수 있다는 자신감이 풍겼다.

후반 시작 휘슬이 울리고 한국과 사우디의 승점 3점을 향한 본격적인 전쟁이 시작됐다. 한국은 가장 효율적으로 상대를 제압할 수 있는 공격 루트를 가동했다. 바로 장신 공격수 김현성을 활용한 제공권 플레이였다. 하지만 사우디의 저항도 만만치 않았다. 이미 한국의 주요 공격 전개 방법에 대한 파악을 마친듯 침착하게 대응했다.

홍 감독은 최전방 제공권 싸움에서 재미를 보지 못하자 양 측면 수비수들에게 적극적인 공격 가담을 지시했다. 상대의 허를 찌르는 측면 돌파를 통한 선제골 시도는 계속 이어졌지만 꽉 막힌 사우디의 수비벽을 뚫기는 쉽지 않았다.

사우디는 한국이 적극적인 공세를 펼치자 역습의 칼날을 겨눴다. 후반 15분 왼쪽 측면 수비수인 김민우가 공격에 가담한 뒤 복귀가 늦어지는 타이밍을 사우디 공격진은 놓치지 않았다. 한국의 양 측면 수비 자원이 공격 진영 깊숙이 침투하는 것을 보고 비어 있는 공간을 노린 것이다. 순식간에 측면 돌파에 성공한 사우디는 역습 한 방으로 선제골을 따내며 기선 제압에 성공했다.

환호하는 사우디 선수들의 화려한 춤사위가 펼쳐지면서 순식간에 경기장은 달아올랐다. 비록 올림픽 본선에는 진출하지 못하더라도 아시아의 축구 강국인 한국을 꺾을 수 있다는 상상만으로 사우디에게는 행복한 시간이었다.

홍명보호 선수들은 잠시 허탈한 표정을 지었지만 어떻게 해서든지 전세를 역전시켜야 한다는 마음으로 전열을 정비했다. 이제 남은 시간은 30분. 중동 특유의 '침대 축구(경기를 앞서고 있는 팀의 선수가 상대 선수와의 사소한 충돌에도 그라운드에 누워 의도적으로 시간을 지연하는 행위)'를 감안한다면 추격하기에는 시간이 많지 않았다.

마음이 바빠서인지 한국의 공격 기회는 오히려 더 줄어들만 갔다. 추격의 실마리를 풀 수 있는 코너킥과 프리킥 찬스를 연이어 날려버리면서 한국의 패배는 현실로 다가오는 듯 보였다. 홍명보호는 일방적인 경기를 펼치며 전후반 90분 동안 무려 14차례의 코너킥을 얻어냈지만 단 1개의 슛만이 골문 안으로 향했을 뿐 나머지 공격 시도는 모두 무위로 돌아갔다.

전광판의 시계는 후반 45분을 지나 멈췄다. 이제 남은 것은 인저리 타임(injury time, 경기 중 선수 교체, 프리킥, 페널티킥, 부상 선수를 돌보는 데 사용된 시간 등을 감안해 주심의 재량에 따라 후반전 말미에 주는 추가 시간)뿐이었다. 한국이 하프라인에서 반칙을 얻어내자 홍 감독은 테크니컬라인 가장 구석까지 나와 사우디 진영으로 두 팔을 흔들며 "들어가"라고 외쳤다.

사실상 마지막 공격이기 때문에 뒤를 돌아볼 여유가 없었다. 키커로 나선 홍정호는 홍 감독과 눈이 마주쳤다. 홍 감독은 상대 진영 최전방에 위치한 김현성을 가리킨 뒤 다시 검지로 자신의 머리쪽을 겨냥했다. 필드 플레이어 중에서 가장 키가 큰 김현성의 머리 위로 킥을 올리라는 지시였다. 김현성이 공중볼을 머리로 따낸다면 리바운드된 볼을 잡은 제3의 선수가 골 찬스로 연결할 수 있는 마지막 기회였다. 훈련과 실전에서 수백 번 아니 수천 번을 시도한 가장 대표적인 약속된 플레이(세트피스)였다.

프리킥을 차라는 심판의 휘슬이 울리자 20여 명의 선수들은 사우디 진영 페널티박스 인근에서 조금이라도 좋은 위치를 선점하기 위해 심한 몸싸움을 벌였다. 키커로 나선 홍정호는 오로지 김현성만을 바라봤다.

홍정호의 발을 떠난 볼은 50m를 날아가 양팀 선수들이 엉킨 공간으로 향했다. 김현성은 상대 수비수들의 집중 견제를 받으면서도 볼이 도착하는 타이밍에 뛰어올라 이마에 정확히 볼을 맞췄다. 페널티박스를 가로지른 패스는 달려들던 김보경의 발에 정확히 걸리며 상대 골문을 뒤흔들었다.

홍명보호를 벼랑 끝에서 살려낸 기적적인 발리슛이었다.

극적인 동점골이 터지자 선수들은 물론 코칭스태프까지 흥분을 참지 못하고 기쁨을 토해냈다. 결국 홍명보호는 끝까지 포기하지 않는 투지를 바탕으로 귀중한 승점 1점을 따내며 힘겹게 조 1위 자리를 지켰다.

사우디와의 대결은 무승부로 끝났지만 경기 내용은 졸전에 가까웠다. 90분 동안 위협적인 공격력을 보여준 장면은 손에 꼽을 정도였다. 원정의 부담감 탓에 공격과 수비의 간격은 시간이 갈수록 점점 벌어졌고, 한국팀의 강점인 중원 플레이도 전혀 이뤄지지 않았다.

이 경기는 그동안 흘린 땀의 대가를 받지 못한 경기이기도 했다. 홍명보호는 중동 2연전을 대비해 공을 많이 들였다. 선수들의 소집이 어려운 1월 초부터 일본 오키나와 전지훈련과 태국 킹스컵 출전 등으로 17일간 소집훈련을 실시했다.

올림픽대표팀의 대다수 멤버들이 K리그와 일본 J리그에 소속돼 있기 때문에 1월 같은 비시즌기에는 각자의 소속팀에서 동계훈련을 소화한다. 그리고 동계훈련 기간에는 시즌에 대비해 체력 단련 위주의 몸을 만드는 데 집중하므로 경기 감각은 떨어질 수밖에 없다.

당장 2월에 최종 예선인 중동 원정 2연전을 치러야 하는 올림픽

대표팀 입장에서는 선수들을 따로 불러 모아 경기를 치를 수 있는 몸 상태로 만들어야만 했다. 그리고 킹스컵을 통해 다양한 대륙의 선수들과 경기를 치르면서 경기 감각을 끌어올리고, 조직력을 가다듬을 시간도 필요했다.

하지만 올림픽대표팀 선수들을 보유한 구단 입장에서도 비시즌기에 대표팀에 선수를 보내주는 것이 간단한 결정은 아니었다. 각 국가 프로리그의 규정 안에 있는 소집 기간도 아니고, 팀도 다음 시즌을 준비해야 하는 시기라 선뜻 요청을 받아들이기 힘들었다. 그래서 홍 감독과 코칭스태프는 각 구단을 일일이 방문하고, 연락을 하는 등 소집훈련의 필요성과 당위성을 설명하는 설득 작업 끝에 선수들의 장기간 합숙훈련을 성사시켰다.

준비를 많이 한 만큼 홍명보호의 중동 2연전은 런던올림픽을 향한 실크로드가 되어줄 것이라고 믿었다. 하지만 사우디와의 첫 경기에서 기대한 승리를 따내지 못하면서 예상된 진로를 벗어났다.

홍명보호는 올림픽 예선을 치르면서 아킬레스건을 드러냈다. 중동 원정 중 단 한 번도 선제골을 넣지 못하고 상대에게 먼저 점수를 내준 뒤 쫓아가는 형태의 경기만 보여줬다. 요르단과의 2차 예선 원정경기를 비롯해 최종 예선 들어 카타르, 사우디와의 원정에서 모두 같은 패턴의 경기가 이어졌다.

경기마다 사전에 각본을 짜기라도 한 듯 먼저 골을 내주고 힘겹게 무승부를 거두는 모양새가 계속되었다. 그렇다 보니 오만과의 마지막 결전을 앞두고 홍명보호는 정신 무장이 필요했다. 최종 예선

5차전인 오만전은 외나무다리에서 만나는 절체절명의 맞대결이었다. 한국과 오만은 승점 1점 차로 조 1, 2위를 달리고 있었기에 이 한 번의 승부로 런던올림픽 본선 진출권의 향방이 사실상 결정될 수밖에 없었다.

원정경기지만 그래도 한국이 약간은 유리했다. 한국은 오만전에서 승리를 거둘 경우 남은 예선 1경기의 결과와 상관없이 런던행을 확정 지을 수 있었다. 그렇지만 오만이 승리를 거둘 경우 한국을 승점 2점 차로 따돌리고 조 선두로 최종전에 나설 수 있었다. 만약 무승부로 끝난다면 어느 팀도 올림픽 본선행을 장담할 수 없고, 피 말리는 순위 경쟁은 최종 예선의 마지막 경기에서 결판이 날 터였다.

홍명보호에게는 오만을 꼭 꺾어야 할 이유가 적어도 한 가지는 분명히 존재했다. 홍 감독은 사우디전을 마치고 귀국한 자리에서 "오만이 몰수승을 거둔 것이 기분이 썩 좋지 않다. 그 부분이 우리가 오만을 꺾어야 하는 가장 큰 이유이기도 하다. 우리는 어렵게 싸워 승점을 쌓아가고 있는데 오만은 쉽게 승점을 얻었다. 선수들에게도 오만의 몰수승 소식은 충격이었다"면서 선수들에게 확실한 동기부여가 될 것임을 강조했다.

올림픽대표팀은 사우디 원정 직후 해산한 뒤 각자 소속팀으로 복귀했다. 그리고 1주일 뒤 오만과의 결전을 위해 파주NFC에 재소집됐다. 홍명보호는 현지 적응을 위해 곧바로 아랍에미리트연합 두바이로 향했다.

하지만 오만과의 경기를 앞두고 훈련에 나선 선수들의 눈빛에서 결의를 찾아볼 수 없었다. 얼마나 중요한 승부인지, 이 한 번의 경기에 무엇이 걸려 있는지를 선수들이 잠시 망각하고 있는 것처럼 보였다.

오만과의 원정경기에서 승점 3점을 따내지 못한다면 올림픽 본선에 진출하지 못할 수도 있었기에 변화가 필요했다. 그저 최종 예선 경기 중 하나라는 생각을 가지고 있는 선수들의 의식을 바꿔야만 했다. 선수들에게 승리의 간절함을 일깨워줄 필요가 있었다.

홍 감독은 훈련 도중 선수들을 불러 모았다. 그리고 올림픽대표팀 수장으로서 처음이자 마지막으로 선수들에게 쓴소리를 던졌다.

"여러분들이 지금 축구를 얼마나 잘하는지 나는 잘 모르겠어. 근데 자세들은 개판이야 개판! 니네 모습을 보고 있으면 사우디전 끝나고 뭔가 느낀 놈들 같지 않아. 니네 거짓말쟁이야? 새끼들아! 또 골 먹고 나서, 20분, 30분 남은 시간 동안 계속 쫓아가면서 뛰려고 그래? 원정경기 와서 또 그렇게 하겠다는 거야! 나는 다음 오만 경기에 자신이 없다거나 하기 싫은 사람은 정확하게 얘기해줘. 그 사람 빼놓고 가게."

홍 감독의 호통을 듣고 선수들은 서로 눈을 마주치지 못할 만큼 깊이 고개를 떨궜다. 항상 올림픽에 나가는 것이 꿈이요 목표라고 외치던 그들이었기에 자신의 모습이 한없이 작아 보였다. 올림픽 본선 진출이라는 목표를 달성하기 위해서는 희생과 노력이 필요했다. 고비를 넘어서야 더 달콤한 열매를 얻을 수 있다는 사실을 홍 감독의 호통 덕에 깨달을 수 있었다.

홍 감독은 선수들이 경기를 마치는 휘슬이 울리는 그 시간까지 지속적으로 긴장감을 유지하길 원했다. 그래서인지 오만 입성 후 진행된 훈련에서도 선수들이 빈틈을 보이면 홍 감독의 날카로운 비판이 여지없이 날아왔다. 팀의 수장인 감독이 이번 경기를 얼마나 열정을 가지고 대비하는지 선수들은 피부로 느낄 수 있었다.

오만과의 경기 전날, 마지막 훈련을 마친 선수들을 홍 감독이 불러 모았다. 경기 전 선수들에게 마음속에 담아온 메시지를 마지막으로 전하기 위해서였다.

"기본적으로 중동 선수들은 부담감이나 압박감이 우리보다 적다. 저 친구들은 잘되도 알라신이고 못되도 알라신이야. 내일 여러분들은 알라신하고 싸우는 거야. 오만하고 싸우는 게 아니라 알라신하고 싸우는 거라고. 신하고 싸우려면 얼마나 많은 에너지가 필요한지 알고 있겠지? 내일은 그라운드에서 쓰러져 죽을 각오로 싸워야 한다!"

오만과의 경기가 열리는 스타디움에는 관중이 가득 들어찼다. 오만 팬들은 자국의 축구 역사상 첫 올림픽 본선 진출을 염원하며 경기 전부터 일방적인 응원을 퍼부었다. 킥오프 시간이 다가오자 경기장 내 응원 소리와 소음이 극에 달했다.

경기 시작 5분 전, 홍 감독은 입장을 위해 도열한 우리 선수들에게 다가갔다.

"시작되면 바로 뒤로 빼서 정호에게 줘. 그리고 정호, 너는 바로

현성이 머리로 올려."

홍 감독의 목소리가 응원 소리에 파묻혀 아주 작게 들렸지만 무엇을 이야기하는지는 정확히 알 수 있었다. 경기 시작 직후 첫 공격에 대한 지시였다. 보름 전 사우디와의 원정경기에서 동점골을 성공시킨 장면과 똑같은 약속 플레이였다.

양 팀 선수들이 경기 준비를 마치고 이란인 주심인 파그하니 알리 레자가 휘슬을 불자 태극전사들은 홍 감독이 지시한 그대로 움직이기 시작했다.

하프라인에서 김민우가 최후방 중앙 수비수인 홍정호에게 볼을 연결하자 최전방 공격수 김현성을 비롯해 김보경, 남태희, 김민우 등 2선 공격진도 밀물처럼 상대 진영으로 뛰어들었다. 홍정호의 롱패스는 김현성의 머리에 정확히 배달되며 김민우의 발밑에 떨어졌다. 이제 남은 것은 마무리였다. 하지만 김민우의 야심찬 슛 시도는 헛발질로 마무리되며 한국의 첫 공격은 실패로 돌아가는 듯했다.

그때 오만의 수비수가 볼을 걷어낸다는 것이 빗맞아 페널티박스 반대편으로 흘러갔고, 마침 자리를 잡고 있던 남태희가 논스톱 왼발 슛으로 선제골을 터뜨렸다. 전반 휘슬이 울린 지 20초 만이었다. 홍 감독이 지시한 첫 공격 시나리오가 그대로 적중하며 경기는 한국 쪽으로 순식간에 기울었다.

올림픽 예선 원정경기에서 처음으로 리드를 잡은 홍명보호는 급할 게 없었다. 상대의 공격을 차분히 막아내면서 시간을 보내기만 해도 역전을 해야 하는 오만이 애가 탈 수밖에 없는 상황이었다.

한국의 선제골 이후 급격하게 불이 붙은 양 팀의 공방전은 이내 소강상태를 보이며 후반 초반까지도 큰 변화 없이 흘러갔다. 후반 중반에 접어들자 오만은 공격적인 경기 운영을 선택하며 빈틈을 보이기 시작했다. 한국도 오만의 거센 추격을 뿌리치기 위해서는 선제골을 지키는 경기 운영보다는 추가골을 통해 상대의 기를 꺾을 필요가 있었다.

후반 23분, 상대 진영 왼쪽에서 얻은 프리킥 찬스, 박종우가 골문 쪽으로 올린 크로스를 달려들던 김현성이 미끄러지듯 뒷머리로 볼의 방향을 살짝 바꾸며 추가 득점에 성공했다.

남은 시간은 20여 분, 승리를 확신할 수 있는 한 방이었다. 김현성은 최전방 공격수로서 예선에서 많은 득점을 책임지지 못한 아쉬움을 털어내며 런던 가는 길에 축포를 쏘아올렸다.

한국의 추가골에 오만의 다급함은 극에 달했다. 역전이 힘들다면 동점이라도 만들어야 한다는 절박함이 오만 선수들의 얼굴에 묻어났다. 하지만 노련한 한국은 오만을 가만두지 않았다. 김현성의 득점이 터진 지 4분 만에 김보경의 스루패스를 받은 백성동이 다시 한 번 오만의 골네트를 갈랐다. 오만을 녹다운 시키는 쐐기골이었다.

승리를 확신한 한국 선수들이 서로를 격려하며 잠깐의 축제 분위기를 즐기는 사이, 오만 팬들의 돌출행동이 시작됐다. 경기장을 찾은 오만 팬들은 자국 팀에 대한 불만을 그라운드에 오물을 투척하는 것으로 표현했다. 관중석에서 물병과 쓰레기들이 그라운드로 날아들자 심판은 잠시 경기를 중단시켰다.

경기 진행요원들과 선수들이 그라운드에서 위험 물질을 제거하는 사이 대형 사고가 터졌다. 오물 투척으로도 화가 풀리지 않은 오만 팬들이 대형 폭죽을 그라운드에 쏘아댄 것이다. 뿌연 연기를 내뿜으며 그라운드로 날아든 폭죽은 선수들 사이를 아찔하게 지나다 결국 미드필더 한국영 옆에서 터졌다. 깜짝 놀란 한국영이 쓰러지자 의무진이 달려왔고, 상황은 급박하게 돌아갔다. 결국 한국영은 들것에 실려 나가고 말았다.

관중들의 오물 투척에 폭죽까지 더해져 선수들이 경기를 할 수 없는 상황까지 오게 됐다. 홈 팬들의 난동이나 방해로 경기를 치르지 못하면 주최국이 책임을 져야 하기 때문에 이날 경기는 오만의 몰수패를 선언해도 오만은 할 말이 없었다. 하지만 중동계 심판진은 관중들의 소요가 잦아들기를 기다렸다가 15분 만에 경기를 재개했다.

그러나 선수들의 안전이 확보되지 않은 상황이었기에 경기를 마칠 때까지 여기저기서 오물 투척이 이어졌고, 결국 한국 선수들은 경기가 종료될 때까지 위험을 무릅쓰고 그라운드를 지켜야 했다.

분위기는 뒤숭숭했지만 한국은 오만을 맞아 3-0의 대승을 거두고 7회 연속 올림픽 본선 진출의 금자탑을 세웠다. 경기가 끝나자 선수들은 기다렸다는 듯이 홍 감독과 코칭스태프에게 달려가 얼싸안았다. 홍 감독도 아주 오랜만에 환하게 웃는 모습으로 어려운 상황에서도 자신을 믿고 잘 따라준 제자들을 일일이 안아주며 고마움을 전했다. 관중들의 소요사태에도 불구하고 태극 전사들은 홍 감독과 코치진을 헹가래 치며 감사함을 표시했다.

홍명보호는 오만전 승리를 통해 많은 것을 얻었다. 올림픽 본선 티켓이 전부가 아니었다. 20세 초반의 어린 나이에 극도의 긴장감을 이겨내고 결전의 순간을 침착하고 의연하게 대처하는 것만으로도 그들은 이미 한 단계 성장한 것이나 다름없었다. 홍 감독도 올림픽대표팀 선수들이 이 순간에 만족하거나 멈추지 않고 미래를 위해 더 높이 나아가길 바랐다.

홍 감독은 오만전 직후 인터뷰를 통해 "2009년에 청소년대표팀을 맡으면서 두 가지 목표를 세웠다. 첫 번째는 올림픽 본선 진출이었고, 다른 하나는 이 선수들을 골든 제너레이션(황금세대)으로 성장시키는 것이었다. 선수들이 지금처럼만 성장을 지속적으로 해준다면 7~8년 혹은 10년까지는 좋은 인재들로 커갈 것이라고 생각한다"라고 뿌듯함을 전했다.

홍명보호는 9개월간의 올림픽 예선 대장정을 통해 진정한 한국 축구의 미래 동력으로 떠올랐다. 하지만 아시아를 넘어 세계 무대에서도 그 진가를 계속 발휘할 수 있을지 의문을 품는 사람은 아직 많았다.

이전 세대와 차별화되는 홍명보호만의 도전은 이제부터가 진짜 시작이었다.

홍명보 감독은 경기 직후 공식 기자회견을 통해 해피엔딩으로 끝난 4년간의 대장정을 이렇게 마무리했다. "우리 팀이야말로 진정한 드림팀이다. 좋은 선수들이 모여서 드림팀이 아니다. 꿈을 이룰 수 있는 팀이기 때문이다. 이 선수들이 한국 축구의 자산으로 많은 활약을 해주길 마지막으로, 감독으로서 부탁하고 싶다."

PART **5**

2012년
런던올림픽 본선

01 운명의 한일전, 긴박했던 72시간

한일전 D-3

영국 맨체스터 올드트래퍼드 경기장, 브라질과의 2012 런던올림픽 준결승 직후 한국 대표팀의 라커 룸.

모두들 고개를 숙인 채 한숨만 쉴 뿐 누구도 먼저 입을 열지 못했다. 불과 3일 전 개최국 영국을 꺾고 사상 첫 올림픽 4강 진출에 성공한 뒤 라커 룸에서 가수 싸이의 〈강남스타일〉을 틀어놓고 미친 듯이 말춤을 추며 기뻐하던 20대 초반 청년들의 발랄함은 찾아볼 수 없었다. 그만큼 패배의 충격은 컸다.

홍명보호는 올림픽대표팀 체제로 전환한 2011년 3월 17일 중국과의 평가전부터 1년 4개월간 21경기를 치르면서 단 1패도 당하지 않았다. 그들에게 '무패 행진'은 잃고 싶지 않은 훈장이자 어떤 상대를 만나도 지지 않을 수 있다는 자신감을 불어넣어준 과정이었다. 정작 경기에서 패한다는 것이 어떤 두려움을 주는지 그들은 알지 못했다.

하필이면 결승으로 가는 가장 중요한 그 순간 브라질에게 0-3으로 완패를 당했다. 그리고 동메달 결정전의 상대는 숙명의 라이벌 일본으로 정해졌다.

일본과의 3~4위전은 아시아 축구 맹주의 자리를 놓고 벌이는 자존심 싸움이자 선수들에게는 병역면제가 걸린 중요한 한판이었다. 지금까지 쌓아온 모든 것이 신기루처럼 한 방에 사라질 수도 있는 위험한 승부! 그 중압감이 라커 룸 안을 휘몰아쳤다.

홍명보 감독이 라커 룸으로 들어서자 선수들은 눈을 마주치지 못했다. 그라운드에서 맥없이 무너진 미안함과 아쉬움이 선수들의 얼굴에 교차했다.

홍 감독은 선수들의 마음을 누구보다 잘 알았다. 하지만 선수들이 흔들리는 모습을 가만히 두고 볼 수만은 없었다. 일본과의 동메달 결정전까지 남은 시간은 단 3일. 감독으로서 선수들을 일으켜 세워야만 했다. 홍 감독은 선수들을 바라보며 무겁게 입을 열었다.

"고개 숙이지 마라. 아직 끝난 게 아니다. 우리에게는 또 다른 결승전이 남아 있다."

홍 감독의 말이 선수들의 심장에 꽂혔다. 이미 지나간 경기, 패배의 아쉬움은 접어두고 마지막 한 경기를 위해 모든 것을 사르겠다는 의지가 불타올랐다. 비록 결승 진출이 좌절됐지만 '우리에게 남은 또 다른 결승전'이 기다리고 있다는 사실에 선수들은 설레기 시작했다.

마음을 추스른 선수들은 믹스트존(mixed zone, 공동취재구역, 기자와 선수가 뒤섞이는 곳이라고 해서 붙여진 이름)에서 과거보다는 미래를 이야기했다. 일본전을 앞두고 있어서인지 선수들의 눈빛에서는 비장함까지 느껴졌다.

"여기까지 왔지만 고비를 넘기지 못해 웸블리(결승전 장소)로 돌아가지 못하게 됐다. 이제 우리에게 중요한 것은 정신 무장이다. 유종의 미를 거두겠다." 주장 구자철

"일본과의 대결이라 부담이 크다. 여기서 이겨내야 한다. 일본을 이기면 금메달을 딴 것처럼 기쁠 것이다. 선수들은 라이벌전이니만큼 120%의 능력을 발휘할 것이다." 미드필더 기성용

"잘 준비해 죽을힘을 다해 뛰겠다. 우리는 조직력이 강하다. 붙으면 100% 이길 수 있다." 미드필더 박종우

한일전 D-2

대표팀의 아침 식사 시간.

홍명보 감독은 선수들을 지켜보며 잠시 생각에 잠겼다. 선수들은 너 나 할 것 없이 피곤한 모습이 역력했다. 3일 간격으로 시합을 치러야 하는 빡빡한 일정, 게다가 경기 직후마다 다음 경기 일정 때문에 장거리 이동에 시달리다 보니 선수들은 녹초가 되었다.

경기 다음 날의 피로감은 경기 결과에 따라 극명하게 갈린다. 영국과의 8강전에서는 전반전, 후반전에 연장전까지 총 120분이 넘게 혈투를 펼쳤지만 승부차기 끝에 승리를 했기에 선수들은 이튿날 회복훈련에서 활기찬 모습을 보였다. 하지만 브라질과의 준결승전 후에는 육체적 피로에 패배에 따른 자괴감까지 더해져 선수들의 상태는 그다지 좋지 못했다. 대표팀 관계자는 기자단에게 "아침 식사 시간은 비교적 차분했습니다. 패배의 영향도 있고, 일본전에 대한 부담감도 무시할 수 없죠"라고 분위기를 전해줬다.

홍 감독은 제자들의 몸 상태를 누구보다 잘 알았다. 회복훈련을 위해 훈련장까지 오가는 왕복 1시간의 이동 시간조차도 선수들에게 부담이 될 수 있었다. 홍 감독은 코칭스태프와 짧은 논의 끝에 오전 회복훈련을 전격 취소했다. 대표팀의 숙소인 맨체스터 메리어트 호텔 입구에는 훈련장으로 갈 대표팀 버스가 대기하고 있는 상황이었기에 갑작스러운 취소 결정에 지원스태프도 적잖이 놀랐다.

홍명보호가 7월 15일 영국에 입성한 이후 예정된 훈련을 취소한 것은 이번이 두 번째였다. 첫 번째 훈련 취소는 조별 리그 3차전을 위해 런던으로 입성한 뒤 하루 두 차례 훈련이 계획돼 있던 날의 오전 훈련을 생략한 것이었다. 하지만 이번 취소는 성격이 확실히 달랐다. 회복훈련이 이날 훈련의 전부였기 때문이다. 이 시점에서는 훈련보다 선수들의 안정과 휴식이 우선이라고 판단한 홍 감독은 선수들에게 호텔 뒤뜰에서 가볍게 몸을 풀라고 지시했다.

그날 오후 홍명보호는 예정대로 맨체스터를 떠나 결전지인 카디프로 이동했다. 영국과의 8강전 이후 3일 만에 다시 찾은 카디프는 홍명보호에게 낯선 곳이 아니었다. 하지만 숙소인 카디프 힐튼 호텔의 분위기는 사뭇 달랐다. 일본 대표팀과 한국 대표팀이 같은 호텔을 사용하게 돼 미묘한 긴장감이 흘렀다.

올림픽 조직위원회는 양국 선수들이 불필요하게 마주치는 것을 방지하기 위해 층을 달리해 방을 배정했다. 한국 선수들은 3층, 일본 선수들은 5층을 사용했다. '비무장지대' 격인 4층은 양국 대표팀 관계자들 차지였다. 물론 4층도 건물 중앙에 위치한 엘리베이터를 기준으로 오른쪽은 한국팀 관계자, 왼쪽은 일본팀 관계자로 나누어 방을 배정했다.

하지만 식사 시간이나 휴식 시간에는 식당과 로비 등에서 양 팀 선수들과 코칭스태프가 자연스럽게 마주쳤다. 한 호텔에 두 대표팀이 상주하다 보니 답답한 쪽은 일본이었다. 한국팀에는 일본어 능통자가 꽤 많았다. 일본 J리그에서 활동한 홍명보 감독과 황보관 기술위원장을 비롯해 차영일 미디어담당관 등은 일본인과의 의사소통에 큰 문제가 없을 정도였다. 게다가 일본인인 이케다 코치까지 한국팀에 있다 보니 일본팀 관계자들은 호텔 내 어디에서도 편하게 대화를 나눌 수 없는 처지가 됐다.

양국 대표팀 관계자들은 평소 친분이 두터운 사이였다. 하지만 동메달을 놓고 싸우는 절체절명의 경기를 앞둔 만큼 숙소에서도 서로의 역할에 충실하기 위해 접촉을 극도로 꺼렸다. 당시 대표팀 관계자는 "서로 눈도 마주치지 않는다"며 숙소 분위기를 귀띔했다.

모두가 마지막 한 경기를 위해 달려가고 있는 그 순간, 한국팀 코칭스태프 이케다 코치는 만감이 교차했다. 그는 누구에게도 속 시원히 털어놓을 수 없는 고민을 안고 있었다.

한국과 일본이 메이저 대회 본선에서 메달을 놓고 승부를 벌이는 것은 사상 초유의 일이었다. 이케다 코치를 비롯해 그 누구도 올림픽을 준비하면서 이런 상황이 올지 예상하지 못했다. 코칭스태프로 참여해 4년간 한국 대표팀과 함께했지만 그의 조국은 엄연히 일본이다. 그렇다고 드러내놓고 자신의 어려움을 토로할 수도 없었다. 그는 '컴플리케이트(complicate, 복잡하다)'를 혼잣말로 되뇌며 힘든 시간을 보냈다.

한일전 D-1

경기 전날 오후 카디프대학 트레이닝 필드.

결전의 시간이 다가오자 선수들의 눈빛도 달라졌다. 런던올림픽 마지막 훈련이자 일본전을 하루 앞둔 비공개 훈련을 마친 선수들은 믹스트존을 통과하면서 취재진과 편안하게 이야기를 주고받던 이전과는 달리 극도로 말을 아꼈다.

"죄송해요. 오늘은 무슨 이야기든지 하고 싶지가 않네요. 경기 마치고 편하게 인터뷰할게요. 죄송합니다."

마지막 한 경기를 앞두고 집중해야 할 선수들에게 취재진도 무리한 요구는 하지 않았다. 그저 "한일전 끝나고 꼭 웃는 얼굴로 이야기하자"는 말을 남길 뿐이었다.

고요하던 선수단의 귀갓길은 갑작스러운 호통 소리로 인해 살벌한 분위기로 변했다. 홍명보호 선수들이 믹스트존을 거의 빠져나온 시점에 대표팀 버스 쪽에서 큰소리가 들려왔다. 버스에 탑승해 있던 홍 감독이 다시 내려서 미디어담당관의 이름을 호통치듯 부른 것이다.

미디어담당관을 질책한 표면적인 이유는 훈련을 마친 선수들이 휴식을 취해야 하는 상황에서 취재진과 인터뷰를 하면서 전체 선수단의 이동 시간이 지체됐기 때문이다. 홍 감독은 선수들의 컨디션을 각별히 신경 쓰는 편이다. 훈련을 하며 땀을 흘린 뒤 급격하게 체온이 떨어지는 것을 방지하기 위해 버스로 이동하는 시간을 되도록 최소화하는 것을 원칙으로 삼는다. 하지만 이날의 풍경이 이전 훈련 직후와 크게 다르지 않았던 상황에서 홍 감독이 직접 나선 것은 취재진에게 의외의 행동으로 받아들여졌다.

그러나 4년 전 상황을 떠올리면 홍 감독의 호통은 충분히 이해가 갔다. 홍명보의 첫 메이저 대회였던 2009년 이집트에서 열린 20세 이하 청소년월드컵 당시, 대표팀 선수 중 절반 이상이 대학생이었다. 당시 프로에서 활동하며 주목받던 조영철, 이승렬 등 유망주들이 속해 있었지만 대부분 선수들이 무명에 가까웠다.

당시 대표팀은 철저한 무관심 속에서도 8강 진출이라는 역사를 만들어냈다. 하지만 홍 감독은 대회 직후 결산 인터뷰에서 "과도한 관심이 독이 됐다"며 아쉬움을 표했다.

어린 선수들은 출국 직전까지만 해도 전혀 관심을 받지 못하다 16강에 이어 8강까지 진출하면서 스포트라이트를 받기 시작했다. 대표팀에 큰 기대를 걸지 않았던 국내 취재진도 8강 진출 이후에야 긴급히 대회 장소인 이집트로 모여들었다. 당시 필자는 조별 리그 1차전부터 현장에서 취재하고 있었기에 자고 일어나면 사람이 늘어나고, 자고 일어나면 사람이 늘어나던 그 광경이 생생히 기억난다. 결국 과도한 관심이 더 높은 곳으로 갈 수 있었던 선수들에게 부담으로 작용했다는 것이 홍 감독의 생각이었다.

일본과의 결전을 앞둔 이날도 2009년을 떠올릴 만큼 상황이 비슷했다. 8강 진출 직후만 해도 홍명보 훈련장에는 그리 많다고는 할 수 없는 수의 취재진만 모였다. 런던올림픽에 취재차 파견된 기자들에게 축구는 올림픽의 수많은 종목 중 하나일 뿐이었다. 하지만 일본과의 동메달 결정전이 확정된 뒤에는 엄청난 수의 취재진이 몰려들었다.

홍 감독은 시간이 지난 뒤 당시 심경을 이렇게 밝혔다.

"사실 그때는 미디어담당관에게 무척 화가 났다. 미디어담당관은 우리와 함께 4년을 지내왔기에 팀의 룰을 누구보다 잘 아는 사람이다. 그래서 더 가만히 있을 수 없었다. 나는 언론도 우리 팀의 일원이라고 생각한다. 우리가 축구를 하는 것처럼 언론도 우리를 취재하는 것이 중요하다. 그날은 일본전을 앞두고 선수들의 컨디션을 더 각별히 신경 써야 하는 중요한 시점이었다. 그런데 한 차례 방송 인터뷰를 마친 선수가 또 다른 방송 인터뷰를 위해 미디어담당관의 손에 이끌려 이동하는 것을 보고 이래서는 안 되겠다고 생각했다."

한일전 킥오프 24시간 전

홍명보 감독은 일본과의 동메달 결정전을 앞두고 공식 기자회견을 위해 경기가 열릴 카디프 밀레니엄 스타디움을 찾았다. 기자회견장으로 이동하는 복도에서 낯익은 얼굴들이 보였다. 바로 일본 대표팀의 수장인 세키즈카 다카시 감독 일행이었다.

세키즈카 감독이 먼저 기자회견을 마치고 경기장을 빠져나가는 길에 홍 감독과 원치 않은 조우를 한 것이었다. 세키즈카 감독과 함께 있던 일본 대표팀의 영어 통역도 홍 감독이 1999년부터 4년간 뛰었던 J리그 가시와 레이솔의 영어 통역을 담당한 직원으로 홍 감독과는 구면이었다.

홍 감독은 올림픽 본선을 앞두고 J리그에서 활동하고 있는 국내 선수들의 컨디션 점검을 위해 일본을 찾았을 때 세키즈카 감독과 함께 식사를 한 적이 있다. 두 감독에게 다리를 놓아준 것은 이케다 피지컬 코치였다.

이케다 코치와 세키즈카 감독은 동갑내기 친구에다 와세다 대학 1년 선후배 관계였다. 이케다 코치 주선으로 두 감독이 만나 올림픽 본선에서 양 팀의 선전을 빌며 협력 관계를 유지하자는 이야기를 나눴다. 식사를 마치고 세 사람이 찍은 기념사진이 홍 감독의 핸드폰에 저장돼 있을 정도다. 그때만 해도 한국과 일본이 올림픽 본선에서 만날 것이라는 생각은 전혀 하지 못했다. 한국과 일본은 본선 조 편성상 결승전 또는 3~4위전이 아니라면 만날 수 없었기 때문이다.

일본은 런던올림픽 본선 직전 영국 노팅엄에서 한국의 조별 리그 1차전 상대인 멕시코와 평가전을 치렀다. 당시 일본축구협회는 홍 감독을 비롯한 코칭스태프의 참관을 흔쾌히 허락하며 지원을 아끼지 않았다.

홍 감독도 세키즈카 감독과의 만남이 조금은 불편했다. 눈이 마주치자 홍 감독이 먼저 일본어로 가볍게 인사를 전했다. 세키즈카 감독도 살짝 손을 들어 반가움을 표했지만 짧은 만남일 뿐 더 이상

오른쪽부터 홍명보 감독, 이케다 세이고 코치, 세키즈카 다카시 감독.

의 대화는 이어지지 않았다.

찰나의 순간이었지만 홍 감독은 세키즈카 감독의 얼굴에 근심이 가득하다는 느낌을 강하게 받았다. 그리고 우리가 이길 수 있다는 자신감을 얻었다.

홍 감독은 귀국 후 당시를 회상하며 이렇게 말했다.

"세키즈카 감독의 얼굴이 반쪽이더라. 자신감도 없어 보였다. 물론 우리 쪽도 부담스럽기는 마찬가지지만 세키즈카 감독의 얼굴은 경기 전날 표정치고는 매우 좋지 않았다. 그때부터 나는 대표팀 선수 중에서 유일하게 경기에 출전하지 못한 김기희를 언제 투입할지 고민했다. 이길 수 있다는 가정하에 마지막을 어떻게 장식할지를 생각한 것이다."

홍 감독은 기자회견장에서 비교적 차분하게 답변을 이어갔다. 이번 대결을 일본과의 역사적인 관계나 독도 분쟁과 연관시키는 취재진의 질문에도 그는 오로지 그라운드 안에서의 승부 이외에는 신경 쓰지 않겠다는 의지를 밝혔다. 반대로 이번 대결이 아시아 축구의 더 높은 발전과 번영의 시작점이 될 것이라는 긍정적인 면을 강조했다. 홍 감독은 "이기는 것에만 집중하겠다"는 각오를 밝히며 기자회견장을 떠났다.

하지만 홍명보 감독이 그 자리에서 진짜 하고 싶은 이야기는 따로 있었다. 일본에 대한 선전포고였다. 그는 대회 직후 일본과의 대결을 앞두고 꼭 하고 싶었던 이야기를 뒤늦게야 털어놨다.

"(대한민국 사람이라면) 누구나 우리가 이길 것이라 생각한다. 하지만 냉정하게 보면 현재 한국과 일본 축구의 격차는 점점 벌어지고 있다. 일본은 정말 영리한 축구를 하고 있다. 나도 일본 축구가 세계적인 수준에 도달해 있다고 인정한다(역대 최고 피파 랭킹: 1998년 일본 9위, 한국 17위. 2012년 12월 현재 피파 랭킹: 일본 22위, 한국 35위). 이번에 우리가 일본을 꺾지 못한다면 아마 앞으로 한국은 일본에게 어떤 연령대든 승리를 따내기 쉽지 않을 거라 생각했다. 그래서 기자회견 말미에 '세계 최고가 되고 싶다면 나를 넘어라' 라는 말을 일본에게 꼭 하고 싶었다."

홍 감독은 기자회견에서 자신이 하고 싶었던 말이 목까지 올라왔지만 꾹 참았다. 일본의 승부욕을 자극하는 발언이 경기에 좋은 영향을 미치지 않으리라는 판단 때문이었다.

홍 감독은 일본전을 앞두고 선수들에게 특별히 언론과의 인터뷰에 대한 가이드라인을 제시했다. 홍 감독은 "한일전이라는 자체만으로도 선수들의 집중력이 높아진다. 거기다 호승심을 자극하는 빌미를 우리 쪽에서 던져준다면 좋을 게 없다. 우리와의 대결을 앞두고 일본팀이 하나로 뭉칠 수 있는 계기를 만들어주기 싫었다. 그래서 선수들에게 취재진이 일본 선수나 일본팀에 대해 질문해오면 부정적인 평가보다는 긍정적인 평가를 해주라고 지시했다. 한국 선수들이 일본을 잘한다고 떠받들어주면 조금이라도 방심하지 않겠나 하는 생각도 깔려 있었다"라고 설명했다.

그런데 누구도 예상치 못한 변수가 터졌다. 한일전이 열리기 하루 전 이명박 대통령이 전격적으로 독도를 방문한 것이다.

대한민국 역사상 처음으로 현직 대통령의 독도 방문이 이뤄지자 일본 언론은 격한 기사를 쏟아냈다. 결전을 앞둔 양국 선수들도 세계적인 이슈로 떠오른 이명박 대통령의 독도 방문 소식을 어떤 형태로든 접했을 것이다. 국내에서도 이명박 대통령의 독도 방문을 계기로 한일전에 대한 관심이 더욱 높아졌다. 올림픽 축구 동메달 결정전을 독도를 놓고 싸우는 두 국가의 대리전처럼 받아들이는 사람들도 있었다.

이명박 대통령의 독도 방문은 시기상 일본팀을 단합시키는 자극제 역할을 할 수 있었다. 한국팀 입장에서는 이번 경기를 이기지 못한다면 지금까지 쌓아온 노력이 물거품이 될 뿐만 아니라 순식간에 비난의 화살을 맞을 수도 있는 상황까지 몰렸다.

한일전 킥오프 20시간 전

홍 감독은 경기 전날 밤 일본전을 앞둔 마지막 선수단 미팅에서 승부수를 던졌다. 그동안 홍명보호가 보여준 경기 운영과는 확연히 다른 전술을 제시한 것이다.

홍 감독은 통상적인 경기 운영으로는 일본에게 이기기 쉽지 않다는 결론을 내렸다. 그는 선수 시절 일본 J리그에서 활약했기에 누구보다 일본 축구를 잘 알았다.

"현역 시절에도 1994년 카타르 도하에서 열린 미국월드컵 최종예선에서 일본에게 졌을 뿐, 그 이후로는 한 번도 져본 적이 없다. 3~4위전이 일본과의 대결로 결정됐을 때 내 마음은 편했다. 왜냐하면 내가 일본 축구를 잘 알기 때문이다. 이길 수 있는 방법이 분명히 있다고 확신했다."

홍 감독이 말한 '이길 수 있는 방법'은 크게 두 가지였다.

첫 번째는 일본팀이 자신들의 강점을 그라운드에서 발휘하지 못하도록 만들자는 전략이었다.

일본 선수들은 어린 시절부터 기술 축구에 익숙해 쇼트패스를 통한 중원 싸움에 강한 모습을 보였다. 홍명보호의 장점도 톱니바퀴 조직력을 통한 중원 싸움이었다. 한국은 대회 우승을 차지한 멕시코와의 경기를 비롯해 모든 본선 경기에서 주도권을 장악했다. 그만큼 조직력과 체력 면에서는 세계적인 수준의 팀이었다. 하지만 홍명보 감독은 일본전에서는 우리가 잘할 수 있는 플레이를 잠시 접어두고, 이기기 위한 맞춤형 전술로 상대를 압박하기로 결정했다.

위험하고 파격적인 시도였다. 홍명보가 지난 4년간 갈고닦은 콤팩트한 축구를 승리를 위해 과감히 버린 것이다.

기존의 수비 시스템을 버리고 수비 라인과 공격 라인의 간격을 최대한 넓혀 일본의 정확도 높은 패스워크를 통한 수비 뒤 공간 침투를 사전에 막아내겠다는 계산이었다. 공격에서도 그동안 보여줬던 중원을 거쳐 가는 패스 플레이를 지양하고, 대신 롱패스로 일본의 수비진을 한 번에 무너뜨리겠다는 계획을 세웠다. 즉 공격 전개 작업에서도 되도록 중원을 거치지 않고 상대 측면 수비수들 뒤 공간으로 곧바로 볼을 투입해 득점 찬스를 만들겠다는 복안이었다.

두 번째 필승 전략은 '기 싸움'이었다. 홍 감독은 기 싸움에서 이겨야 경기도 이길 수 있다고 생각했다.

선수단과 같이 일본과 멕시코의 준결승전 비디오 분석을 하던 홍 감독은 갑자기 "스톱"이라고 외쳤다. 경기 흐름상 중요한 장면은 아니었다. 중원에서 선수들이 공중 볼 다툼을 위해 헤딩 경합을 벌이는 장면에서 화면을 멈추라고 지시한 것이다. 선수들이 의아한 눈빛으로 홍 감독을 바라봤다.

홍 감독은 선수들의 눈을 바라보며 강하게 주문했다.

"저런 상황이 오면 바셔버려(부숴버려)!"

4년이라는 기간 동안 미팅 중 격한 표현을 사용한 것은 이때가 유일했다. 이 한마디에 선수들은 이번 경기를 어떻게 풀어가야 할지 깨달았다. 지금까지와는 달리 상대와 거칠게 다투라는 의미였다.

마지막 경기라는 특성상 경기장에 나서는 11명의 선수 모두가 옐로카드를 1장씩 받더라도 경기에는 아무런 지장이 없다. 퇴장만 당하지 않는다면 상대의 기를 죽이기 위해 어느 정도의 과격한 플레이가 필요하다는 주문이었다.

D-Day

운명의 날이 밝았다.

한일전 역사상 가장 치열한 승부를 앞두고 홍명보호 선수들은 비장함을 온몸에 감고 똘똘 뭉쳤다. 말 그대로 '올인'을 해야 할 한 판이었고, 58년 만에 펼쳐지는 물러설 수 없는 맞대결이었다.

1954년 3월 7일, 대한민국 축구대표팀의 첫 한일전이 열린 날이다. 스위스월드컵 예선을 치르기 위해 당시 국가대표팀은 일본 도쿄에서 숙명의 맞대결을 펼쳤다. 해방된 지 얼마 되지 않은 시점이었기에 반일 감정이 극에 달해 있을 때였다.

대한민국 정부 초대 외무장관을 지낸 장택상 당시 대한축구협회

회장은 일본 원정을 떠나는 선수단에게 "한일전에서 지면 현해탄(대한해협)에 빠져 죽어라!"라는 말로 승리에 대한 강력한 의지를 밝힌 것으로 유명하다. 당시 대표팀은 두 차례 원정경기에서 악조건을 이겨내며 1승 1무를 기록해 월드컵 본선 무대에 처음으로 진출했다. 한국 축구 역사상 첫 메이저 대회 참가를 확정한 순간이었다.

58년이 지난 2012년 8월 11일(한국 시간).

한국 축구는 또다시 한일전을 통해 역사상 첫 도전에 나서게 됐다. 역사는 돌고 돈다고 하더니 각본 없는 드라마처럼 결정적인 순간에 일본과의 맞대결이 성사된 것이다.

굳이 한일전이 아니었더라도 이번 대결은 양국에 상당한 의미가 있는 경기였다. 메이저 대회 사상 첫 메달을 노리는 한국과 44년 만에 올림픽 메달에 도전하는 일본(1968년 멕시코올림픽 동메달)은 서로를 넘어서야만 목표를 달성할 수 있었다. 경기를 앞둔 홍명보는 58년 전 대한해협을 건너던 대표팀과 같은 심정으로 경기장에 들어섰다.

홍명보 감독은 경기 직전 선수들에게 런던올림픽 기간 중 유도 종목에서 인간 승리의 드라마를 보여준 금메달리스트 김재범의 이야기를 꺼내며 강인한 정신력을 강조했다(남자 유도 81kg급을 제패한 김재범은 4년 전 베이징올림픽에서 패배를 안긴 독일의 올레 비쇼프를 결승전에서 다시 만나 설욕전을 벌이고 꿈에 그리던 금메달을 목에 걸었다).

"이번 런던올림픽에서 어려운 상황을 딛고 좋은 성적을 거둔 선수들이 많아. 그중에서 난 유도 김재범이 금메달을 딴 직후 한 소감이 정말 마음에 와 닿더라. 김재범 선수가 뭐라고 했는지 알아? '지난 올림픽에서는 죽기 살기로 했다. 하지만 이번 올림픽에서는 죽기 살기에서 살기를 뺐다'고 하더라. 장수가 전쟁에 나가면서 살아 돌아오겠다고 생각하면 분명히 죽는다. 하지만 전쟁에서 죽겠다는 각오로 싸우면 살아 돌아올 수 있어. 너희들도 명심하길 바란다."

선수들은 전날 미팅에서 홍 감독이 지시한 일본전 필승 전략과 경기 직전 라커 룸에서 전한 '사즉생 생즉사(死則生 生則死)'의 메시지를 마음속에 품고 그라운드로 나섰다.

H-Hour

2012년 8월 10일 카디프 밀레니엄 스타디움 오후 7시 45분(현지 시간). 드디어 킥오프 휘슬이 울렸다.

선수들은 홍 감독이 지시한 대로 거친 플레이로 일본 선수들에 맞섰다. 예상대로 심판의 경고가 줄을 이었다. 전반전에만 기성용, 오재석, 구자철 세 선수가 거친 몸싸움을 벌이다 옐로카드를 받았다. 하지만 홍 감독은 동요하지 않았다. 경험이 많은 선수들이기에 경고 관리를 잘해낼 것이라는 믿음이 있었다.

홍명보호는 예쁘고 아름다운 축구를 포기했다. 대신 일본이 단 1초도 볼을 여유 있게 가지고 있지 못하도록 집요하게 압박했다. 한국 선수들은 몸싸움을 두려워하지 않았다. 볼을 놓고 상대와 경합을 벌일 때는 발이 아닌 몸과 머리를 먼저 들이밀 정도로 투지를 보였다.

90분간 한국팀이 4장, 일본팀이 3장의 옐로카드를 받을 만큼 이날의 경기는 격렬했다.

격렬한 몸싸움으로 경기가 자주 중단됐다. 반칙을 당한 선수는 그라운드에 누워 부상을 치료받는 시간이 필요했고, 반대로 반칙을 선언받은 선수는 심판에게 어필을 하면서 경기 흐름이 뚝뚝 끊어졌다.

코너킥과 프리킥 준비를 하는 상황에서 벌어지는 자리싸움은 곧 기 싸움으로 연결됐다. 좋은 위치를 선점하기 위해 그라운드 안에서 허용되는 거친 플레이를 총동원했다. 필요하다면 상대 유니폼을 잡아당기는 것은 물론 심판의 눈이 닿지 않는 곳에서는 비신사적인 플레이가 나오기도 했다. 양 팀 선수들은 동료가 거친 파울로 쓰러지면 움츠러들지 않고 더욱 거세게 상대를 몰아붙였다. 하나를 받으면 반드시 하나 이상을 돌려주는 식이었다.

전반 38분.

팽팽하던 균형이 한순간에 무너졌다. 수비 진영 왼쪽에서 일본의 공격을 막아낸 오재석이 최전방에서 공간을 찾아 움직이는 박주영에게 롱패스를 연결했다. 박주영은 볼을 잡고 상대 수비수들의 위치를 살핀 뒤 곧바로 골문을 향해 드리블을 시작했다.

페널티박스 인근까지 박주영이 볼을 몰고 갈 때까지만 해도 일본 수비수들은 수적 우세를 감안해 볼을 뺏으려는 적극적인 움직임을 보이지 않았다. 그 순간 박주영은 방향 전환을 통해 4명의 수비수들을 농락하듯 제치고 오른발 슛을 쐈다. 박주영의 발끝을 떠난 볼은 골키퍼 곤다가 힘껏 뻗은 손을 지나치면서 골네트를 때렸다. 한국팀 벤치에서는 홍명보 감독을 비롯한 코칭스태프가 일제히 그라운드로 뛰어나오며 환호했고, 일본팀 벤치는 굴욕적인 득점 장면에 고개를 떨궜다.

홍명보호는 박주영의 선제골 이후에도 계획했던 전략대로 경기를 운영했다. 공·수 간격을 넓힌 한국의 경기 운영으로 일본의 장점인 중원 플레이는 무용지물이 됐다. 또한 한국 선수들의 투지 있는 플레이에 위축된 일본 선수들은 시간이 갈수록 움츠러드는 모습을 보였다.

후반 11분.

골키퍼 정성룡의 긴 골킥이 일본 진영 정중앙에 서 있는 박주영을 향해 날아갔다. 그 순간 구자철은 동물적인 감각으로 골문을 향해 전력 질주했다. 박주영이 백헤딩한 볼은 구자철의 발로 물 흐르듯이 이어졌고, 골문을 슬쩍 바라본 구자철은 오른발 슛으로 골문 구석을 겨냥했다. 구자철을 마크하던 수비수 발 사이로 슛이 통과하며 볼은 골문 왼쪽 구석에 꽂혔다.

구자철의 쐐기골은 약속된 플레이로 만들어낸 하나의 작품이었다. 본선을 준비하면서 최전방 공격수인 박주영은 자신이 직접 득점에 참여하는 것만큼이나 동료들에게 득점 찬스를 연결하는 이타적인 플레이에도 신경을 썼다.

박주영은 전방 침투 기회가 잦은 구자철에게 "나한테 롱패스가 날아오면 넌 내 뒤로 뛰어들어가!"라는 지시를 자주 했다. 조별 리그 첫 경기인 멕시코전 후반 7분에도 박주영의 백헤딩에 이은 구자철의 슛이 골대를 강타하며 득점으로 이어지지는 않았지만 약속된 콤비 플레이의 가능성을 보여줬다. 결국 마지막 경기, 가장 중요한 순간에 박주영-구자철로 이어지는 그림 같은 득점 장면이 나왔다.

구자철은 득점 직후 선수들을 끌어 모았다. 경기 전 생각해둔 세리머니를 펼칠 시간이 됐기 때문이다. 한국팀 벤치로 향한 선수들은 만세 삼창을 부르며 일본 격침에 환호했다.

2-0으로 앞선 후반 종료 직전.

홍명보호는 아름다운 마무리를 준비했다. 본선 6경기 동안 단 1분

2-0으로 승리를 굳힌 후 펼친 만세 삼창 세리머니.

도 출전하지 못한 김기희가 하프라인 인근에서 교체 출전을 위해 등장했다. 대한민국 병역법에 따르면 올림픽에서 동메달 이상을 획득할 경우 병역면제 사유가 된다. 단 단체종목 선수는 올림픽 본선에서 1분이라도 출전을 해야 병역면제 대상이 되기 때문에 김기희의 일본전 출전은 경기 결과만큼이나 핫이슈로 떠올랐다. 후반 종료 직전 2점 차의 리드 상황은 김기희 투입을 위한 최상의 조건이었다.

홍 감독은 승리를 눈앞에 두고 있어 정신이 없던 나머지 구자철을 대신해 김기희를 그라운드에 투입하면서 막상 김기희에게 무엇을 해야 하는지 말해주지 못했다.

홍 감독은 "런던올림픽 기간 중 가장 큰 실수라면 김기희에게 역할 부여를 해주지 못한 것이죠. 기희가 '저 어디에 서야 되나요?'라고 묻더군요. 그 말을 들으니 아차 싶어 일본팀 주장 따라다니라고 했습니다"라며 자신의 실수를 유쾌하게 밝혔다.

후반 종료를 알리는 휘슬이 울리자 홍명보호의 선수들과 코칭스태프는 너 나 할 것 없이 그라운드로 뛰어나와 서로를 얼싸안고 승리의 기쁨을 나눴다.

사상 첫 올림픽 동메달!

그저 막연한 꿈이라고 생각했던, 그 누구도 실현하지 못했던 목표가 현실이 된 순간이었다. 올림픽 준비 과정에서 겪은 고통의 순간들이 모두의 머릿속을 주마등처럼 스쳐 지나가면서 눈가에는 촉촉한 눈물이 고이기 시작했다.

선수들은 관중석으로 다가가 팬들에게 태극기를 받아 들고 대한민국 국민이라는 자부심을 뽐내기 위해 그라운드를 뛰며 어린아이들처럼 기뻐했다.

다들 기쁨에 젖어 있던 그 순간 박종우의 독도 세리머니 해프닝이 있었다. 태극기를 들고 환호하던 박종우는 한 관중이 전해준 "독도는 우리땅"이라고 적힌 종이를 자랑스럽게 펼쳐들고 뒷풀이를 펼쳤다.

홍명보 감독은 독도 세리머니에 대해 "우리 팀에는 일본인 코치(이케다 세이고)가 있다. 만약 박종우가 계획적으로 그런 일을 했다면 내가 가만두지 않았을 것이다. 우발적인 일이 분명하다"고 말했다.

그라운드에서 시작된 광란의 분위기는 라커 룸까지 이어졌다. 선수들은 이대로 경기장을 떠날 수 없다는 장난기 넘치는 생각에 라커 룸 내에 있는 물과 음료, 얼음을 모두 집어 던지며 그들만의 축제를 시작했다. 특히 그동안 묵묵히 복종(?)만 해온 코칭스태프에게 물과 얼음을 뒤집어씌우면서 귀여운 복수극을 시작했다. 홍 감독은 라커 룸 분위기를 궁금해하는 취재진에게 자신의 재킷을 보여주면서 "저도 다 젖었습니다. 지금 분위기는 한마디로 미친놈들 같아요"라며 기분 좋은 웃음을 지었다. 대표팀 관계자 역시 "이곳 직원들에게 미안할 정도"라며 광란의 파티에 대해 귀띔했다.

홍명보호의 선수들은 일본전 직후 믹스트존에서 그동안 마음속에 묻어두었던 이야기를 그제야 하나둘씩 풀어놨다.

"경기장에 들어갈 때 기분은 뭐라 말로 표현할 수 없었다. 사실 병역 문제 때문에 걱정이 많았다. 경기에 못 뛸 수도 있다고 생각했다. 내 인생에서 평생 잊을 수 없는 4분이었다." 수비수 김기희

"영국과의 8강전에서 부상을 당해 일본전을 앞둔 이틀 동안 밤낮을 가리지 않고 마사지를 받았다. 부상 직후에는 팔이 반도 안 올라가는 상황이었다. 이번 경기에서 내 어깨 인대가 끊어져도 좋다는 생각으로 출전했다. 일본전 출전 확정 직후 자나 깨나, 화장실 갈 때도 일본만 생각했다." 골키퍼 정성룡

"메달을 딴 것도 물론 기쁘고 좋은데, 제일 기분 좋은 것은 젊고 어린 선수들에게 새로운 기회가 생긴 것이다. 올림픽대표팀을 선택한 이유도 광저우아시안게임을 경험하면서 이 팀에서 함께 있으면서 서로 믿고 의지하는 것이 너무 좋았기 때문이다. 결실을 봐서 기쁘고, 후배들보다 내가 더 고맙다." 공격수 박주영

"경기 시작 전, 1년 전 삿포로 참사(한일전 A매치, 한국 0-3 패) 날에 내가 적은 메모를 보고 나왔다. 정말 이번에는 지고 싶지 않았다. 0-3 대패는 부끄럽고 창피했다. 런던올림픽 이후를 생각해본 적이 없다. 오늘이 이 친구들과 함께하는 마지막 시간이다. 2009년 청소년월드컵 이후 아쉬움이 많이 남았다. 눈물도 흘렸다. 그래서 이번에는 다짐했다. 끝날 때 울지 말고 웃자고. 그래서 이빨 꽉 깨물고 울지 않았다. 감독님과 함께한 시간들이 너무 행복했다. 많이 배웠고, 축구를 하면서 평생 느끼지 못할 수도 있는 감정을 느끼게 해준 팀이다."
주장 구자철

홍명보 감독은 경기 직후 공식 기자회견을 통해 해피엔딩으로 끝난 4년간의 대장정을 이렇게 마무리했다.

"우리 팀이야말로 진정한 드림팀이다. 좋은 선수들이 모여서 드림팀이 아니다. 꿈을 이룰 수 있는 팀이기 때문이다. 이 선수들이 한국 축구의 자산으로 많은 활약을 해주길 마지막으로, 감독으로서 부탁하고 싶다."

홍명보 감독의 말처럼 홍명보호는 진정한 드림팀이었다. 각 선수들은 팀을 위해 자신을 버리며 희생했고, 그 팀은 모두를 위한 최선의 결과를 내면서 성과를 올렸다.

02
선수 차출 신경전
협박에 가까운 위험한 도박

런던올림픽 본선 티켓을 따낸 홍명보호의 첫 과제는 최강의 선수들을 선발해 최고의 전력으로 세계 무대에 도전하는 것이었다. 18명의 최종 엔트리는 유럽과 일본 등지에서 뛰는 해외파 선수와 국내파 K리거의 두 가지 부류로 크게 나뉘었다. 해외파 중에서 유럽파 선수들은 올림픽 예선 기간에 단 한 번도 대표팀에 합류하지 못했다. 일본 J리그에서 활동한 선수들도 소속팀의 스케줄에 따라 합류가 불발된 경우가 잦았다.

올림픽대표팀은 본선을 앞두고 사실상 제로베이스에서 다시 팀을 만들어야만 했다. 그래서 올림픽 본선을 앞두고 열리는 합숙훈련 기간이 중요했다. 대표팀 입장에서는 조직력을 끌어올릴 수 있는 최대한의 시간이 필요했다.

대한축구협회의 대표팀 운영 규정에 따라 올림픽대표팀은 본선

30일 전부터 소집훈련이 가능하다. 다만 15일 전까지는 선수들의 소속팀 경기 출전을 허용해야 한다는 조항이 달려 있다.

30일이라는 소집훈련 기간은 월드컵 본선을 대비한 성인 국가대표팀과 동일한 기간이다. 하지만 보름 전까지는 소속팀 경기에 출전을 허용해야 한다는 조항은 올림픽대표팀에게만 해당되는 사항이었다.

홍명보 감독은 소집훈련 기간을 놓고 '선택과 집중'의 카드를 빼들었다. 선수들이 소속팀 경기를 위해 훈련장인 파주NFC를 떠나 경기를 마치고 복귀하면 사실상 경기당 2~3일간은 훈련에서 제외할 수밖에 없었다. 게다가 경기 출전 이후에는 별도의 회복 훈련도 필요하고, 컨디션 조절을 하는 데도 일정한 시간이 필요했다. 그런 식으로 '출퇴근' 하는 멤버들이 많아질수록 훈련장 분위기도 어수선해질 수밖에 없었다.

그래서 홍 감독은 소집훈련이 가능한 30일 중에서 과감하게 1주일을 포기하는 대신 남은 3주간은 선수들이 소속팀 경기에 출전하지 않고 올림픽대표팀 훈련에만 매진할 수 있도록 하는 방안을 계획했다. 선수들을 일찍 소집하지 않는 대신 소속팀에서 1~2경기에 출전하지 못하는 것은 소속 구단에 양해를 구하겠다는 전략이었다.

유럽파들의 경우 소속 구단에게 차출 협조만 받는다면 소집훈련은 언제든지 가능한 상황이었다. 올림픽 본선이 비시즌 기간에 열리기 때문에 훈련 기간 자체는 큰 문제가 없었다. 하지만 올림픽을 준비할 때마다 뜨거운 감자로 떠오르곤 한 차출 문제가 불거진다면 홍명보호의 최종 엔트리 자체에 변화가 불가피했다.

  2008 베이징올림픽 직전 일부 유럽 클럽들은 소속팀 선수의 올림픽 본선 출전을 불허하면서 논란을 일으켰다. 올림픽은 유럽 축구 비시즌에 열리지만 선수들에게 충분한 휴식을 줘야 한다는 점과 부상의 위험성 등을 들어 차출 불허를 주장한 것이다.

  4년이 지나 런던올림픽을 앞두고도 일부 유럽 구단들은 소속 선수들과 올림픽 출전을 놓고 갈등의 조짐을 보였다. 그러자 국제축구연맹은 선수 차출 논란을 종식시키기 위해 2012년 4월 집행위원회를 통해 프로 구단들은 23세 이하 소속 선수들의 올림픽 차출에 협조해야 한다는 결정을 내렸다. 또한 축구 종주국이자 유럽 축구의 중심인 영국에서 올림픽이 열린다는 점도 클럽과 선수 간의 불협화음을 줄이는 데 한몫했다. 실제로 유럽의 대부분 구단들은 소속팀 선수들의 런던올림픽 출전을 허용했다. 그 덕분에 홍명보도 유럽에서 뛰는 선수들을 무난히 최종 엔트리에 포함시킬 수 있었다.

  하지만 K리그와 J리그에서 활동하는 선수들의 경우에는 한창 시즌이 열리고 있는 상황이라 무작정 선수들을 소집하기에는 무리가 따랐다.

  K리그 구단들은 차출과 소집훈련에 선뜻 협조해주었다. 올림픽은 한국 축구에서 월드컵 다음으로 비중 있는 메이저 대회로 평가받아왔다. K리그 구단들은 대승적인 차원에서 홍명보의 성공을 위해 시즌 중이지만 출혈을 감내하기로 결정했다.

  특히 이범영, 박종우, 김창수라는 3명의 주전 선수가 홍명보에 합류하게 된 부산 아이파크는 팀 전력 약화라는 손해를 감수하고 선수들의 미래를 위해 대표팀을 전폭적으로 지원했다.

J리그 선수들만 소집훈련 스케줄대로 대표팀에 합류한다면 3주간의 집중적인 담금질이 가능했다. 하지만 일본 축구계의 반응은 냉담했다. 일본 대표팀은 런던올림픽을 대비해 7월 14일부터 소집훈련에 돌입할 예정이었다. 하지만 홍명보호가 J리그에서 뛰는 한국 선수들을 7월 2일에 합류시켜 달라고 요청하자 소속 구단들은 난색을 표했다. J리그 구단들은 자국 대표팀 선수들도 13일까지 경기에 출전한 뒤 올림픽대표팀에 합류하는 상황에서 한국 올림픽대표팀의 조기 차출 요청은 형평성에 어긋난다고 판단했다.

J리그 선수들의 차출 문제는 실마리를 찾지 못했고, 일본 내 반발 기류는 쉽게 꺾이지 않을 것처럼 보였다. 홍 감독은 최종 엔트리 발표를 2개월여 앞두고 설득 대신 정면 돌파를 시도했다.

홍 감독은 "당시 올림픽에 나설 만한 선수들을 보유한 J리그 구단들은 모두 세레소 오사카의 눈치만 보고 있었다. 왜냐하면 세레소 오사카에서 뛰는 김보경이 무조건 최종 엔트리에 이름을 올릴 것이라는 점을 그들도 알고 있었기 때문이다"라고 말했다.

김보경은 홍명보호의 초창기 멤버로서 청소년월드컵과 광저우아시안게임에 출전했고, 올림픽대표팀에서 꾸준한 활약을 펼쳐왔다. 2010년 이후에는 성인대표팀에서도 측면 자원으로 각광을 받고 있었기 때문에 김보경은 부상 같은 큰 변수만 없다면 런던행이 사실상 확정된 상황이었다.

홍 감독은 J리그 구단들과의 차출 협상을 한 번에 해결하기 위해 대표자 격인 세레소 오사카 구단과 담판을 짓기로 마음먹었다. 그리고 올림픽을 3개월여 앞둔 4월, 조기 차출 협조 공문을 세레소 오사카 구단에 보냈다. 하지만 돌아온 대답은 "요청한 일정대로는 차출이 불가하다"는 것이었다.

더는 시간을 지체할 수 없는 노릇이었다. 또 J리그 선수들만 뒤늦게 대표팀에 합류하는 것을 허용해줄 만한 여유도 없었다. 그는 이케다 코치를 통해 세레소 오사카 구단에 강력한 경고 메시지를 보냈다.

"앞으로 7월 2일까지 김보경이 팀에서 뛸 수 있는 경기는 14경기나 남았다. 7월 2일 김보경이 올림픽대표팀에 소집되더라도 소속팀에서 손해 보는 경기는 단 1경기뿐이다. 우리 팀의 소집훈련 첫날 김보경이 합류하지 못한다면 최종 엔트리에서 그를 제외시키겠다. 이번 사안은 앞으로 이 선수가 1경기를 놓칠지, 지금부터 런던올림픽까지 14경기 이상을 포기하게 될지를 결정하는 문제다. 왜냐하면 구단의 차출 협조 거부로 인해 런던행이 불발된다면 선수의 정신적인 데미지가 커서 제 기량을 발휘하지 못할 것이 분명하기 때문이다."

협박에 가까운 압박이었다. 만약 세레소 오사카와의 담판이 실패로 돌아간다면 J리그에서 활동하는 선수들의 조기 차출은 줄줄이 실패로 이어질 가능성이 높았다. 위험한 도박이었다.

평소 일본 축구계와 관계가 좋았던 홍 감독이 강경한 입장을 내

놓자 세레소 오사카 구단도 당혹스러운 눈치였다. 하지만 장기적으로 선수를 활용해야 할 구단으로서는 별다른 선택의 여지가 없었다. 이내 세레소 오사카 구단은 홍 감독이 바라는 대로 차출에 협조해주기로 약속했다. 첫 단추가 잘 끼워지자 눈치만 보던 나머지 J리그 구단들도 홍명보호의 조기 차출 요청을 거부할 수 없게 됐다. 결국 J리거들의 차출 계획은 세레소 오사카와의 담판을 시작으로 물 흐르듯이 순조롭게 해결됐다.

03 박주영과 홍 감독
내가 대신 군대 가겠다

　홍명보 감독은 2012년 6월 7일 화성종합경기타운에서 열린 시리아와의 평가전에서 3-1 승리를 거두었지만 표정이 밝지 못했다. 2012 런던올림픽 최종 엔트리 발표를 앞두고 열린 마지막 실전 모의고사라는 점에서 완승의 기쁨보다는 걱정이 앞섰다. 홍 감독은 경기 직후 공식 기자회견에서 "앞으로도 많은 고민을 해야 할 것 같다"는 말로 자신의 복잡한 심경을 대신했다.

　시리아전은 결과보다 내용에 초점이 맞춰졌다. 특히 최종 엔트리 멤버가 확정되지 않은 포지션에서 군계일학의 모습을 보여줄 선수가 필요했다. 하지만 올림픽 본선을 1달여 앞두고 펼친 경기에서 최전방 공격수들의 동반 부진은 뼈아팠다. 홍 감독의 마음을 사로잡을 만한 장면이 단 한 번도 연출되지 않았다.

그동안 홍명보호의 원톱 경쟁은 '김의 전쟁'으로 불렸다. 김동섭과 김현성, 두 국내파 공격수들은 1년 넘게 우열을 가늠하기 힘들 정도로 치열한 주전 경쟁을 벌여왔다.

김동섭은 2009 청소년월드컵부터 주전 공격수로 활동한 홍명보호의 터줏대감이었다. 2010 광저우아시안게임 최종 엔트리에서 제외되며 슬럼프에 빠지기도 했지만 2011년 초 일본 J리그 생활을 마무리 짓고, K리그 광주로 이적하며 터닝 포인트를 찍었다. 그는 홍명보호의 올림픽 체제 전환 이후 팀의 주축 공격수로 다시 떠올랐다. 요르단과의 2차 예선 두 경기에 모두 출전해 1골을 터뜨리며 런던행의 희망을 키워갔다.

반면 김현성은 런던올림픽 최종 예선 시기에 합류한 후발 주자다. 그는 올림픽 최종 예선을 목전에 둔 2011년 8월 훈련 멤버로 처음 홍명보와 인연을 맺었다. 김현성은 짧은 훈련 기간에도 홍 감독의 마음을 사로잡았다. 9월 열린 오만과의 최종 예선 1차전 소집 명단에 이름을 올린 그는 교체 출전을 통해 올림픽대표팀 데뷔전을 치렀다. 이후 주전 경쟁에서 우위를 점하며 최종 예선 2~5차전에서 연이은 풀타임 활약 속에 2골을 터뜨렸다.

김현성과 김동섭의 원톱 경쟁은 런던올림픽 본선을 앞둔 홍명보호의 최대 화두로 떠올랐다. 예선 동안 보여준 팀 기여도를 감안한다면 두 공격수 모두 최종 엔트리에 포함해야 마땅했다.

홍 감독은 올림픽 본선 티켓을 확보한 뒤 고심에 빠졌다. 두 공격수에 대한 믿음은 컸지만 올림픽 본선에서의 경쟁력에 대해서는 의

문부호를 달았다. 예선에서 상대한 아시아 국가들과 본선에서 싸울 각 대륙 강자들의 경기력은 상당한 격차가 있기 때문이었다.

홍 감독은 시리아와의 평가전을 통해 두 공격수에 대한 최종 검증 작업을 할 생각이었다. 마지막 시험대를 통해 확실한 우열이 가려지기를 바랐다. 그러나 시리아전에서 두 공격수 모두 임팩트 있는 모습을 보여주지 했다. 선발 출전 기회를 잡은 김현성과 후반 교체 투입된 김동섭은 아쉽게도 경기 종료 휘슬이 울릴 때까지 득점은 물론 공격 포인트도 기록하지 못한 채 그라운드를 빠져나왔다.

장점으로 꼽히던 제공권 싸움에서도 큰 재미를 보지 못했다. 공격수들의 날카로운 발끝을 기대했던 홍 감독에게는 실망스러운 결과였다. 축구 전문가들조차 두 공격수 모두에게 낙제점을 내리며 '양비론'을 꺼내들었다. 올림픽은 FIFA 주관의 연령대별 월드컵보다 5명이 적은 18명의 최종 엔트리를 구성해야 하기 때문에 팀에 꼭 필요한 선수가 아니라면 과감하게 제외해야 한다는 주장이 설득력을 얻었다.

국내파 공격수들의 실망스러운 경기력은 결국 장외 주자였던 박주영에 대한 관심을 더욱 끌어올리는 계기가 됐다. 박주영은 두 차례 월드컵과 올림픽에 출전하며 이미 한국 축구의 대표 공격수로 자리매김했다. 그가 홍명보호에 와일드카드로 합류한다면 팀의 전체적인 경기력에 상당한 플러스 요인이 될 것이 분명했다. 그러나 박주영은 당시 병역기피 논란에 휩싸여 태극 마크를 다시 다는 것 자체가 쉽지 않은 상황이었다.

2008년부터 2011년 7월까지 3년간 프랑스 리그1 AS모나코에서 뛴 박주영은 영주권 제도가 없는 모나코에서 10년 체류 자격을 획득했다. 현행 병역법은 병역의무를 이행하지 않은 대상자의 해외 체류를 제한하고 있다. 그러나 영주권 제도가 없는 국가에서 5년 이상 체류 자격을 얻어 해당 국가에서 1년 이상 거주하면 37세까지 국외여행 기간을 연장할 수 있도록 하고 있다.

현행 병역법상 35세까지는 현역 입대, 36~37세는 보충역인 공익근무요원, 38세 이후에는 제2국민역인 군 면제가 가능하다. 박주영은 자신의 의지에 따라 35세 이전 현역 입대도 가능하지만 모나코 장기 체류 자격을 연장한다면 군 면제를 받을 수 있는 셈이다.

박주영 측은 2012년 3월 병역 연기 사실이 뒤늦게 국내에 전해지자 "해외에서 선수 생활을 마치고 국내로 돌아오면 병역의무를 이행할 것"이라고 약속했다. 하지만 박주영의 병역 연기는 법의 허점을 이용한 '꼼수'로 비춰지면서 비난 여론이 극에 달했다. 2005년부터 국가대표팀 일원으로 활약해온 박주영의 병역 논란은 축구 팬들에게도 배신감을 불러일으켰다.

박주영은 올림픽대표팀 이전에 이미 국가대표팀 합류 여부를 놓고 큰 홍역을 앓았다. 2012년 6월 열리는 카타르, 레바논과의 2014 브라질월드컵 최종 예선 2연전을 앞두고 박주영의 대표팀 합류 문제는 축구계의 뜨거운 감자로 떠올랐다.

최강희 국가대표팀 감독은 박주영의 병역 논란이 불거진 뒤 "박주영의 차출은 국민 정서를 고려해야 할 문제다"라며 조심스러운 입장을 나타냈다. 이후 최 감독은 최종 예선 2연전이 눈앞으로 다가오자 대표팀 선수 구성을 앞두고 박주영의 입장을 먼저 들어보겠다는 방침을 전했다.

대한축구협회는 박주영의 대표팀 합류를 위해 다각도로 노력을 기울였다. 병역 논란에 대한 입장을 선수가 직접 해명하지 않는 이상 향후 대표팀 합류가 계속 어려울 수 있기 때문이다. 자타 공인 최고의 공격수를 대표팀에서 제외하는 것은 한국 축구에도 분명 큰 손실이었다.

축구협회는 박주영이 최종 예선 2연전 이전에 병역 논란에 대한 기자회견을 갖기를 원했다. 하지만 시즌을 마치고 귀국한 박주영은 두문불출했다. 박주영은 축구협회가 정한 기자회견 계획 시한까지 연락을 두절한 채 병역 논란에 대해 어떠한 해명도 하지 않았다.

결국 박주영은 최종 예선 1~2차전을 대비한 국가대표팀 선수 명단에서 제외됐고, 향후 국가대표팀 합류에 대해서도 부정적인 여론이 확산됐다. 병역 논란에 대한 자신의 생각을 당당히 밝히지 않은 점은 선수 본인에게 상당한 부담으로 작용할 것이라는 예상이 지배적이었다. 또한 그는 올림픽대표팀의 유력한 와일드카드 후보로 거론됐지만 병역 논란이 해결되지 않는 이상 홍명보호 합류가 사실상 물 건너간 것으로 비쳤다.

그러나 홍 감독은 '박주영 카드'를 쉽게 포기할 수 없었다. 2010

광저우아시안게임 와일드카드로 홍명보호에 첫 승선한 박주영은 힘든 일정 속에서도 후배들을 다독이며 팀의 리더 역할을 훌륭히 수행했다. 비록 목표였던 금메달을 차지하지는 못했지만 값진 동메달을 목에 걸며 홍 감독과 박주영은 잊을 수 없는 추억을 공유하게 됐다. 광저우에서 이루지 못한 꿈을 이루기 위해 런던에서 다시 한 번 도전하고픈 마음도 같았다.

홍 감독은 최종 엔트리 발표를 앞두고 마지막 실전인 시리아와의 평가전 직후 박주영의 합류 여부에 대한 심정을 솔직하게 말했다.

"박주영의 올림픽대표팀 합류에 대해 많은 분들이 관심을 가져 주시고 있습니다. 마지막 평가전도 마무리되었으니 조만간 박주영을 만나서 이야기를 나눠볼 생각입니다. 만난 뒤 결과를 자세히 밝히겠습니다."

홍 감독은 평가전 다음 날 박주영과 연락이 닿았다. 만나서 허심탄회하게 이야기를 해보자고 제안했고, 이튿날 고대하던 만남이 이뤄졌다.

홍 감독은 당시 박주영과의 만남을 이렇게 전했다.

"설득은 없었다. 박주영이 어떤 상황인지 잘 알고 있었기 때문에 이야기를 많이 들어줬다. 그리고 우리 팀이 어떤 상황인지도 전해줬다. 솔직한 이야기가 오고 갔다. 설득해서 될 문제가 아니었다. 내가 같이하자고 무작정 이끌 상황도 아니었다. 주영이도 우리 팀에서 다시 한 번 뛰고 싶어 하는 마음이 있다는 것은 알고 있었다. 하지만 논란이 해결되지 않는다면 나도 힘들다고 생각했다. 그래서 주영이에게 '만약 내가 아무런 절차 없이 너를 선택해서 올림픽팀에 합류했다고 치자. 그러면 분명 훈련 때마다 취재진은 논란에 대한 네 입장을 듣기 위해 혈안이 될 게 뻔하다. 그럼 우리 팀 분위기는 어떻게 될까. 과연 하나의 팀이 될 수 있을까. 큰 목표를 향해 함께 가야 하는 팀이라면 정리할 것은 정리하고 가야 한다'고 전했다. 그 자리에서 당장 결정할 문제가 아니었기 때문에 생각해보고 결정 내리면 연락을 달라고 했다."

레바논과의 최종 예선 2차전이 펼쳐진 6월 12일, 박주영은 장고 끝에 홍 감독에게 연락했다. 그리고 기자회견을 열겠다는 의사를 밝혔다. 홍 감독은 반색하며 어려운 자리에 후배를 혼자 내보낼 수 없다는 생각에 기자회견장에 동석하겠다고 약속했다.

6월 13일, 서울 신문로 축구회관에 마련된 박주영의 기자회견장에는 엄청난 수의 취재진이 몰려들었다. 병역 논란 이후 공개석상에 처음 모습을 드러낸 박주영의 곁에는 홍 감독이 함께했다. 홍 감독은 박주영의 발언 전에 자신이 그곳에 온 이유를 밝혔다.

홍 감독은 "감독으로서 내가 갖고 있는 철학이 있다. 가장 중요한 것은 팀과 선수를 위한 감독이어야 한다는 것이다. 선수가 필드 안이나 밖에서 어려움을 겪고 있을 때 언제든 선수들과 같이하겠다는 마음이다. (기자회견도) 팀을 위한 자리이기 때문에 염치 불구하고 나왔다. 박주영과 얘기했던 부분은 스스로 풀어야 할 문제지만, 그에 대해 용기를 주는 것까지는 축구 선배이자 올림픽대표팀 감독인 내

몫이라고 생각했다"라고 설명했다.

든든한 지원군을 곁에 둔 박주영은 미리 준비해 온 A4용지 3장 분량의 병역 논란에 대한 해명 글을 차분히 읽어 내려갔다.

"제가 병역 연기를 요청한 것은 이민을 가기 위한 것도 아니고, 병역을 면제하기 위한 것도 아니었습니다. 다만 축구를 더 하기 위해 그러한 제도가 있다는 것을 알고, 제 나름대로는 고심한 끝에 연장 결정을 내리게 됐습니다. 연장 신청을 할 당시에도 병역의무를 반드시 이행하겠다고 자필로 병무청에 서류를 제출했으며 이후 여러 차례 언론을 통해 말씀드렸기 때문에 저로서는 실제로 그렇게 하는 것 외에 다른 방법은 없다고 생각했습니다. 저는 병역을 기피할 생각이 조금도 없습니다. 반드시 국민으로서의 의무를 다하겠습니다. 저는 반드시 병역의 의무를 이행할 것입니다. 그동안 축구 선수로서 분에 넘치는 사랑을 받아왔습니다. 이제는 그 사랑에 보답하기 위해서 반드시 최선을 다하겠습니다."

박주영의 진정성에 의구심을 품는 취재진의 질문이 이어지자 홍 감독은 "박주영이 군대를 안 가면 내가 대신 가겠다"며 폭탄 발언을 내놓기도 했다. 그만큼 제자에 대한 믿음이 있었고, 제자의 발언에 진정성을 실어주고 싶어 했다.

박주영은 병역 논란 해명 기자회견을 통해 그동안 짊어졌던 무거운 짐을 내려놓았다. 병역의무를 수행하겠다는 그의 약속에 비난 일색이던 여론도 진정 국면으로 접어들었다.

박주영은 기자회견을 통해 병역기피 논란을 정면으로 돌파했지만 홍명보호 합류를 위해서는 또 다른 숙제가 남아 있었다. 바로 예전 같지 않은 경기력이었다.

박주영은 2011년 7월 잉글랜드 프리미어리그 아스널 이적 후 경기 출전 기회가 급격히 줄어들었다. 프랑스 리그1 AS모나코에서 주전 공격수로 활약하던 그는 2011년 유럽 여름 이적 시장을 통해 리그 우승팀인 릴 OSC 이적을 눈앞에 뒀지만 갑작스럽게 아스널로 행선지를 바꿨다. 하지만 자신의 예상과는 달리 리그 초반부터 팀 내에서 큰 주목을 받지 못하면서 주전 경쟁에서 멀찌감치 밀려나버렸다.

결국 2011~2012시즌 동안 단 5경기에 출전하며 컨디션과 몸 상태가 최악의 수준까지 떨어졌다. 세계적인 선수들과 주기적으로 훈련을 함께 한다고 해도 장기간 경기에 나서지 못하는 현실은 경기력 저하를 불러올 수밖에 없었다.

박주영은 4월 런던에서 열린 세네갈 올림픽대표팀과의 평가전에서 45분간 뛴 이후 2개월 넘게 실전 경험이 없었다. 게다가 시즌 직후 휴식기에 들어가 1개월여 동안 체계적인 운동도 하지 않은 상태였다. 쉽게 말해 '일반인'이나 다름없었다.

당장 몸만들기에 들어가야 할 상황이었지만 변수가 있었다. 박주영은 국외 장기 체류자 자격으로 병역 연기를 한 상황이라서 병역법상 1년에 60일 이상 국내에 체류하거나 영리 활동을 할 경우 그 즉시 병역 연기가 취소되는 규정에 발목이 잡혀 있었다. 박주영은 병역 논란 해명 기자회견 당시를 기점으로 최근 1년 동안 국내 체류일이 50일에 가까웠다. 런던올림픽 최종 엔트리에 발탁되더라도 파주 NFC에서 2주간 이어지는 올림픽 본선 대비 국내 훈련을 처음부터 끝까지 참여할 수도 없었다.

박주영은 일단 국내 체류일을 최대한 줄이기 위해 병역 논란 해명 기자회견 직후 국외로 나간 뒤 대표팀의 소집훈련이 어느 정도 진행된 이후 귀국해야만 했다. 다른 선수들보다 더 많은 훈련량이 필요한 시점에서 국내 체류가 힘든 상황은 대표팀 코칭스태프에게도 상당히 당혹스러운 일이었다. 눈앞에서 직접 지도하고, 몸이 만들어지는 과정을 지켜봐야 했지만 현실적으로 불가능했다.

홍명보 코칭스태프는 박주영의 기자회견 일정이 확정된 뒤 훈련 문제를 놓고 머리를 맞대며 고민에 들어갔다. 국외에서 훈련을 한다면 분명 누군가의 도움이 절실했다. 그때 이케다 코치가 팔을 걷고 나섰다. 그는 박주영의 특수한 사정을 들은 뒤 일본 내 자신의 지인을 통해 문제를 해결하기로 마음먹었다. 무엇보다 박주영의 상황을 이해해줄 만한 사람을 찾아야 했다.

이케다 코치는 "박주영의 문제는 특별한 사정이라 '어떻게 해야 하나' 생각했다. 빨리 훈련에 들어가 운동을 해야 하고 몸도 만들어야 하는 상황이었다. 고민하고 있는데 딱 떠오르는 사람이 있었다. 와세다 동기이자 일본 J2리그 반포레 고후를 이끌고 있는 조호쿠 히로시 감독이었다. 누구도 쉽게 받아들이기 힘든 문제였다. 그렇다고 아무에게나 요청하기도 힘든 사안이었다. 내가 아는 5~6개 구단에 박주영의 훈련 참여를 요청한 뒤 하나의 구단이 수락하면 보낼 수 있는 그런 사안이 아니었다. 박주영의 런던행 의지를 확인한 뒤 나도 어렵게 마음을 먹고 밤늦게 그 친구에게 연락했다. 다행히도 그 친구가 기분 좋게 오케이를 해줬다. 그리고 구단 사장에게도 조호쿠 감독이 직접 이야기를 하겠다며 도와줬고 바로 답변이 왔다. 그래서 너무 고마웠다"라며 당시 상황을 설명했다.

이케다 코치는 박주영을 위한 맞춤형 트레이닝 프로그램을 만들어 20여 일간 반포레 고후에서 훈련을 도왔다. 훈련 초반만 해도 박주영의 컨디션과 몸 상태가 생각보다 좋지 않았다. 이케다 코치는 당시 상황을 이렇게 말했다.

"솔직히 박주영은 시즌 끝나고 한 달 가까이 운동을 안 한 상태였다. 제로부터 시작하는 것이었다. 시간을 들여서 몸을 만들어야 하는데 그렇게 할 수 없는 상황이었다. 그래도 주영이가 고된 훈련을 불만 없이 열심히, 얼굴 찌푸리지 않고 해줬다. 대표팀 소집을 위해 나는 먼저 한국으로 떠났지만 매일 조호쿠 감독과 연락하면서 박주영의 소식을 접했다. 대표팀에 합류하기 직전 몸이 많이 올라왔다고 해서 다행이라고 생각했다."

박주영은 다른 동료들보다 5일 늦게 대표팀에 합류했다. 당시 몸 상태는 실전은 가능했지만 90분 풀타임 출전은 어려웠다. 본선까지 남은 기간 동안 체력을 더 끌어올리고, 무뎌진 경기감각을 살리는 것이 급선무였다.

올림픽대표팀에 합류한 박주영의 얼굴은 검게 그을려 있었다. 그만큼 많은 땀을 흘렸다는 방증이기도 했다. 홍명보호를 통해 다시 태극 마크를 달고 그라운드를 누빌 기회를 잡은 만큼 팀을 위해 희생하겠다는 의지가 눈빛에 서려 있었다.

04 최종 엔트리 발표
살을 깎아내는 고통의 시간

홍명보호가 2012년 2월 오만 원정에서 3-0 완승을 거두고 올림픽 7회 연속 본선 진출을 확정 짓자 모든 관심은 18명의 최종 엔트리 선정에 쏠렸다.

2009년 홍명보호가 출항한 뒤 올림픽 예선을 마치는 3년간 수많은 선수들이 대표팀을 거쳐 갔다. 대표팀에 소집된 인원만 해도 105명에 달했다. 런던올림픽은 그중 최고의 선수들만이 기회를 잡을 수 있는 상황이었다. 또한 대표팀의 경기력을 극대화시킬 수 있는 와일드카드(24세 이상 선수) 3장의 향방도 뜨거운 감자로 떠올랐다.

오만과의 원정경기를 마치고 귀국한 홍 감독은 "최종 엔트리에 대한 생각을 할 때가 아니다. 본선 티켓을 따내기는 했지만 다음 달 카타르와의 예선 최종전이 남아 있다"라고 잘라 말한 뒤 "지금 와일드카드에 대해 언급하는 것은 시기상조다. 본선 진출을 위해 고생한 선수들에 대한 예의가 아니다"라며 불쾌함을 드러냈다.

홍 감독은 앞선 두 차례의 메이저 대회를 치르면서 최종 엔트리 선정 작업의 고통을 누구보다 잘 알고 있었다. 그는 2009 청소년월드컵, 2010 광저우아시안게임을 앞두고 장고 끝에 최종 엔트리를 확정했다. 그러면서 한편으로는 함께하지 못한 제자들에게 미안함을 감추지 못했다.

홍명보의 피날레를 장식할 마지막 무대인 런던올림픽에서 활약할 최종 엔트리를 구상해야 하는 홍 감독의 머릿속은 복잡할 수밖에 없었다.

홍 감독은 본선 진출 확정 이후 선수들의 컨디션을 체크하기 위해 전국을 누볐다. 매주 주말마다 올림픽대표팀의 코칭스태프는 K리그가 열리는 경기장을 찾아 선수들의 움직임을 면밀히 관찰했다. J리그에서 활동하는 선수들을 지켜보기 위해 일본도 여러 차례 오갔다.

결정의 시간이 다가올수록 최선의 선택에 대한 고민은 깊어만 갔다. 홍명보의 코칭스태프는 최종 엔트리 발표 전날 밤까지 런던으로 떠날 18명의 선수들을 추려내기 위한 논의를 이어갔다.

홍정호의 부상 낙마 공백을 메우기 위해 와일드카드로 활용하려 했던 이정수가 최종 엔트리 발표 직전 소속팀 알 사드(카타르)의 차출 반대에 부딪혀 런던행이 불발되면서 막판 변수가 됐다. 또한 2009 청소년월드컵에서 3골을 몰아치며 8강 신화를 이끈 미드필더 김민우의 합류를 놓고 장고가 거듭됐다.

이정수가 대표팀에 합류할 경우 김민우의 승선 가능성도 높았다. 하지만 이정수 대신 측면 수비수인 김창수가 합류하면서 김민우는 예비 엔트리에 이름을 올리는 것으로 정리가 됐다. 홍명보호의 원조 황태자 격인 김민우마저도 런던행에 실패할 정도로 내부 경쟁이 치열했다.

운명의 날인 2012년 6월 29일, 서울 신문로 축구회관에서 열린 2012 런던올림픽 축구대표팀 최종 엔트리 발표장. 홍 감독은 다소 피곤한 모습으로 등장했다. 전날 밤까지 고민한 흔적이 얼굴에 역력했다.

그는 최종 엔트리를 발표하기 전 "오랫동안 함께한 선수들을 선별하는 과정은 너무 힘들었다. 내 살을 도려내는 과정이었다"며 어려움을 토로했다.

홍 감독에게 제자들은 분신과도 같았고, 정도 많이 들었다. 선수들은 홍 감독을 지도자를 넘어 우상으로 믿고 따랐다. 홍 감독은 힘들고 어려운 시기를 함께한 제자들을 모두 런던에 데려가고 싶었다. 하지만 모두가 만족할 수 있는 결과는 없었다. 누군가는 기쁨의 눈물을 흘릴 테고, 또 다른 누군가는 아픔의 눈물을 흘려야 하는 시점이 온 것이다.

홍 감독은 호흡을 가다듬은 뒤 차분하게 최종 엔트리 18명의 선수들을 호명했다. 한 명씩 이름을 호명하면서 지난 3년간 함께한 선수들의 얼굴이 주마등처럼 스쳐 갔다.

그는 최종 엔트리 발표 직전에 함께 런던에 가지 못하는 제자들에게 따로 연락을 하려고 마음먹었다. 하지만 이내 포기했다.

"솔직히 선수를 제외시키는 것이 너무 힘들었다. 내가 무슨 말을 하든 그들에게 위로가 되지 않을 것 같았다. 선수를 두 번 죽이는 것 같아 도저히 못하겠더라. 나와 함께했던 선수들과 가족, 팬들에게 미안한 마음뿐이다."

홍 감독은 최종 엔트리 발표 후 탈락한 선수들과 우연한 만남을 가진 적이 있다. 그는 "영국으로 가기 전 K리그 한 행사에서 최종 엔트리에 들지 못한 선수를 만났는데, 한 선수가 나와 눈도 마주치지 않더라"며 아쉬워했다. 스승이나 제자나 모두 자신의 아픈 마음을 표현할 길이 없었다.

발표 직후 탈락 선수들은 대부분 홍 감독에게 선뜻 먼저 연락할 용기를 내지 못했다. 하지만 결과를 인정한 뒤에는 홍명보호의 성공을 기원했다. 홍 감독은 "몇몇 탈락 선수들이 즐거웠다고, 응원하겠다고 문자 메시지를 보냈다. 그 메시지들을 보면서 '내가 정말 이 친구들에게 너무 못된 짓을 한 것이 아닌가' 하는 생각이 들었다"며 안타까워했다.

홍 감독이 발표한 18명의 최종 엔트리는 말 그대로 최강의 멤버였다. 홍명보호가 출범한 이래 최고의 선수들로 구성됐다고 평가할 만했다.

유럽에서 활동하고 있는 기성용, 구자철, 지동원은 물론 와일드카드에 박주영까지 가세하면서 국가대표팀 급 전력이 갖춰졌다. 하지만 화려한 경력을 보유했지만 정작 홍명보호와 인연이 적은 선수들이 다수 포진해 조직력을 다지는 데 많은 시간이 필요할 것이라는 우려도 나왔다.

실제로 박주영, 기성용, 지동원, 구자철 등 유럽파 선수들은 올림픽 최종 예선에서 단 한 경기도 출전하지 않았다. 국제축구연맹 규정상 올림픽 예선은 A매치가 아니기 때문에 소속팀에서 대표팀 차출에 응할 의무가 없다. 특히 올림픽 축구에 크게 신경 쓰지 않는 유럽 클럽들은 예선 참가를 허용하는 경우가 극히 적다.

하지만 유럽파 선수들이 낯선 것은 아니었다. 박주영은 2010 광저우아시안게임을 통해 끈끈한 인연을 맺었고, 구자철, 지동원은 유럽 진출 전까지 올림픽대표팀의 중심축 역할을 해왔다. 기성용은 본인 의지와 관계없이 지난 두 번의 메이저 대회에 합류하지 못했지만 2009년 12월 청소년대표팀 간의 한일전을 통해 홍명보호에서 발을 맞춘 적이 있었다.

공격진과 미드필더에 해외파와 와일드카드 선수들이 최종 엔트리에 가세하면서 올림픽 예선 기간에 팀에 기여한 서정진, 윤빛가람, 김태환, 김동섭 등 K리거들이 탈락의 쓴맛을 봤다. 예선 동안 본선 진출권 획득을 위해 고군분투하며 싸워왔지만 결국 메인 무대에는 올라서지 못하는 신세가 되어버린 것이다. 홍 감독도 이들에 대한 미안함이 가장 컸다.

그는 "아시아 무대와 세계 무대는 분명 다르다. 우리와 예선을 치른 국가들과 본선 진출국들은 선수들의 체격과 기술적인 면에서 큰 차이를 보인다. 본선 경쟁력을 가진 선수들을 최종 엔트리에 선발하다 보니 예선에서 고생한 선수들에게 기회가 돌아가지 않은 측면이 있다"라고 이유를 설명했다.

홍명보호는 런던올림픽 최종 엔트리를 선정하면서 2가지를 중점적으로 고려했다.

첫 번째는 경험이었다. 홍 감독은 유럽파 선수들에게 큰 기대를 걸었다. 해외파 선수들이 각자의 소속팀에서 차지하는 입지는 조금씩 달랐다. 구자철은 2012년 초 원 소속팀인 독일 분데스리가 볼프스부르크에서 아우크스부르크로 임대 이적한 직후 부진을 털어내며 최고의 경기력을 보여줬다. 반면 지동원과 박주영은 팀 내 주전 경쟁에서 밀려 많은 경기를 뛰지 못해 올림픽을 앞두고 더 많은 땀을 흘려야 하는 상황이었다.

홍 감독은 세계적인 선수들과 부딪쳐본 경험을 중요하게 생각했다. 세계 무대에서 주눅 들지 않을 자신감을 원한 것이다. 카타르 리그 레크위야 SC에서 활동하고 있는 남태희도 프랑스 발랑시엔에서 활약한 경력이 최종 엔트리 합류에 큰 요인이 됐다. 홍 감독은 "경험을 많이 고려했다. 국제대회에 나가면 첫 경기에서 어려움을 겪는다. 그런 면에서 유럽 무대 경험을 무시할 수 없다"라고 강조했다.

또 하나의 기준점은 멀티 플레이어였다. 올림픽은 국제축구연맹이 주관하는 연령대별 월드컵(23명)에 비해 최종 엔트리 숫자가 5명이 적다. 그래서 엔트리 선정에서 멀티플레이어가 높은 점수를 받을 수밖에 없었다. 본선에 돌입한 뒤 부상 등 변수가 생길 경우에는 공백을 메워줄 수 있는 대안을 18명 안에서 만들어내야만 했기 때문에 여러 포지션을 소화할 수 있는 선수가 필요했다.

홍 감독은 선수단의 집중력을 위해 예비엔트리 4명을 발표하지 않고, 런던에도 데려가지 않겠다는 방침을 세웠다. 그 때문에 더욱 더 멀티플레이어들의 비중이 높아질 수밖에 없었다.

수비수에는 중앙 수비수는 물론 측면 수비까지 커버가 가능한 황석호, 김영권, 김창수가 최종 엔트리에 발탁됐다. 중원에서는 공격과 수비형으로 모두 활용이 가능한 기성용과 구자철이 포함됐다. 2선 공격진에도 김보경, 남태희, 지동원, 백성동 등 중앙과 측면을 모두 소화할 수 있는 전천후 자원들이 포진했다.

두 번의 눈물
그리고 세 번째 눈물

05

 홍명보의 런던올림픽 출전을 앞두고 모두들 역사상 첫 메달에 초점을 맞췄다. 이번에는 정말 한번 해볼 만하다는 예상들이 쏟아졌다. 런던올림픽 본선이 다가올수록 올림픽대표팀에 대한 기대치는 높아져만 갔다. 올림픽 본선을 앞두고 대한체육회가 각 종목별로 예상 순위를 발표했을 때 축구는 '동메달'이 예상 성적이었다.

 런던올림픽은 홍명보 4년의 대장정을 마무리하는 대회였다. 2009 청소년월드컵에서 8강 신화를 썼고, 2010 광저우아시안게임에서는 목표했던 금메달을 목에 걸지는 못했지만 투혼을 펼치며 동메달을 따냈다.

 7회 연속 올림픽 본선 진출을 확정한 이후 홍 감독에게 런던올림픽 목표를 묻는 질문이 쏟아졌다. 모두들 그의 입에서 금메달이라는 단어가 나오기를 기다렸는지 모른다. 하지만 홍 감독은 "매 경기 최선을 다하는 것이 우리의 목표다. 1차 목표는 조별 리그를 통과하는 것이다"라며 김을 뺐다.

2년 전 아시안게임을 앞두고 "금메달이 아니라면 의미가 없다"며 확실한 목표를 밝혔던 것과는 사뭇 달랐다. 결국 그가 원했던 아시아 최강자의 자리에 오르지 못했기 때문일까.

이번에는 세계와 싸움을 벌여야 할 차례였다. 누구도 도달하지 못한 메달 획득에 대한 강한 도전 의식이 마음속에 있었다. 하지만 팀의 수장인 자신이 공개적으로 메달 욕심을 드러내는 것은 선수들에게 큰 부담으로 작용할 것이라는 사실을 잘 알고 있었다.

홍 감독은 결과만큼이나 과정을 중요시하는 지도자다. 노력 없이는 좋은 결과를 만들어낼 수 없다는 신념도 강했다. 팀을 하나로 뭉치게 하기 위해서는 홍명보호만의 목표가 필요했다. 마지막이라는 절박함을 선수들 모두가 알아줬으면 하는 바람도 있었다. 홍 감독은 런던올림픽을 앞두고 앞선 두 대회에서 선수들이 흘린 눈물의 의미를 곱씹으며 결연한 의지를 표현하기도 했다.

"우리 팀은 지금까지 두 번의 눈물을 흘렸다. 청소년월드컵 8강에서 멈춰서며 '아쉬움의 눈물'을 흘렸고, 아시안게임에서는 결승 진출 좌절로 인해 '아픔의 눈물'을 흘렸다. 이번에 흘릴 세 번째 눈물은 '기쁨의 눈물'이었으면 한다."

홍 감독의 가슴 깊은 곳에는 런던올림픽의 목표가 이미 세워져 있었다. 지난 두 대회의 과오를 거울삼아 더 이상은 후회를 하지 않겠다는 굳은 의지였다. 홍명보호의 과거를 돌이켜보면 '후회 없이'

라는 목표가 왜 세워졌는지를 알 수 있다.

2009년 홍명보호는 첫 메이저 대회인 청소년월드컵에서 8강 신화를 이뤄내며 박수갈채를 받았다. 그때만 해도 무명 선수들로 구성된 대표팀은 무관심 속에서도 최선을 다하는 플레이로 놀라운 성과를 냈다.

가나와의 8강전에서 2-3으로 패한 선수들은 그라운드에 주저앉아 눈물을 쏟아냈다. 당시 믹스트존에서 만난 한 선수는 "5분만 더 시간이 주어졌다면, 분명 동점을 만들 자신이 있었다. 연장까지만 갔더라도 이길 수 있는 경기였다"며 아쉬워했다. 8강까지 간 것도 충분히 잘한 것이라는 위로는 그들에게 어울리지 않았다.

또 하나, 올림픽대표팀의 경기를 유심히 보면 벤치에 앉아 있는 김봉수 골키퍼 코치가 쉴 새 없이 선수들에게 지시하는 모습을 볼 수 있다. 때로는 소리도 지르고, 때로는 손짓으로 선수들의 주의를 환기시킨다. 언젠가 김 코치에게 그 이유를 물었다.

"광저우아시안게임 준결승에서 연장 후반 마지막 1분을 남기고 골을 내줘서 결국 결승에 가지 못했다. 그 1분 동안 그라운드에 있던 선수들과 벤치에 있던 코칭스태프 모두 오로지 승부차기 생각만 했다. 그때 누군가 선수들에게 조금만 더 집중하라고 소리를 쳐줬다면 아마 그렇게 허무한 패배를 맛보진 않았을 것이다. 그래서 그 이후부터 선수들에게 경기 중에 조금만 더 집중하라고 자주 지시를 내린다. 더 이상 후회하는 경기를 만들지 않기 위해서다."

2009 청소년월드컵 8강에서 아쉬웠던 5분과 2010 광저우아시안 게임의 마지막 1분은 홍명보호가 두 대회를 준비하며 흘렸던 피눈물 나는 시간들을 더욱 빛나게 할 수 있는 기회를 사라지게 했다.

그래서 마지막 메이저 대회인 런던올림픽에서 이들은 단 하나의 목표인 '후회하지 말자'를 위해 달렸다. 메달을 운운하는 거창한 목표 대신 비록 조별 리그에서 탈락하는 쓰디쓴 아픔을 맛보더라도 후회만은 하지 말자는 약속을 선수와 코칭스태프가 런던올림픽을 앞두고 매일같이 되새겼다. 어떤 경기가 마지막이 될지 몰라도 경기 종료 휘슬이 울리는 그 순간까지 최선을 다하겠다는 다짐의 약속이었다.

후회 없는 승부를 위해 본선에 대비한 준비에도 상당히 신경 썼다. 대표적인 것이 영국의 미끄러운 그라운드 환경을 고려한 특수 제작 축구화다.

영국 신사 하면 중절모에 우산이 생각나듯이 영국은 궂은 날씨 때문에 잔디가 항상 물기를 머금고 있어 한국 선수들이 적응하기에는 어려움이 많았다. 그래서 올림픽대표팀 선수들은 출국 전에 박주영, 지동원 등 잉글랜드 프리미어리그에서 활동하는 동료들에게 영국의 기후와 잔디에 대한 정보를 듣고 특수 제작된 축구화를 준비해 갔다.

특수 제작 축구화는 바닥에 있는 스터드(축구화의 신발창에 박는 징)가 일반 축구화와 다르다. 한국에서 선수들이 신던 축구화는 스터드가 모두 플라스틱 재질로 되어 있는 반면 올림픽용으로 만든 축구화

영국 잔디에 맞게 특수 제작한 축구화에 대해 설명 중인 구자철과 박종우.

는 철제 스터드가 섞여 있다. 선수마다 조금씩 차이가 있지만 스터드 중 30~40%가 철제로 구성돼 있고 플라스틱 스터드보다 길이가 조금 길다. 그 덕분에 지면과의 접촉면이 늘어나 물기를 머금은 그라운드에서도 선수들의 킥이나 움직임을 좀 더 정확하게 제어해준다는 장점이 있다.

홍 감독은 런던올림픽 본선을 앞두고 미팅에서 선수들에게 이런 말을 남겼다.

"나도 이번 대회 결과가 어떨지 정말 궁금하다. 3패를 하고 일찍 한국으로 돌아올 수도 있다. 우리가 어디까지 갈지는 아무도 모른다. 하지만 단 하나, 후회만은 남지 않길 바랄 뿐이다. 세월이 지나면 하나의, 여러분들의 축구 인생에서 요만한 점이야 점. 10년이 지나면 2012년 올림픽 경기가 생각날까 말까야. 우리가 이 자리에 모여서 얘기하는 것도 마지막 한 번의 기회고, 우리에게 남아 있는 훈련도 마지막 한 번의 기회야. 이번 올림픽도 여러분들한테는 마지막 기회야. 매 순간순간이 마지막이야. 게임 끝나고, 이길 수 있었는데, 그때 그렇게 했어야 하는데, 끝나고 나서 이 생각 저 생각 하지 말자. 우리가 이 경기를 5-0으로 지든 6-0으로 지든 그 경기에 우리가 깨끗이 승복할 수 있을 만큼 우리가 후회 없는 시간을 보내자. 마지막이니까."

홍 감독이 주위의 우려에도 불구하고 병역 논란에 휩싸인 박주영의 올림픽대표팀 합류를 추진한 것도 '후회 없이'라는 단 하나의 목표를 위해서였다.

홍 감독은 "대회 끝나고 나서 이 선수 뽑을걸, 왜 이 선수를 안 뽑았을까 하는 후회는 최소한 하지 말아야 한다고 생각했다. 그 친구가 병역 문제로 곤란한 상황이지만 나는 올림픽대표팀 감독으로서 우리 팀에 필요하기 때문에 데려다 쓰겠다는 생각뿐이었다. 박주영이 아니라 다른 선수였어도 마찬가지다"라고 속마음을 털어놨다.

06 무한 신뢰
감독이 선수에게 줄 수 있는 모든 것

　홍명보호는 런던올림픽 조별 리그 1차전에서 멕시코를 상대로 0-0 무승부를 거뒀다. 절반의 성공이었다. 강력한 우승 후보로 평가받던 멕시코의 거센 공격을 무실점으로 막아낸 것만 해도 대회 전망을 밝게 했다. 하지만 득점을 성공시키지 못한 공격진에는 아쉬움이 많이 남았다.

　홍명보 감독 역시 멕시코전에서 수비력에 대해서는 만족감을 표하면서도 앞으로의 경기에서 승리를 따내기 위해서는 공격진의 분발이 필요하다는 점에 공감했다. 홍 감독은 멕시코전 다음 날 "멕시코전에서 무실점을 이끌어낸 수비진은 상당히 잘해줬다. 멕시코의 양 측면 공격은 파괴력이 있다. 하지만 우리 선수들도 상대를 분석한 대로 아주 잘 막아줬다. 다만 득점이 터지지 않은 것은 아쉬웠다"라고 평가했다.

공격진 부진의 중심에는 와일드카드 박주영이 있었다. 홍 감독은 "박주영도 이전 두 차례 평가전보다는 컨디션이 좋아 보이지 않았다"고 실망감을 감추지 못했다. 홍명보호가 박주영에게 거는 기대는 상당했다. 박주영도 우여곡절 끝에 대표팀에 합류하면서 자신이 가지고 있는 능력 이상을 보여주기 위해 많은 노력을 기울였다. 하지만 본선 첫 경기에서 그가 볼을 잡은 모습은 거의 찾아보기 힘들었다.

박주영은 올림픽대표팀 합류 이후 뉴질랜드, 세네갈과의 평가전에서 두 경기 연속 골을 터뜨리며 본선에서의 맹활약을 예고했다. 그러나 멕시코전에서는 최전방 공격수로서 부지런히 뛰어다녔지만 결정적인 골 찬스를 만들어내지는 못했다. 그는 후반 30분 교체 아웃될 때까지 단 1개의 슛에 그쳤다. 다만 중원까지 내려와 동료들을 도와주는 이타적인 플레이는 인상적이었다.

홍 감독은 박주영이 멕시코전에서 기대 이하의 플레이를 펼친 것에 대해 외부적인 요인과 내부적인 요인이 함께 영향을 끼쳤다고 보았다. 그는 "상대가 박주영에 대한 분석을 철저하게 하고 나온 것 같다. 멕시코가 미드필드 지역에서부터 압박하면서 박주영이 고립되는 모습을 자주 보였다"라고 상대의 집중 견제를 강조했다.

이어 "멘탈적으로는 두 가지 중 하나라고 생각한다. 평가전에서 연속 골을 넣으면서 본선 첫 경기에 더 부담감을 가졌을 수 있다. 아니면 정반대로 너무 편안한 마음으로 경기에 나서서 그랬을 수도 있다"라고 설명했다.

홍 감독은 박주영의 공격 본능을 일깨우기 위해 조별 리그 2차전을 앞두고 개인 면담을 했고, 박주영의 부진이 계속될 경우를 대비해 플랜 B도 준비했다.

홍 감독은 "박주영이 좋지 않은 모습을 보여준다면 우리 팀에는 김현성도 있다. 그렇다고 해서 시스템을 바꾸는 것은 옳지 않다고 생각한다. 기존에 활용한 4-2-3-1 진형을 기반으로 경기를 운영해야 한다. 김현성이 투입된다면 제공권을 활용한 플레이를 펼쳐야 한다"라고 밝혔다. 홍명보호는 스위스전부터 여러 가지 경우의 수를 고려하기는 했지만 와일드카드인 박주영을 벤치에 앉혀두는 것은 상당한 부담이 있었다. 그가 경기에 나서지 못하는 것은 공격력 저하로 이어질 것이 자명한 사실이었다.

멕시코전에서는 박주영뿐만 아니라 대부분 공격진이 제 기량을 발휘하지 못했다. 특히 올림픽 한 달 전 열린 레바논과의 2014 브라질월드컵 최종 예선 2차전에서 2골을 터뜨리며 '포스트 박지성'으로 떠오른 김보경도 경기 내내 임팩트 있는 장면을 보여주지 못했다.

홍 감독은 스위스전을 앞두고 '2차전까지는 베스트 멤버를 가동하겠다'며 선수 구성에 변화가 없을 것임을 예고했다. 하지만 경기 직전 어떤 변화가 올지 아무도 알 수 없는 상황이었다.

실제로 홍 감독은 2009 청소년월드컵 당시 1차전에서 진 뒤 2차전을 앞두고 1~2명 정도 변화를 주겠다며 소폭의 변화를 예고했지만 정작 5명의 새 얼굴이 선발 출전한 바 있었다.

홍 감독은 스위스전에서 변화보다는 안정을 택했다. 멕시코전에서 선발 출전했던 11명 전원을 그대로 스위스와의 대결에서도 기용한 것이다. 조별 리그 통과를 위해서는 스위스전에서 승점 3점이 필요했다. 만약 무승부를 거두거나 패한다면 한국은 사실상 16강 진출이 물 건너갈 수도 있는 중요한 결전이었다. 그만큼 홍 감독은 위험을 안고 결단을 내렸다.

경기를 앞두고 비가 내리면서 멕시코전과 마찬가지로 또 한 번의 수중전이 예상됐다. 패스워크로 공격을 풀어나가는 한국에게는 그다지 좋은 상황이 아니었다. 하지만 경기 시작 직전 비가 그쳤고, 잔디가 적당히 젖어 오히려 경기하기 좋은 상태가 됐다.

경기가 시작되자 스위스는 다소 수비적인 경기 운영을 펼쳤다. 한국이 멕시코전에서 주도권을 잡고 파상 공세를 펼친 것을 본 스위스의 대비책이기도 했다. 양 팀은 공방전을 펼쳤지만 결정적인 득점 찬스를 잡지는 못했다. 한국 수비진은 스위스 공격수들을 전반 내내 꽁꽁 묶으며 단 1개의 슛만을 허용하며 압도적인 경기 내용을 보여줬다. 하지만 정작 기다리던 골은 터지지 않았다.

전반 초반 박주영이 코너킥 찬스에서 결정적인 헤딩슛을 시도했지만 상대 골키퍼 베날리오의 선방에 막히며 선제 득점은 수포로 돌아갔다. 홍명보호가 멕시코전에 이어 스위스전 전반까지 무득점 경기를 이어가자 후반에는 분위기를 전환하기 위해 새로운 공격 카드를 내놓을 것이라는 전망이 우세했다.

그러나 후반에 나선 선수들은 전반과 동일했다. 선수들을 끝까지 믿고 맡기겠다는 홍 감독의 의지가 엿보였다. 대표팀 공격수들에게 남은 45분은 마지막 기회와 같았다. 홍 감독의 믿음에 보답할 수 있는 시간도 얼마 남지 않았다.

본선 첫 골은 가장 마음고생을 한 박주영의 머리에서 터졌다. 후반 12분 오른쪽을 돌파한 남태희가 크로스를 올리자 박주영은 그림 같은 다이빙 헤딩슛으로 골망을 흔들었다. 박주영의 문전 앞 움직임은 그가 왜 한국 최고의 공격수로 인정받고 있는지를 보여줬다. 남태희의 크로스 타이밍을 보고 스위스의 중앙 수비수 사이를 기가 막히게 파고들어 득점에 성공했다.

선제골이 터지자 한국은 거세게 스위스를 몰아쳤다. 선제골로 자신감을 한층 더한 선수들은 그라운드를 미친 듯이 뛰어다녔다.

하지만 선제골의 기쁨도 잠시, 2분 뒤 스위스 에메가라에게 동점골을 내주며 승부는 다시 균형을 이뤘다. 순식간에 허용한 실점이라 더 충격이 컸다.

동점이 되자 이제 새롭게 시작한다는 마음을 먹고 뛸 수밖에 없는 처지가 됐다. 박주영의 득점으로 끓어올랐던 대표팀의 사기가 꺾이기는 했지만 다시 한 번 해보자는 선수들의 파이팅은 여전했다.

후반 19분, 결정적인 한 방이 나왔다. 구자철이 페널티박스 왼쪽에서 올려준 볼이 상대 수비수 프라이의 등에 맞고 굴절되자 문전으로 달려들던 김보경이 왼발 발리슛으로 골문을 갈랐다. 상대 골키퍼가 손을 쓸 수도 없을 정도로 강하고 정확한 슛이었다.

김보경은 득점 직후 홍명보 감독에게 달려가 덥석 안기며 기쁨을 함께 나눴다. 다시 한 번 자신을 믿고 기용해준 것에 대한 감사 표시였다.

결승골의 주인공인 김보경은 4년 전 홍명보호의 태동과 함께 성장해온 대표적인 선수다. 그에게 홍명보 감독, 홍명보호와의 인연은 축구 인생에 가장 큰 터닝 포인트였다.

김보경은 홍익대 재학 시절이던 2009년 이집트에서 열린 청소년월드컵에서 경고 누적으로 결장한 8강전을 제외하고 전 경기를 풀타임으로 출전하며 두각을 나타냈다. 당시 미국과 조별 리그 최종전, 파라과이와 16강전에서 연속골을 터뜨리며 공격의 중심 역할을 수행했다.

홍명보호의 두 번째 메이저 대회인 2010 광저우아시안게임에서도 전 경기에 선발 출전해 2골을 기록하며 한국 축구의 차세대 에이스로 인정받았다. 2009년 말 일본 J리그 세레소 오사카에 입단한 그는 매해 눈부신 성장세를 보이며 성인대표팀의 간판 미드필더로 자리 잡았다. 올림픽을 앞두고는 잉글랜드 챔피언십 카디프시티로 이적하며 유럽 진출의 꿈도 이뤘다.

하지만 런던올림픽을 앞두고는 컨디션이 썩 좋지 않았다. 이적 문제 등으로 마음고생도 심해 자신의 기량을 마음껏 발휘하지 못했다. 그는 멕시코와의 조별 리그 1차전을 앞두고 홍 감독에게 고민을 토로했다. 슛 감각이 살아나지 않는다며 홍 감독과의 특별 훈련을 자청한 것이다. 홍 감독은 김보경과 일대일 훈련을 하면서 "오만과 평가전에서 득점한 그 감각을 기억해"라고 애제자를 다독였다.

김보경이 최상의 컨디션이 아님을 홍 감독도 잘 알았다. 하지만 두 차례 평가전과 조별 리그 두 경기에서 그를 측면 미드필더로 꾸준히 선발 출전시키며 변함없는 믿음을 보였다. 김보경은 경기 직후 "내가 득점을 하는 것보다 팀의 득점에 어떻게 공헌하는지도 매우 중요하다. 골에 연연하기보다는 앞으로도 좋은 장면을 많이 만들고 싶다"는 말로 팀에 도움이 되는 존재가 되고 싶다는 의지를 밝혔다.

박주영과 김보경의 연속골로 스위스를 상대로 2-1 승리를 따낸 한국은 16강 진출을 위한 8부 능선까지 올랐다. 가봉과의 최종전에서 비기기만 해도 자력으로 조별 리그를 통과할 수 있는 좋은 위치에 올라선 것이다.

우연치 않게도 스위스전에서 골을 터뜨린 두 선수는 멕시코전에서 부진한 모습을 보였던 대표적인 공격수였다. 하지만 홍 감독은 이들에게 변함없는 신뢰를 보내며 스위스전에 선발 출전시켰다. 결국 박주영과 김보경은 감독의 믿음에 승리로 보답했다.

홍 감독은 이들에게 다시 한 번 선발 출전 기회를 준 이유를 이렇게 밝혔다.

"모두들 선수가 가장 잘했을 때를 기억한다. 중요한 것은 가장 좋을 때가 아니라도 믿음을 주면 언제든지 (경기력이) 올라올 수 있다는 것이다. 나는 우리 선수들과 오랫동안 함께해왔기에 믿음이 있다. 김보경은 언제든 한 방을 해줄 수 있는 선수다. 박주영도 우리 팀에 많은 도움을 주고 있다. 박주영은 이번 대회에서 우리 팀의 중요한 첫 골을 터뜨린 선수다."

홍명보호가 4년간의 긴 항해에서 모든 어려움을 무난히 극복할 수 있었던 것은 구성원 간의 끈끈한 믿음 덕이다. 감독은 자신이 선택하고 기용한 선수에게 어떠한 상황에서도 무한한 신뢰를 보여줬고, 그라운드에 나선 선수들은 그 믿음에 보답하기 위해 더 많은 땀을 흘렸다.

07 런던 리스크
조 1위를 해야 하나, 2위를 해야 하나

　조별 리그가 치러지는 대회에는 거의 매번 '경우의 수'가 등장한다. 대회마다 상황은 천차만별이다. 기적에 가까운 확률을 뚫고 상위 라운드 진출에 성공하는 경우도 있다. 반면 상위 라운드 진출이 유력하게 점쳐졌지만 탈락의 쓴맛을 본 경우도 허다하다.

　홍명보호는 런던올림픽 조별 리그 최종전인 가봉과의 대결을 앞두고 비기기만 해도 8강 진출을 자력으로 확정 지을 수 있었다. 패배를 당하더라도 같은 조인 멕시코-스위스전 결과에 따라 8강 티켓을 따낼 가능성도 있을 만큼 좋은 조건이었다.

　상황이 이렇다 보니 가봉전을 앞두고 8강 상대에게 관심이 쏠렸다. B조에 속해 있던 한국은 A조 결과에 따라 8강 상대가 결정됐다. 8강 대진은 A조 1위와 B조 2위, A조 2위와 B조 1위가 맞붙는 크로스 토너먼트 방식이었다. B조에서는 홍명보호가 멕시코와 조 선두

다툼을 벌였다. A조에서는 최종전을 앞두고 영국, 세네갈(이상 승점 4), 우루과이(승점 3)가 8강 진출을 향한 3파전을 벌이고 있었다.

홍명보 감독은 "A조의 세 팀에 대해 철저히 준비하고 있다. 8강에 진출한다면 분위기도 올라가기 때문에 어떤 상대도 우리의 기세를 쉽게 꺾을 수 없으리라고 생각한다"며 자신감을 보였다.

본선 조별 리그 통과를 눈앞에 둔 팀들이니만큼 만만한 상대는 없었다. 8강에서 만날 가능성이 높은 세 팀 모두 홍명보호와 묘한 인연이 있었다. 상대가 누가 되든 또 한 번의 극적인 승부가 성사되는 분위기였다.

홍 감독은 본선 티켓을 따낸 뒤 가진 기자회견에서 올림픽에서 만나지 말아야 할 상대 1순위로 영국을 꼽았다. 개최국의 이점을 안은 영국과의 대결은 한국뿐 아니라 본선 진출팀 모두에게 부담스러웠다.

홍 감독은 "영국은 경험이 풍부한 선수들이 많아 전력이 좋다. 만약 8강에서 만난다면 홈팀에게 쏟아지는 열렬한 성원에 신경이 쓰일 수밖에 없다"고 밝혔다. 만약 한국이 조 1위, 영국이 조 2위로 8강에 진출한다면 9만여 명의 관중을 수용할 수 있는 웸블리 스타디움에서 경기해야 하기 때문에 쉽지 않은 승부가 예상됐다.

세네갈을 만난다면 보름 만에 리턴매치를 하게 되는 상황이었다. 홍명보호는 멕시코와의 조별 리그 1차전을 앞두고 영국 스티브니지에서 최종 평가전을 치렀다. 상대는 플레이오프 끝에 마지막 본선 티켓을 따낸 세네갈이었다. 영국 입성 5일 만에 열린 경기였지만 한국은 전반에만 3골을 터뜨리며 3-0 완승을 거뒀다. 이날 평가전은 대표팀에게 좋은 '보약'이 됐다. 세네갈은 한국에는 패했지만 본선 직전 스페인, 멕시코 등과의 평가전에서 승리하며 다크호스로 평가받았다.

재대결이 성사된다면 홍명보호가 자신감을 갖고 경기를 치를 수 있는 어드밴티지가 있었다. 하지만 세네갈의 평가전 전력과 본선 전력은 완전히 달라 보였다. 홍 감독은 가봉전을 앞두고 "세네갈이 아주 좋은 경기력을 보여주고 있다. 우리와 평가전에서는 그들이 가지고 있는 것의 70%만 보여줬다고 생각한다"며 경계심을 늦추지 않았다.

마지막 8강 후보인 우루과이는 복수해야 할 상대였다. 한국은 2010 남아공월드컵 16강에서 우루과이에 져 8강 진출에 실패했다. 수중전으로 치러진 당시 경기에서는 공격수 수아레스가 결승골을 터뜨리며 한국에 패배를 안겼다. 그는 이번 우루과이 올림픽대표팀의 와일드카드로 발탁돼 런던을 찾았다. 홍명보호가 8강에서 우루과이를 만난다면 2년 전 패배를 깨끗이 설욕할 절호의 기회를 잡게 되는 것이었다.

8강 상대가 어느 팀으로 정해지느냐만큼이나 중요한 것이 조 1위로 조별 리그를 통과할 수 있느냐 하는 것이었다. 홍명보호는 조별 리그를 치르면서 3일에 한 번씩 장거리 이동을 했다. 멕시코전이 펼쳐진 잉글랜드 동북부 뉴캐슬을 시작으로 중부의 코번트리를 거쳐 런던을 잇는 대장정이었다.

조 1위로 8강에 오를 경우에는 조별 리그 최종전을 치른 런던에서 8강전이 열리므로 이동을 할 필요가 없다는 장점이 있었다. 반면 조 2위로 8강에 진출한다면 축구 경기장 중 가장 서쪽에 자리 잡은 웨일스의 수도 카디프까지 이동해서 경기를 치러야 했다.

가봉과의 조별 리그 최종전을 앞두고 대표팀의 8강에 대한 여러 시나리오가 등장했다. 표면적으로는 개최국인 영국을 피하면서 조 1위에 올라 런던에 남는 것이 홍명보호가 4강에 진출할 수 있는 최상의 8강 대진이라는 예상이 쏟아졌다.

홍 감독도 조별 리그 3차전인 가봉과의 대결을 하루 앞두고 열린 공식 기자회견에서 "마지막 경기에 최선을 다해 조 1위로 갈 수 있도록 남은 기간 준비하겠다"라고 각오를 밝혔다.

그러나 대표팀이 처한 상황은 달랐다. 런던에 남을 경우 이동을 하지 않아도 되기 때문에 다음 경기 준비에 이점이 될 것이라는 데는 이견이 없었다. 하지만 홍명보는 조별 리그 3차전을 위해 런던에서 머문 4일 동안 예상치 못한 어려움을 겪고 있었다. 런던이 '기회의 땅'이 되기에는 환경이 조금 부족했다.

대표팀은 런던에 도착한 첫날부터 이전 지역과는 완전히 다른 세상을 맞게 됐다. 우선 뉴캐슬과 코번트리에서 호텔 생활을 해온 선수들이 런던 입성 이후에는 선수촌 생활을 해야 했다. 런던올림픽에서는 축구 종목만 런던을 포함한 영국 전역의 6개 구장에서 열렸다. 때문에 본선에 진출한 팀들은 런던 이외 지역에서 경기를 치를 경우 대회 조직위원회에서 지정한 호텔을 숙소로 사용했다.

영국 입성 이후 보름 넘게 호텔 생활을 해온 선수들은 런던의 선수촌 생활이 낯설었지만 다른 종목 선수들과 같은 조건에서 생활을 해야 하기 때문에 참고 견디는 수밖에 없었다. 하지만 다른 문제도 있었다. 선수촌 내에 일부 코칭스태프와 지원스태프가 입촌을 하지 못하면서 선수들의 컨디션 조절에 비상이 걸린 것이다.

선수촌은 팀의 일원임을 확인할 수 있는 AD카드를 착용해야 출입이 가능하다. 세계적인 종합대회이니만큼 테러 등의 불상사를 막기 위해 선수촌과 훈련장, 경기장에는 AD카드 소지자 외에는 입장이 엄격히 금지돼 있다.

대표팀의 코칭스태프는 홍 감독을 포함해 총 5명, 의료진과 물리치료사 등 지원스태프까지 합치면 10명이 넘었다. 하지만 대표팀에게 배당된 AD카드는 단 4장이었다. AD카드를 받은 홍 감독, 김태영 수석코치, 이케다 코치, 황인우 의무팀장을 제외한 나머지 코칭스태프와 지원스태프는 선수촌 출입은 물론 대표팀 버스 탑승마저 제한됐다.

상황이 이렇다 보니 대표팀은 런던에서 '두 집 살림'을 해야만 했다. AD카드를 받지 못한 코칭스태프와 지원스태프는 선수촌 인근의 한 대학교 기숙사에 거처를 정했다. 이들은 오전에 선수촌을 방문해 선수들의 컨디션을 체크한 뒤 훈련 시간에는 선수단과 다른 차량을 이용해 훈련장으로 이동했다.

선수촌 방문 허가도 하루 전날 대한체육회를 통해 신청해야 하고, 선수촌 입촌 이후에도 AD카드 미소지자들은 건물 출입이 제한되는 등 절차가 까다로워 선수들과 원활하게 접촉할 수 없었다.

8강 진출이 걸린 중요한 승부를 앞두고 선수들을 챙기지 못하는 코칭스태프의 마음은 타들어갔다. 김봉수 골키퍼 코치는 "선수들의 컨디션이 어떤지 체크를 해야 하는데 따로 떨어져 있다 보니 훈련장에서만 만나는 상황이다. 이야기를 나누면서 심리적으로도 안정을 시켜줘야 하는데 환경이 이렇다 보니 걱정이 앞선다"며 아쉬워했다.

선수들도 나름대로 선수촌 생활에 고충이 있었다. 파주NFC에서부터 식단을 책임져온 김형채 조리장이 영국으로 날아와 런던 입성 직전까지 선수단의 식사를 책임져왔는데 선수촌에서는 그것이 불가능했다. 선수들은 김 조리장의 영양가 좋고 푸짐한 한식을 먹으면서 힘을 냈었다. 김 조리장은 선수들이 원하는 음식이 있으면 현지에서 어떻게든 식재료를 구해 식탁에 올렸다. 또 선수들에게 좀 더 맛있는 음식을 전하기 위해 한국에서 전골냄비도 준비해 갈 정도로 신경을 많이 썼다.

매일같이 한식을 먹던 선수들은 선수촌 입촌 이후 달라진 식단에 적응하기가 쉽지 않았다. 선수촌 내 식당에는 따로 한식 코너가 없었다. 각 대륙별 대표 음식을 골라 먹을 수 있게 마련된 식당에는 아시아 음식을 제공하는 부스가 있었지만 구수한 된장찌개와 매콤한 제육볶음에 익숙한 한국 선수들의 입맛을 채우지는 못했다.

코칭스태프와 지원스태프는 선수 관리가 힘든 환경을 겪으며 런던 생활에 지쳐갔고, 선수들도 맛깔나는 한식을 먹지 못하는 런던이 마냥 좋지만은 않았다. 그렇다고 런던 생활이 힘들다는 핑계로 가봉과의 조별 리그 최종전을 허투루 치를 수는 없었다. 조별 리그 최종 순위는 같은 시간 열리는 멕시코와 스위스전의 상황에 따라 달라지기 때문이었다.

가봉전을 앞두고 8강 상대인 A조의 순위가 가려졌다. 조 1위에는 개최국 영국, 2위에는 세네갈이 확정됐다. 한국은 가봉과의 대결에서 90분 동안 득점 없이 0-0으로 비겼다. 같은 조의 멕시코는 스위스를 꺾고 조 1위를 확정 지었으며, 한국은 조 2위로 8강 진출에 성공했다.

홍 감독은 대회가 끝난 뒤 런던과 카디프의 갈림길에 섰을 때의 심정을 솔직히 전했다.

"사실 가봉전을 치르는 과정에서 조 1위와 2위 중 무엇이 우리에게 유리할까 생각을 많이 했다. 일단 순위에 관계없이 가봉을 이기고 싶은 마음이 컸다. 조 1위를 한다면 런던에 남게 돼 장점이 있었다. 하지만 런던 생활에는 리스크가 컸다. 가봉전을 위해 런던에 머무는 동안 선수촌에서 단 1명의 물리치료사가 18명을 마사지해야 했다. 3일 간격으로 격렬한 경기를 펼치는 선수들이 컨디션 조절에 애를 먹을 수밖에 없는 상황이었다. 막상 조 2위를 하게 돼 카디프로 이동했지만 나쁘지 않았다. 장시간 버스로 이동을 하게 됐지만 선수나 코칭스태프 모두 분위기가 좋았다. 무엇보다 호텔 생활을 하면 선수들이 좀 더 편하게 지낼 수 있다는 장점이 있다. 코치들도 선수들이 필요할 때 도움을 줄 수 있어 선수단에 많은 도움이 됐다."

언론에서는 카디프에서 개최국 영국과의 8강전이 확정되자 최악의 대진이라는 평가가 지배적이었다. 또 한 번의 장거리 이동에다가 홈 어드밴티지를 등에 업은 영국과의 만남까지, 무엇 하나 한국팀에 좋은 점이 없다는 것이었다.

하지만 정작 런던 생활을 마치고 카디프로 향하는 대표팀 버스 안은 평화로웠다. 선수들은 영국전에 대한 부담감보다는 한식을 먹을 수 있다는 설렘으로 머릿속이 가득 찼다.

선수들이 런던을 출발해 카디프 숙소에 짐을 풀 때까지 대표팀 지원스태프에게 가장 많이 물어본 질문이 "오늘 저녁에는 조리장님이 뭐 해주신대요?"였을 정도다. 조 2위로 런던을 떠나게 된 것은 오히려 대표팀에게 새로운 전기가 되었다.

복수는 나의 힘
지동원의 설움을 간파한 홍명보 감독

08

　전반 29분, 지동원의 왼발을 떠난 볼이 골키퍼 잭 버틀랜드의 양손 사이를 미끄러지듯 지나쳐 골네트를 흔들었다. 정말 눈 깜짝할 사이에 벌어진 강력한 중거리 슛이었다. 지동원은 천금 같은 선제골을 터뜨리며 홍명보호의 4강 진출에 디딤돌을 놨다. 적진의 심장부에서 터뜨린 그의 득점이 없었다면 한국의 사상 첫 동메달도 없었다.

　영국과의 8강전에서 런던올림픽 본선 처음으로 선발 출전 기회를 얻은 지동원이 골을 넣자 많은 사람들이 홍명보 감독의 '족집게 용병술'에 감탄했다. 지동원의 영국전 활약은 뜨거운 복수심에서 비롯됐다.

　영국과의 8강전을 앞두고 홍명보 감독은 고민에 빠졌다. 축구 종주국이자 대회 개최국인 영국은 본선에서 가장 만나고 싶지 않은 상대였다. 홍 감독은 4월 열린 본선 조 추첨을 앞두고 "영국만은 만나지 않았으면 좋겠다"는 뜻을 밝혔다. 누구보다 홈 어드밴티지에 대해 잘 알고 있었기 때문이다.

2002 한일월드컵 당시 한국 4강 신화의 밑바탕에는 홈팀의 이점이 존재했다. 매 경기 투혼을 펼칠 수 있었던 저변에는 전 국민적인 성원이 큰 몫을 차지했다. 홍 감독은 당시 월드컵대표팀 주장으로서 홈에서 펼쳐지는 메이저 대회의 이점을 확실히 체감했다. 그래서 영국과는 맞대결을 피하고 싶었던 것이다.

영국은 1948 런던올림픽 이후 64년 만에 단일팀을 구성해 대회에 참가했다. 잉글랜드, 스코틀랜드, 웨일스, 북아일랜드 4개국 축구협회는 각 국가의 이해득실을 따지지 않고 런던올림픽을 위한 최고의 대표팀을 꾸리기 위해 합심했다. 그 결과물로 출범한 것이 'TEAM GB(팀 그레이트 브리튼)'였다. 한국과 영국의 8강전을 하루 앞두고 7만 명을 수용할 수 있는 밀레니엄 스타디움의 전 좌석이 매진될 만큼 영국 축구 팬들의 관심은 뜨거웠다.

영국은 한국 축구 팬들에게도 익숙한 노장 라이언 긱스(맨체스터 유나이티드)를 와일드카드로 선발하면서 금메달 획득을 향한 강한 의욕을 불태웠다. 또한 한국과의 8강전이 열릴 개폐식 다목적 경기장인 카디프 밀레니엄 스타디움의 지붕을 닫고 경기를 할 만큼 홈팀의 이점을 철저하게 이용했다.

지붕을 닫으면 스타디움 내의 소음이 밖으로 새나가지 않기 때문

영국은 홈팀의 이점을 활용해 지붕까지 닫고 경기를 진행하는 치밀함을 보였다.

에 홈 팬들의 열광적인 응원을 이겨내야 하는 한국팀에게는 불리할 수밖에 없다. 영국은 같은 경기장에서 열린 우루과이와의 조별 리그 최종전 때는 지붕을 개방한 채로 경기를 치렀기 때문에 더욱 이해할 수 없는 결정이었다. 한국 대표팀 관계자는 경기 전날 열린 매니저 미팅(양 팀 유니폼 색깔 등을 정하는 회의)에서 경기장 지붕을 닫는 것에 대해 강력하게 항의했지만 뜻이 관철되지 않았다.

오히려 올림픽 조직위원회 관계자는 "지붕을 닫는 이유는 잔디를 보호하기 위해서다"라는 이해할 수 없는 변명을 늘어놨다. 지붕을 닫으면 경기장 내 통풍이 원활하지 않아 잔디 보호에 오히려 좋지 않다는 것이 상식이다. 한국의 입장에서는 개최국 영국의 꼼수로밖에 보이지 않았다.

하지만 상대와 맞서기 전에 결과를 속단할 수는 없는 법. 홍 감독은 비장의 무기를 준비했다. 영국이라는 지역적 특성과 특정 선수의 심리를 계산한 카드였다.

경기가 열리기 이틀 전 홍 감독은 숙소인 카디프 힐튼호텔에서 자신의 방으로 지동원을 불렀다. 그리고 단도직입적으로 물었다.

"지난 1년 동안 영국에서 어떤 생활을 했지? 팀 동료들, 구단과의 관계는 어땠어?"

지동원은 홍 감독의 물음에 "별로 좋지 않았습니다"라고 담담히 답했다. 홍 감독은 고개를 떨군 지동원을 바라보며 마음속으로 결단을 내렸다. 그리고 "널 영국전에 선발 출전시킬 테니까 네가 하고 싶은 걸 마음껏 펼쳐봐!"라고 말했다.

이야기를 듣던 지동원도 깜짝 놀랐다. 자신의 귀를 의심할 정도였다. 본선을 준비하는 동안 자신의 컨디션이 좋지 않았다는 것을 홍 감독이 모를 리 없었다. 또한 본선 경기에서도 주로 조커로 투입되며 큰 활약을 펼치지 못한 것을 자신도 너무나 잘 알았기에 더욱 놀랄 수밖에 없었다.

거기다 평소 홍명보호는 빨라야 경기 하루 전 저녁 미팅에서야 선발 출전 선수 명단을 발표해왔다. 경기 당일 아침에 출전 선수들을 통보한 적도 종종 있었다. 각 포지션마다 최고의 선수들을 배치하기 위해 코칭스태프가 고민을 거듭했기 때문이다.

지동원의 영국전 선발 출전은 그동안의 관례를 깬 파격적인 결정이었다. 또한 코칭스태프와의 논의 없이 홍 감독의 독단에 의한 결정이었다. 김봉수 골키퍼 코치는 영국전을 앞두고 열린 당시 미팅 상황을 또렷이 기억하고 있었다.

"원래는 경기에 나설 엔트리를 정할 때 먼저 홍 감독님이 코치들에게 어떻게 하면 좋겠느냐고 의견을 물으신다. 코치들의 이야기를 모두 듣고 난 다음 협의를 거쳐서 최종적으로 선발 명단을 작성하는 것이 일반적이다. 하지만 영국전을 앞둔 미팅에서는 홍 감독님이 무조건 지동원을 넣자고 했다. 사실 우리는 다들 반대했다. 그런데 딱 떨어지게 지동원이 골을 넣었다. 지금 생각해보면 감독님은 그 친구가 잘할 줄 알고 계셨던 것 같다."

지동원의 지난 1년간은 만족할 수 없는 시간이었다. 어린 공격수가 감당하기에는 너무나 힘든 시련도 찾아왔다.

지동원은 전남 광양고 시절부터 한국의 대형 스트라이커로 성장할 재목으로 평가받았다. 고교 1학년 때는 성장 가능성을 인정받아 대한축구협회 우수장학생으로 선발돼 잉글랜드 레딩으로 1년 동안 축구 유학도 다녀왔다.

2010년 전남에 입단하며 프로에 데뷔한 그는 첫 시즌부터 팀의 주축 공격 자원으로 자리를 잡았고, 1년 반 동안 16골을 터뜨리며 한국 축구의 대표적인 영건으로 떠올랐다.

2011년 7월 잉글랜드 프리미어리그 선덜랜드로 이적하며 지동원은 새로운 도전을 시작하게 됐다. 프리미어리그 진출 당시에는 기대를 한 몸에 받았지만 현실은 녹록치 않았다. 첩첩산중의 주전 경쟁에서 지동원은 항상 한발 물러나 있었다. 그는 프리미어리그 첫 시즌 19경기에 출전해 2골을 기록했다. 하지만 선발 출전 기회는 단 두 차례뿐이었다. 팀은 그에게 '조커'라는 역할을 부여했지만 그가 그라운드에서 활약할 시간은 항상 부족했다.

악조건 속에서도 그는 첼시, 맨체스터 시티와 같은 빅 클럽들을 상대로 중요한 순간마다 득점을 터뜨리며 자신의 존재감을 각인시켰다. 2011~2012 시즌이 막을 내리자 지동원의 잉글랜드 첫 시즌 성적에 대해 국내 언론들은 '절반의 성공'이라는 평가를 내렸다.

첫 시즌을 마치고 재도약을 준비하던 지동원에게 축구 인생의 터닝 포인트가 될 수 있는 기회가 찾아왔다. 꿈에 그리던 런던올림픽 대표팀 최종 엔트리 명단에 이름을 올리게 된 것이다. 자신이 지난 1년간 생활해온 영국에서 열리는 대회라 대표팀을 위해 뭔가를 보여줘야 한다는 책임감도 컸다.

하지만 본선 준비 과정에서부터 컨디션이 좀처럼 올라오지 않았다. 훈련에서도 슛이 번번이 골문을 빗겨나거나 어이없는 실수를 반복하면서 마음속 괴로움도 커져만 갔다.

본선에 돌입해서도 지동원은 백업에 가까웠다. 홍명보 감독은 대회를 준비하면서 지동원을 최전방 공격수보다는 왼쪽 미드필더로 낙점했다. 하지만 왼쪽 측면 포지션의 경쟁자인 김보경에 가려 본선에서 선발 출전 기회를 잡지 못하고 후반 교체 멤버로 활용돼왔다.

런던올림픽의 마지막 경기일지도 모를 영국전을 앞두고 일찌감치 출격 명령을 받은 지동원은 자신의 진가를 알아주지 않은 영국 땅에 멋진 복수의 한 방을 날리겠다는 의지를 불태웠다. 그리고 그의 바람대로 영국인들이 지켜보는 가운데 그는 멋지게 득점을 성공시키며 팀의 승리를 이끌었다.

영국전 직후 지동원은 "골을 넣어서 기분이 좋고, 동료들과 함께 이 기쁨을 나눌 수 있어서 더 좋다. 멕시코와 조별 리그 1차전에서 경기 막판에 내가 패스 미스를 해서 실점을 할 뻔했다. 이번 골로 그 실수를 만회한 것 같아 기분이 좋다. 앞으로도 팀에 도움이 되는 선수가 되고 싶다"라고 소감을 밝혔다.

지동원의 선발 출전은 말 그대로 홍 감독의 느낌과 과거의 경험에 의존한 결정이었다. 홍 감독은 대회를 마친 뒤 지동원의 영국전 선발 출전을 결정하게 만든 자신의 경험담을 들려주었다.

"내가 1997년 일본 J리그 벨마레로 이적한 뒤 처음에는 정말 많은 서러움을 느꼈다. 이방인이고 용병이라는 이유로 팀 동료들은 경기장에서 나에게 볼을 안 줄 정도였다. 그래서 표현은 안 했지만 지동원의 마음을 누구보다 잘 알고 있었다. 내가 일본에서 한창 어려움을 겪고 있을 때 한일전이 열린 적이 있다. 날짜도 잊지 않았다. 1998년 4월 1일이다. 당시 와이프가 첫째를 임신해 일본의 산부인과에 입원 중이어서 나 혼자 서울로 왔다. 잠실 주경기장에서 열린 일본과의 평가전이었는데 내가 그 경기만큼 최선을 다해 뛴 적이 없는 것 같다. 2-1로 우리가 이겼는데 내가 거의 공격수들의 볼을 다 뺏고, 다 막아냈다. 일본 선수들을 향해 '이번에 한번 죽어봐라'라는 심정으로 뛰었다. 그런 마음을 동원이도 품고 있을 것이라고 생각했다. 영국전에서 최선을 다하리라는 것을 알고 있었다."

눈물 나는 동료애 우리는 팀이다

09

장면 1

2009년 9월 이집트에서 열린 청소년월드컵 파라과이와의 16강 전에서 후반 15분, 팀의 두 번째 골을 성공시킨 미드필더 김민우는 벤치로 달려가 오재석을 와락 안았다. 팀 동료들도 모두 오재석과 포옹을 나누며 진한 눈빛을 교환했다.

장면 2

멕시코와의 2012 런던올림픽 조별 리그 1차전을 하루 앞두고 훈련을 마친 박종우는 믹스트존 인터뷰에서 "개인적으로는 이번 대회에서 국영이를 위해 뛰겠다"라고 다짐했다.

장면 3

중앙 수비수 김영권은 영국전에서 승부차기 끝에 승리를 따내며 사상 첫 올림픽 4강 진출에 성공한 뒤 "가장 생각나는 사람이 누구냐"는 질문에 '홍정호'를 꼽았다.

장면 4

브라질과의 런던올림픽 4강전에서 본선 첫 선발 출전한 오재석은 0-3 대패 직후 눈시울을 붉혔다. 포지션 경쟁자이자 팀 동료인 김창수와의 약속을 지키지 못했기 때문이다.

위의 네 장면은 모두 함께하지 못한 동료들과의 비하인드 스토리가 담겨 있다는 공통점이 있다. '주전 경쟁'이라는 말이 무엇을 의미하는지 아는 사람들에게는 이상하게 들리겠지만 홍명보호에는 내가 그라운드에 나서기 위해 동료를 짓밟고 일어서야 한다는 경쟁심이 없었다. 내가 조금 모자라 경기에 출전하지 못한다면 동료들이 내 몫까지 뛰어서 팀이 승리하기를 진심으로 바랐다. 홍명보호에는 그런 보이지 않는 끈끈함이 숨겨져 있었다.

파라과이와의 2009 청소년월드컵 16강전에서 쐐기골을 터뜨린 김민우는 경기 직후 "선수들 모두 재석이를 8강 무대에 서게 해주고 싶은 마음에 더 열심히 뛰었다"라고 골을 넣고 오재석을 끌어안은 이유를 밝혔다.

당시 대표팀의 오른쪽 주전 풀백으로 활약한 오재석은 이집트 수에즈에서 열린 조별 리그 3차전 미국과의 대결에서 왼쪽 다리를 다쳤다. 경기 직후 오재석은 걸을 수 없을 정도로 상태가 심각했다.

현지 병원에서 정밀 검사를 한 결과 허벅지 근육 파열로 진단돼 장기간 재활이 필요했다. 하지만 코칭스태프는 선수들의 사기를 고려해 오재석의 부상 상태를 공개하지 않았다. 다만 며칠 휴식과 재활을 통해 경기에 나설 수도 있다는 여지를 남겨뒀다.

16강전을 앞둔 선수들에게 또 하나의 목표가 생겼다. 8강에 진출해 부상에서 회복할 오재석이 다시 그라운드에 나설 기회를 만들어주자는 다짐이었다. 함께 고된 훈련을 버텨오며 이집트에 입성했는데 중요한 경기를 같이하지 못하는 오재석에게 팀 동료들은 미안한 마음을 안고 있었다. 그래서일까, 파라과이전 후반 15분 두 번째 골을 터뜨린 김민우를 비롯한 선수들은 벤치로 한걸음에 달려가 오재석을 안아주는 동료애를 발휘했다.

두 번째 장면은 런던올림픽 본선 직전 일어난 대표팀의 악재에서 시작됐다. 멕시코전에 대비해 뉴캐슬에서 훈련에 매진하던 중 미드필더 한국영의 갑작스러운 부상 소식이 전해졌다. 검사 결과 왼발 중족골 골절로 당장 수술대에 올라야 하는 상황이었다.

한국영이 전날 훈련을 마칠 때까지 전혀 부상 기미가 보이지 않았던 터라 대표팀 전체가 충격에 빠졌다. 부상 낙마가 확정된 한국영은 자신의 SNS를 통해 솔직한 이야기를 털어놨다. 본선을 앞둔 수개월 전부터 부상이 있었지만 숨긴 채 소속팀 경기에 뛰어왔다는 이야기였다. 올림픽 출전이라는 꿈을 위해 참고 견뎌온 지난 시간이 너무나도 허무해졌다는 허탈감도 드러냈다.

한국영의 부상 낙마는 개인적인 문제로 그칠 사안이 아니었다. 당시 한국영은 주전 수비형 미드필더는 아니었지만 기성용, 박종우 등이 부상이나 퇴장으로 경기에 출전하지 못할 경우 대체 자원 1순위로 거론돼왔다. 만약 홍명보호가 올림픽에서 좋은 성적을 거두지 못할 경우 감독과 코치진의 선수 관리 소홀에 대한 질타가 이어질 가능성이 높았다.

동료들은 함께 땀 흘린 보람도 없이 본선이 시작되기 전에 한국행 비행기에 올라야만 하는 한국영을 안타까운 눈으로 바라봤다. 그리고 떠나는 그를 위해서라도 이번 대회에서 더 분발하겠다는 의지를 다졌다.

구자철은 "국영이가 최종 예선에서 팀을 위해 희생을 많이 했다. 이제 함께하지 못하게 돼 안타깝다"며 팀의 주장으로서 아쉬움을 밝혔다. 한국영의 낙마로 가장 안타까워한 선수는 대표팀에서 단짝으로 지낸 박종우였다. 한국영과 박종우는 최종 예선에서 더블 볼란치로 호흡을 맞추며 올림픽 본선행에 크게 기여했다.

박종우는 "국영이가 그렇게 돼서 기분이 많이 안 좋다. 워낙 잘 따르고 좋아하는 후배다. 국영이가 다친 부위를 나도 예전에 다쳤다. 9개월간 재활을 했기 때문에 그런 경험에 대해 조언을 해줬다. 국영이가 나가는 바람에 같은 포지션인 내가 책임감이 더욱 커졌다. 개인적으로는 이번 대회에서 국영이를 위해 뛰겠다"라고 다짐했다.

세 번째 장면은 '단짝'을 마음속에 품고 올림픽에 나선 중앙 수비수 김영권의 이야기다.

김영권은 2009 청소년월드컵부터 홍명보호의 중앙 수비수 콤비로 홍정호와 호흡을 맞춰왔다. 두 번째 메이저 대회였던 2010 광저우아시안게임에서도 김영권-홍정호 콤비를 위협할 경쟁자는 나타나지 않았다. 런던올림픽까지 오는 3년간의 여정 동안 둘은 눈빛만 봐도 서로의 생각을 알 수 있을 정도로 그라운드 안팎에서 끈끈한 우정을 이어갔다. 런던올림픽에서도 김영권-홍정호 콤비는 홍명보호의 최후방을 지키는 든든한 버팀목이 될 것이라고 모두들 믿었다.

올림픽을 4개월 앞두고 홍정호가 K리그 경남전에서 왼쪽 무릎 부상을 입었다. 오진과 재검을 거쳐 결국 홍정호는 올림픽호에 합류하지 못했다. 런던올림픽을 위해 3년 넘게 뛰어온 그에게는 청천벽력과 같은 소식이었다. 홍명보호에도 핵심 수비수의 예상치 못한 부상 낙마는 최악의 악재였다.

홍정호의 낙마로 김영권의 어깨는 더욱 무거워졌다. '짝 잃은 기러기'가 된 것도 서러운데 수비 라인을 책임지고 이끌어야 한다는 책임감이 함께 몰려왔다.

본선을 앞두고 국내 언론은 홍정호가 빠진 중앙 수비 라인을 대표팀의 최대 아킬레스건으로 지목했다. 홍정호는 최종 예선 동안 주장을 맡아 팀을 이끌어왔기에 그의 공백은 상당히 컸다. 김영권은 홍정호의 빈자리로 인한 수비진의 약화를 우려하는 목소리가 커질수록 이를 깨물었다. 런던올림픽을 위해 같이 달려온 홍정호에게 부끄럽지 않은 모습을 보여주기 위해 구슬땀을 흘리며 마음을 다잡았다.

김영권은 사상 첫 올림픽 4강 진출을 확정한 후에야 마음속에 담아놓은 이야기를 꺼냈다. 그는 "4강에 오르게 되니 정호가 가장 많이 생각났다. 아마 정호가 올림픽에 못 나가게 됐다는 소식을 접하고 내가 가장 많이 마음이 아팠을 것이다. 같이 왔으면 정말 좋았을 텐데 아쉽게 됐다. 영국에 와서도 정호와 가끔 연락을 하는데 얼마 전에 'TV로 올림픽 축구 경기를 챙겨 보고 있는데 우리 팀이 제일 잘하더라. 남은 경기도 모두 이겨달라'고 힘을 실어줬다"며 고마움을 전했다.

네 번째 장면은 4년 전 자신이 당한 아픔을 겪고 있는 팀 동료와 한 약속을 지키지 못한 오재석이 눈물을 흘리는 모습이다.

영국과의 런던올림픽 8강전 전반 4분, 김창수가 상대 수비수와 부딪힌 뒤 그라운드에서 일어나지 못했다. 충돌 후 넘어지면서 오른팔로 땅을 짚는 과정에서 문제가 생겨 요골이 골절되는 심각한 부상을 입은 것이다.

와일드카드로 홍명보호에 발탁된 김창수는 16강까지 올림픽 본선 전 경기에서 풀타임을 소화하며 든든한 오른쪽 풀백으로 활약했다. 그는 매 경기 기복 없는 경기력을 뽐내며 높은 점수를 받았다. 견고한 수비 능력은 물론 오버래핑을 통한 과감한 공격이 그의 가치를 더욱 빛나게 했다.

고통을 호소하는 김창수를 대신해 오재석이 교체 투입됐다. 오재석은 2009 청소년월드컵 멤버로 시작해 4년간 홍명보호의 주축 측면 수비수로 뛰어왔지만 런던올림픽에서는 김창수의 그늘에 가려 출전 기회를 얻지 못했다. 갑작스럽게 투입된 오재석은 함께 호흡을 맞춰온 팀 동료들과 함께 침착하게 경기에 적응해나가며 안정적인 플레이를 펼쳤다. 김창수의 경기 초반 부상이라는 악재에도 대표팀은 영국을 승부차기 끝에 꺾고 4강에 진출하는 쾌거를 달성했다.

오재석은 브라질과의 4강전을 앞두고 부상으로 남은 경기에 뛸 수 없는 김창수를 위해 한 가지 약속을 했다. 그는 "브라질전에서 한국 축구의 새로운 역사를 쓰기 위해 최선을 다하겠다. 내 목표는 창수 형 목에 금메달을 걸어주는 것"이라며 의리를 보여줬다.

홍명보호가 브라질과의 4강전에서 패하는 바람에 오재석은 약속을 지킬 수 없었다. 하지만 그가 동료를 생각하는 마음만으로도 팀은 하나로 뭉칠 수 있는 힘을 얻었다.

홍명보는 지난 4년 동안 '팀'을 가장 큰 가치로 여기고 달려왔다. 팀 위에 그 무엇도 없다고 단언할 정도였다. 선수들은 치열한 경쟁 속에서도 애틋한 동료애로 똘똘 뭉쳤다. 함께하지 못하는 동료를 위한 마음, 그 눈물 나는 동료애는 홍명보가 지난 4년간 순항할 수 있었던 가장 큰 이유 중 하나다.

10

오늘 하루를 위한 1270일
경험이라는 위대한 유산

　홍명보호는 개최국 영국을 상대로 한 8강전에서 전후반과 연장까지 120분간의 혈투를 펼쳤지만 승부를 가리지 못했다. 결국 '러시안룰렛'으로 불리는 승부차기까지 간 끝에 5-4로 짜릿한 승리를 거두고 한국 축구 역사상 처음으로 올림픽 4강 진출을 이뤄냈다.

　홍명보호 선수들은 영국과의 승부차기를 통해 '강심장'을 드러냈다. 승부차기에 나선 5명의 키커들은 7만 홈 관중들의 일방적인 응원에도 흔들리지 않고 침착하게 골문 구석구석을 찔렀다.

　하지만 결승 진출을 노리던 한국은 '삼바축구'의 벽을 넘지 못했다. 준결승에서 브라질과 격돌한 홍명보호는 전반 15분까지는 경기 내용에서 우위를 점했지만 시간이 갈수록 기술과 체력 면에서 열세를 보이며 결국 0-3으로 완패했다.

인간에게 경험만큼 좋은 길잡이도 없다. 특히 쓰디쓴 경험은 또한 번의 실패를 방지하는 힘이 된다. 경험을 얻는 과정에서 발생하는 시련과 고통을 잊지 않게 하기 때문이다. 홍명보호에게도 런던올림픽 이전에 경험한 두 차례 메이저 대회가 무엇과도 바꿀 수 없는 소중한 자산이 됐다. 홍명보호는 4년간의 경험을 바탕으로 런던올림픽에서 위대한 유산을 만들어냈다.

홍명보호는 런던올림픽 조별 리그 1차전에서 멕시코와 0-0으로 비기며 절반의 성공을 거뒀다. 경기 내용상으로는 충분히 승리를 거둘 수 있었던 경기였다. 전후반 내내 상대를 압박하고 몰아쳤지만 결국 득점이 터지지 않아 승점 1점에 만족해야 했다.

멕시코와의 1차전은 사실상 조별 리그 통과 여부를 가늠할 수 있는 경기였다. 멕시코는 본선 진출국 중에서 가장 준비가 잘된 팀으로 선수 개개인의 기량뿐만 아니라 조직력이 뛰어나 우승 후보로 평가받고 있었다. 홍명보호도 본선을 앞두고 멕시코전 대비에 많은 시간을 투자했다.

홍명보 감독은 멕시코전 직후 원하던 승점 3점을 얻지는 못했지만 실망하지 않았다. 4년 전 기억을 떠올리면 분명 그때보다는 좋은 조건으로 조별 리그를 헤쳐 나갈 수 있다는 자신감이 있었기 때문이다.

"조별 리그에서 1차전의 비중은 상당히 크다. 하지만 1차전 결과가 모든 것을 의미하지는 않는다. 멕시코전에서 이길 수 있었는데 비겨서 아쉽다는 생각은 없다. 우리 선수들은 최선을 다했다. 지금은 승점 1점에 만족해야 한다. 이제부터 중요한 것은 남은 두 경기다. 처음부터 다시 시작해야 한다. 우리는 2009년 조별 리그 1무 1패의 상황에서 16강에 진출한 경험이 있다. 조별 리그는 마지막까지 가봐야 안다."

홍 감독은 그렇게 의미심장한 말을 남겼다.

홍명보호는 2009년 이집트에서 열린 청소년월드컵에서 조별 리그 첫 상대인 카메룬에게 0-2로 져 16강 진출에 빨간불이 켜졌다. 독일과의 2차전에서는 김민우의 극적인 동점골로 1-1로 비겨 승점 1점을 따냈지만 16강 진출 가능성이 그리 높아지지는 않았다.

조별 리그 두 경기에서 승점 1점을 따내는 데 그친 한국은 조 최하위에 머물렀다. 최종전이었던 미국과의 대결에서 무조건 이겨야 16강 진출이 가능한 상황이었다. 조 2위였던 미국은 1차전에서 독일에 완패했지만 2차전에서 카메룬에 4-1 대승을 거두고 분위기 반전에 성공했다. 객관적인 전력에서도 미국이 한국을 앞선다는 평가를 받고 있었다.

하지만 당시 대표팀은 미국전에서 투혼을 발휘하며 3-0 완승을 거두고 자력으로 16강행을 결정지었다. 모두의 예상을 빗나가게 만든 믿을 수 없는 결과였다. 이 승리를 발판으로 홍명보호는 8강 신화를 이뤄내기도 했다.

4년 전 절체절명의 위기 상황에서도 반전을 이끌어낸 홍명보에게 승점 1점을 따낸 멕시코전은 무난한 출발이었다. 최악의 상황에

몰리더라도 마지막까지 포기하지 않는다면 목표를 이룰 수 있다는 경험이 이미 선수들의 몸에 배어 있었다.

특히 2009년 당시 악조건 속에서도 8강 진출을 이뤄낸 선수들은 부정적인 생각보다는 긍정적인 전망을 내놨다. 주장 구자철은 멕시코전 직후 "우리는 90분 동안 최선을 다했다. 중요한 것은 첫 경기를 잘 마쳤다는 점이다. 이제 두 경기가 남아 있다. 더 높은 곳을 바라봐야 한다"라고 힘주어 말했다.

멕시코전의 승점 1점은 대표팀에게 의미 없는 결과가 아니었다. 첫 시작이 만족스럽지 않더라도 마지막까지 포기하지 않는다면 분명 좋은 결과가 찾아온다는 것을 경험했기 때문에 주어진 상황을 인정하고 새롭게 시작할 수 있는 힘이 생겼다. 1차전의 아쉬움을 털고 대표팀은 2차전 스위스와의 대결에서 승리를 거두며 승점 3점을 보태 8강 진출의 가능성을 더욱 높였다. 결국 긍정의 힘은 조별 리그 최종전인 가봉과의 대결에서 비기기만 해도 자력으로 8강에 오를 수 있는 여건을 만들었다.

축적된 경험은 가장 중요한 순간 또 한 번 대표팀에 용기를 불어넣어줬다. 한국 축구 역사상 처음으로 올림픽 메달에 도전하는 한일전을 앞두고 대표팀은 2010 광저우아시안게임을 떠올렸다.

광저우아시안게임의 마지막 경기는 이란과의 동메달 결정전이었다. 2~3일 간격으로 7경기를 치러온 강행군의 마침표를 찍는 대결이었다. 하지만 금메달을 목표로 달려온 선수들에게는 가혹한 시간이기도 했다.

　마지막까지 최선을 다해 유종의 미를 거둬야 한다는 의지는 있었지만 아랍에미리트연합과의 준결승전에서 당한 충격적인 패배가 그들의 몸과 마음을 모두 지치게 했다. 코칭스태프조차 선수들에게 열심히 뛰라는 주문을 할 수 없을 정도로 분위기가 가라앉아 있었다. 24년 만에 금메달을 목에 걸고 아시아 최정상에 서겠다는 다부진 각오로 대회에 참가한 선수들에게 동메달 결정전은 결승전보다 힘든 승부였다. 만약 이란에게 져 노메달로 대회를 마친다면 그동안 흘려온 땀과 노력이 물거품이 될지도 모른다는 두려움도 팽배했다.

　홍명보호는 이란과의 3~4위전에서 체력적인 열세를 극복하지 못하고 후반 중반까지 1-3으로 뒤지며 패색이 짙었다. 하지만 선수들은 마지막까지 포기하지 않았다. 결국 이기고 말겠다는 굳은 집념이 드라마와 같은 4-3 역전승을 일궈냈다.

　이 한 경기를 통해 코칭스태프와 선수들은 각자 자신의 축구 인생에서 잊지 못할 추억을 만들었다. 최악의 상황에서도 최고의 결과를 도출할 수 있다는 자신감도 얻었다.

　런던올림픽에서 역사상 처음으로 메이저 대회 메달을 놓고 숙적 일본과 만나게 된 홍명보호. 그들은 지난 1270일간 쌓아온 경험이라는 '위대한 유산'을 믿었다.

　준결승에서 브라질에 완패를 당한 탓에 분위기가 한풀 꺾일 수도 있었지만 선수들은 오히려 홀가분해 했다. 그들에게 지금까지의 경기는 전초전에 불과했다. 마지막 단 한 경기에 집중하는 일만 남았다. 홍명보호라는 이름을 달고 경기에 나설 수 있는 마지막 남은 하루, 1271일째에 웃기 위해 선수들은 지난 1270일간 노력해왔다. 선수들은 '지금까지 해온 것이 아까워서라도 동메달만큼은 꼭 목에 걸어야 한다'고 의지를 불태웠다.

홍명보호는 본선 18일 동안 6개 도시를 순회하면서 누적 이동 거리가 1000km를 넘어섰다. 축구 선수로서 평생 겪어보지 못할 강행군의 연속이었다. 하지만 대표팀 18명의 선수 중에서 절반에 가까운 8명이 2년 전 광저우아시안게임에서 비슷한 상황을 경험한 바 있었다.

그들은 비록 정상으로 가는 마지막 길목에서 쓰러졌지만 과거의 경험 덕에 다시 일어설 수 있다는 확신을 갖게 됐다. 그들은 이 시점에서 무엇을 해야 하고, 어떤 마음가짐을 가져야 하는지 그 누구보다 잘 알았다. 광저우아시안게임을 경험한 선수들을 중심으로 조금이라도 빨리 패배의 충격에서 벗어나 다음 경기를 준비해야 한다는 분위기가 선수단 전체에 퍼져나갔다.

어차피 맞대결 상대인 일본의 상황도 마찬가지였다. 준결승에서 멕시코에 완패를 당하며 상승세도 한풀 꺾였다. 또한 준결승까지 오는 동안 한국만큼이나 고단한 이동 거리와 스케줄을 소화했다. 오히려 한국은 8강전을 펼친 카디프에서 일본과 격돌을 하게 돼서 경기장에 대한 생소함이 덜하다는 이점을 안고 있었다.

광저우아시안게임을 통한 예행연습의 효과는 일본전 완승이라는 결과물로 드러났다. 일본은 한국과 메이저 대회 3~4위전을 치른다는 압박감을 이겨내지 못했다. 반면 한국은 계획한 전술과 전략을 그대로 그라운드에 투영시키며 압도적인 경기력으로 일본을 제압했다. 우려했던 체력 저하도 기우에 불과했다. 선수들은 시간이 흐를수록 경기 몰입도가 높아졌고, 마지막 경기 종료 휘슬이 울리는 순간까지 긴장의 끈을 놓지 않았다.

홍 감독은 말했다.

"사실 런던올림픽을 위해 어떻게 준비를 해야 할지 막막했다. 예선에 앞서 하루 이틀 훈련해서는 팀을 발전시키기가 사실상 불가능하다. 많은 말이 있었지만 아시안게임에 올림픽 출전이 가능한 연령대 선수들을 이끌고 참가했다. 그 결과 광저우에서 토너먼트를 위한 너무나 좋은 시뮬레이션을 했다. 예를 들면 준결승에서 지고 3~4위전에서 이기는 것이다. 광저우에서 쌓은 경험이 없었다면 동메달 획득이 쉽지 않았을 것이다."

***

홍명보는 1271일간의 대장정을 통해 한국 축구계에 신선한 충격을 몰고 왔다. 사상 첫 올림픽 메달 획득이라는 가시적인 성과뿐만 아니라 한국 축구의 미래를 밝혀줄 선수들이 홍명보를 통해 대거 두각을 나타낸 것도 큰 소득이다.

실제로 청소년대표팀 선수들이 성인 국가대표팀의 일원이 될 확률은 채 10%가 되지 않는다. 1990년대와 2000년대 한국 축구의 대표 주자인 홍명보 감독, 이영표, 박지성 선수 등도 청소년대표팀에 발탁된 적이 단 한 번도 없다. 주목받던 어린 선수들이 성장을 해나가면서 치열한 경쟁을 이겨내지 못하고 도태되기 때문에 시간이 갈수록 태극 마크를 다는 것이 쉽지 않았다.

하지만 홍명보호는 달랐다. 2009 청소년월드컵에 출전했던 21명의 선수들 중에서 2012년까지 절반에 가까운 9명이 성인 국가대표팀에 발탁됐다. 이제는 '홍명보의 아이들'이 2014 브라질월드컵을 앞둔 한국 축구 세대교체의 중심에 서 있다. 특히 런던올림픽 이후에는 A매치가 열릴 때마다 홍명보호 출신 선수들이 대거 국가대표팀에 합류해 선배들과 선의의 경쟁을 펼치고 있다. 홍명보호의 핵심 자원들은 이제 국가대표팀에서도 빠져서는 안 될 선수들로 평가받고 있다.

APPENDIX

PERFECT DATA

1. 홍명보호 출전 경기 기록

2. 홍명보호의 5년간을 함께한 선수와 스태프

PERFECT DATA 1
홍명보호 출전 경기 기록

● 2009년

이집트 3개국 대회

03.29	체코 U-20	2 : 2 무	김민우, 김보경
03.31	이집트 U-20	4 : 1 승	서정진(3골), 김민우

친선경기

05.02	트리니다드토바고 U-20	3 : 1 승	배천석, 한재만, 최정한
05.04	트리니다드토바고 U-20	2 : 0 승	조영훈(2골)

수원컵

08.02	남아공 U-20	4 : 0 승	김동섭, 김보경, 최호정, 조영철
08.04	이집트 U-20	1 : 0 승	구자철
08.06	일본 U-20	2 : 1 승	최정한, 이승렬

FIFA U-20 월드컵

09.26	카메룬 (조별리그 1차전)	0 : 2 패	-
09.29	독일 (조별리그 2차전)	1 : 1 무	김민우
10.02	미국 (조별리그 3차전)	3 : 0 승	김영권, 김보경, 구자철
10.05	파라과이 (16강전)	3 : 0 승	김보경, 김민우(2골)
10.09	가나 (8강전)	2 : 3 패	박희성, 김동섭

친선경기

12.19	일본 U-20	1 : 2 패	조영철

● 2010년

친선경기

| 07.25 | 말레이시아 U-21 | 0 : 1 패 | - |

광저우아시안게임

11.08	북한 (조별리그 1차전)	0 : 1 패	-
11.10	요르단 (조별리그 2차전)	4 : 0 승	구자철(2골), 김보경, 조영철
11.13	팔레스타인 (조별리그 3차전)	3 : 0 승	윤빛가람, 박주영, 박희성
11.15	중국 (16강전)	3 : 0 승	김정우, 박주영, 조영철
11.19	우즈베키스탄 (8강전)	3 : 1 승	홍정호, 박주영, 김보경
11.23	UAE (준결승)	0 : 1 패	-
11.25	이란 (3~4위전)	4 : 3 승	구자철, 박주영, 지동원(2골)

● 2011년

친선경기

| 03.27 | 중국 U-22 | 1 : 0 승 | 김동섭 |
| 06.01 | 오만 U-22 | 3 : 1 승 | 황도연, 배천석(2골) |

올림픽 2차 예선

| 06.19 | 요르단 U-22 | 3 : 1 승 | 김태환, 윤빛가람, 김동섭 |
| 06.23 | 요르단 U-22 | 1 : 1 무 | 홍철 |

올림픽 최종 예선

| 09.21 | 오만 (1차전) | 2 : 0 승 | 윤빛가람, 김보경 |

친선경기

| 10.07 | 우즈베키스탄 U-22 | 5 : 1 승 | 김태환, 윤일록, 박종우, 백성동, 박용지 |

올림픽 최종 예선

| 11.23 | 카타르 (2차전) | 1 : 1 무 | 김현성 |
| 11.27 | 사우디아라비아 (3차전) | 1 : 0 승 | 조영철 |

● 2012년

킹스컵

01.15	태국 (1차전)	3 : 1 승	김동섭, 서정진, 김현성
01.18	덴마크 리그 선발 (2차전)	0 : 0 무	-
01.21	노르웨이 (3차전)	3 : 0 승	김보경, 김현성, 서정진

올림픽 최종 예선

02.05	사우디아라비아 (4차전)	1 : 1 무	김보경
02.22	오만 (5차전)	3 : 0 승	남태희, 김현성, 백성동
03.14	카타르 (6차전)	0 : 0 무	-

친선경기

06.07	시리아 올림픽팀	3 : 1 승	김기희(2골), 윤일록
07.14	뉴질랜드 U-23	2 : 1 승	박주영, 남태희
07.20	세네갈 U-23	3 : 0 승	기성용, 박주영, 구자철

런던올림픽

07.26	멕시코 (조별리그 1차전)	0 : 0 무	-
07.29	스위스 (조별리그 2차전)	2 : 1 승	박주영, 김보경
08.01	가봉 (조별리그 3차전)	0 : 0 무	-
08.04	영국 (8강전)	1 : 1 무(5PSO4)	지동원
08.07	브라질 (준결승)	0 : 3 패	-
08.10	일본 (3~4위전)	2 : 0 승	박주영, 구자철

● 2013년

동아시안컵

07.20	호주(1차전)	0 : 0 무	–
07.24	중국(2차전)	0 : 0 무	–
07.28	일본(3차전)	1 : 2 패	윤일록

친선경기

08.14	페루	0 : 0 무	–
09.06	아이티	4 : 1 승	손흥민(2골), 구자철, 이근호
09.10	크로아티아	1 : 2 패	이근호
10.12	브라질	0 : 2 패	–
10.15	말리	3 : 1 승	구자철, 손흥민, 김보경
11.15	스위스	2 : 1 승	홍정호, 이청용
11.19	러시아	1 : 2 패	김신욱

● 2014년

친선경기

01.25	코스타리카	1 : 0 승	김신욱
01.29	멕시코	0 : 4 패	–
02.01	미국	0 : 2 패	–
03.05	그리스	2 : 0 승	박주영, 손흥민

PERFECT DATA 2
홍명보호의 5년간을 함께한 선수와 스태프

U-20 대표팀 3월 파주 훈련 참가명단(2009.02.25)

GK	김다솔, 이범영, 정산
DF	구본상, 김영권, 양준아, 이윤호, 임하람, 장현수, 홍정호
MF	고무열, 김민우, 김보경, 김영욱, 김익현, 문기한, 박승일, 박종우, 서용덕, 서정진, 이종원, 한국영
FW	김다빈, 박희성, 배천석, 최정한, 한재만

U-20 대표팀 이집트 3개국 친선대회 참가명단(2009.03.16)

GK	김다솔, 이양종, 정산
DF	강대호, 김영권, 안영규, 양준아, 임종은, 장현수, 정준연, 홍정호
MF	김민우, 김보경, 김영욱, 문기한, 박종우, 서용덕, 서정진, 오봉진, 최성근
FW	김동섭, 박태규, 박희성, 최정한, 한재만

U-20 대표팀 트리니다드토바고전 참가명단(2009.04.30)

GK	김다솔, 노동건
DF	김영권, 오재석, 이재훈, 이택기, 장현수, 조영훈, 홍정호, 홍철
MF	김민우, 김보경, 김영욱, 김의범, 서용덕, 최성근, 최호정
FW	김동섭, 박희성, 배천석, 최정한, 한재만

U-20 대표팀 5월 파주 훈련 참가명단(2009.05.18)

GK	김승규, 이범영, 이원희
DF	윤석영, 이상훈, 이택기, 임종은, 임채민, 장석원, 정동호
MF	구자철, 김민우, 김영욱, 김원식, 김의범, 남태희, 박준태, 서정진, 유지노, 최성근, 최호정
FW	김동섭, 김동효, 이승렬, 이용재, 최정한

U-20 대표팀 수원컵 참가명단(2009.07.20)

GK	김승규, 이범영

DF	김영권, 양준아, 오재석, 장석원, 정동호, 홍정호
MF	구자철, 김민우, 김보경, 김영욱, 김원식, 문기한, 박철효, 서정진, 최호정
FW	김동섭, 박희성, 이승렬, 조영철, 최정한

2009 FIFA U-20 월드컵 참가 U-20 대표팀 예비명단(2009.08.18)

GK	김다솔, 김승규, 이범영
DF	김영권, 오재석, 윤석영, 임종은, 장석원, 정동호, 홍정호
MF	구자철, 김민우, 김보경, 문기한, 서용덕, 서정진, 최성근, 최호정
FW	김동섭, 박희성, 이승렬, 조영철, 최정한

2009 FIFA U-20 월드컵 참가 U-20 대표팀 최종명단(2009.09.10)

GK	김다솔, 김승규, 이범영
DF	김영권, 오재석, 윤석영, 임종은, 장석원, 정동호, 홍정호
MF	구자철, 김민우, 김보경, 문기한, 서용덕, 서정진, 최성근
FW	김동섭, 박희성, 이승렬, 조영철

올림픽대표팀 일본전 소집명단(2009.12.07)

GK	김다솔, 김승규, 이범영
DF	김영권, 오재석, 윤석영, 이한샘, 장석원, 정동호, 홍철, 황순민
MF	구자철, 기성용, 김민우, 김병오, 김보경, 문기한, 서대윤, 서정진, 이승렬, 이종찬, 조영철, 조지훈, 최성근
FW	김동섭, 김동희, 박희성

남해 동계훈련 참가명단(2010.01.18)

GK	김기용, 이호승, 전홍석
DF	강종구, 구본상, 김오규, 김재민, 김호남, 백진욱, 이광선, 이한샘
MF	고무열, 김병오, 김수범, 서대유, 이종찬, 정우영, 조수철, 주민규
FW	류선곤, 박희성, 배천석, 이종원, 이준엽

U-20 대표팀 네덜란드 친선대회 참가 예비명단(2010.04.15)

GK	양한빈, 이범수, 조현우

DF	박형진, 박효상, 신세계, 이창용, 정동호, 조규승, 황도연, 황순민
MF	고무열, 김경중, 김선민, 김신철, 김의범, 박철효, 이석현, 전현철, 정재용, 조지훈, 최성근, 황철환
FW	박희성, 배천석, 석현준, 이종호

U-20 대표팀 네덜란드 친선대회 참가 최종명단(2010.05.06)

GK	양한빈, 이범수, 조현우
DF	박형진, 박효상, 신세계, 이창용, 정동호, 조규승, 황도연, 황순민
MF	고무열, 김선민, 김의범, 박철효, 이석현, 전현철, 조지훈, 최성근, 황철환
FW	박희성, 석현준, 이종호

올림픽대표팀 6월 소집훈련 명단(2010.06.01)

GK	김승규, 이범수, 이범영, 조현우
DF	김영권, 박태수, 오재석, 윤석영, 이창용, 이한샘, 장현수, 정동호, 홍정호, 홍철
MF	구자철, 김민우, 김병오, 서용덕, 서정진, 양준아, 이석현, 정우영, 조영철, 지동원, 최성근, 최호정
FW	김동섭, 박희성, 석현준, 최정한

올림픽대표팀 말레이시아 친선경기 명단(2010.07.12)

GK	양한빈, 이범수
DF	김오규, 박형진, 신세계, 이창용, 장석원, 정동호, 조영훈
MF	고무열, 김선민, 이석현, 이종찬, 전현철, 정우영
FW	김동섭, 김동희, 류선곤, 박희성

광저우아시안게임 대표팀 최종 명단(2010.09.17)

GK	김승규, 이범영
DF	김영권, 김주영, 신광훈, 오재석, 윤석영, 장석원, 홍정호, 홍철
MF	구자철, 김민우, 김보경, 김정우, 서정진, 윤빛가람, 조영철, 지동원
FW	박주영, 박희성

올림픽대표팀 중국전 명단(2011.03.17)

GK	양한빈, 이범영

DF	김진수, 김진환, 오재석, 윤석영, 장석원, 정동호, 조영훈, 황도연, 황석호
MF	김경중, 김귀현, 김지웅, 문기한, 이석현, 이승렬, 이용재, 정우영
FW	김동섭, 박희성, 석현준, 최정한

올림픽대표팀 4월 소집훈련 명단(2011.04.06)

GK	김기용, 양진웅
DF	김건호, 김창훈, 박형진, 유자곤, 유창균, 이택기, 이현도, 황석호
MF	김동욱, 김신철, 김영근, 문상윤, 박건, 안영규, 이명주, 장정현
FW	고지만, 박희성, 이진석, 최호주

올림픽대표팀 5월 소집훈련 명단(2011.05.03)

GK	김기용, 노동건, 황성민
DF	김주빈, 김진수, 김창훈, 박형진, 임창우, 장현수, 조성진, 조영훈, 황석호
MF	김경중, 김도훈, 김신철, 김영근, 김은후, 문상윤, 백성동, 안종훈, 이명주, 이석현, 이종성
FW	박희성, 배천석

올림픽대표팀 오만전 명단(2011.05.19)

GK	이범영, 하강진
DF	박형진, 오재석, 유지노, 윤석영, 장현수, 정동호, 황도연, 황석호
MF	김보경, 김영근, 김은후, 김지웅, 김태환, 문기한, 문상윤, 박준태, 이명주, 이승렬, 정우영, 지동원
FW	김동섭, 배천석

올림픽대표팀 요르단전 명단(2011.06.09)

GK	이범영, 하강진
DF	김영권, 박형진, 오재석, 유지노, 윤석영, 장현수, 정동호, 홍정호, 홍철, 황석호
MF	김민우, 김영근, 김태환, 문기한, 박준태, 윤빛가람, 이명주, 조영철, 지동원
FW	김동섭, 배천석

올림픽대표팀 7월 소집훈련 명단(2011.07.18)

GK	김기용, 최대명

DF	김주빈, 김창훈, 김현훈, 박형진, 이재훈, 조영훈, 한용수, 황석호
MF	김신철, 김영근, 박용재, 이명주, 전명근, 조인형, 주세종, 황명규, 황용민
FW	김찬희, 배천석, 심동운

올림픽대표팀 8월 소집훈련 명단(2011.08.28)

GK	노동건, 이범영, 하강진
DF	김기희, 박태홍, 박형진, 신세계, 오재석, 윤석영, 이용, 장석원, 장현수, 황석호
MF	고무열, 김영근, 김영욱, 김태환, 문기한, 문상윤, 박종우, 박준태, 백성동, 서정진, 양준아, 윤일록, 이명주, 주세종, 한교원, 한국영
FW	김현성, 박희성

올림픽 최종 예선 오만전 대비 훈련명단(U-22, 2011년 9월 13일 소집)

GK	노동건, 이범영, 하강진
DF	김기희, 오재석, 윤석영, 장현수, 홍정호, 홍철, 황석호
MF	고무열, 김민우, 김보경, 김태환, 박종우, 박준태, 백성동, 윤빛가람, 윤일록, 정우영, 조영철, 한국영
FW	김현성, 배천석

올림픽 최종 예선 오만전 참가 최종명단(2011.09.16)

GK	이범영, 하강진
DF	오재석, 윤석영, 장현수, 홍정호, 홍철, 황석호
MF	고무열, 김민우, 김보경, 김태환, 박종우, 백성동, 윤빛가람, 윤일록, 정우영, 조영철, 한국영
FW	김현성, 배천석

올림픽대표팀 우즈베키스탄전 명단(2011.09.27)

GK	노동건, 이범영
DF	김기희, 박형진, 오재석, 윤석영, 장현수, 조영훈, 황도연, 황석호
MF	고무열, 김경중, 김영욱, 김태환, 박종우, 박준태, 백성동, 윤일록, 한국영
FW	박용지, 박희성, 배천석

올림픽 최종 예선 카타르-사우디전 대비 훈련명단(2011.11.07)

GK	노동건, 이범영, 하강진
DF	박형진, 오재석, 윤석영, 장현수, 조영훈, 황도연, 황석호
MF	김경중, 김태환, 박종우, 박준태, 백성동, 윤일록, 정우영, 한국영
FW	김동섭, 김현성, 박용지

올림픽대표팀 카타르전 최종명단(2011.11.17)

GK	노동건, 이범영, 하강진
DF	오재석, 윤석영, 장현수, 홍정호, 홍철, 황도연, 황석호
MF	김태환, 박종우, 백성동, 서정진, 윤빛가람, 윤일록, 한국영
FW	김동섭, 김현성, 박용지

올림픽대표팀 사우디아라비아전 최종명단(2011.11.26)

GK	노동건, 이범영, 하강진
DF	김영권, 오재석, 윤석영, 장현수, 정동호, 홍정호, 홍철, 황도연, 황석호
MF	김보경, 김태환, 박종우, 백성동, 서정진, 윤빛가람, 윤일록, 정우영, 조영철, 한국영
FW	김동섭, 김현성, 박용지

올림픽대표팀 오키나와 전지훈련 및 킹스컵 참가명단(2011.12.26)

GK	김승규, 이범영, 하강진
DF	김기희, 김영권, 오재석, 윤석영, 장현수, 정동호, 홍정호, 황도연
MF	김민우, 김보경, 김태환, 박종우, 백성동, 서정진, 윤빛가람, 윤일록, 정우영, 조영철, 한국영
FW	김동섭, 김현성, 박용지

올림픽대표팀 사우디아라비아전 최종명단(2012.01.25)

GK	김승규, 이범영
DF	김영권, 오재석, 윤석영, 장현수, 정동호, 홍정호, 황도연
MF	김민우, 김보경, 김태환, 박종우, 백성동, 서정진, 윤빛가람, 정우영, 조영철, 한국영
FW	김동섭, 김현성

올림픽 최종 예선 오만전 참가명단(2012.02.09)

GK 김승규, 이범영

DF 김기희, 김영권, 오재석, 윤영영, 장현수, 정동호, 홍정호

MF 김민우, 김보경, 김태환, 남태희, 박종우, 백성동, 서정진, 윤빛가람, 정우영, 조영철, 한국영

FW 김동섭, 김현성

올림픽대표팀 카타르전 소집명단(2012.03.06)

GK 김승규, 이범영

DF 김기희, 오재석, 윤영영, 장현수, 정동호, 조영훈, 홍정호, 황석호

MF 김영욱, 김태환, 문상윤, 박종우, 서정진, 윤빛가람, 윤일록, 정우영

FW 김동섭, 김현성, 박용지, 심동운

올림픽대표팀 시리아전 소집명단(2012.05.22)

GK 김승규, 이범영

DF 김기희, 오재석, 윤영영, 임종은, 장현수, 홍철, 황석호

MF 김태환, 문상윤, 박종우, 서정진, 윤빛가람, 윤일록, 이명주, 이종원

FW 김동섭, 김현성

2012 런던올림픽 참가 최종명단(2012.06.29)

GK 이범영, 정성룡

DF 김기희, 김영권, 김창수, 오재석, 윤영영, 황석호

MF 구자철, 기성용, 김보경, 남태희, 박종우, 백성동, 정우영, 지동원

FW 김현성, 박주영

2013 동아시안컵 최종 명단(2013.07.11)

GK 이범영, 정성룡

DF 김민우, 김영권, 김진수, 김창수, 이용, 장현수, 홍정호, 황석호

MF 고무열, 고요한, 박종우, 염기훈, 윤일록, 이명주, 이승기, 조영철, 하대성, 한국영

FW 김동섭, 김신욱, 서동현

국가대표팀 페루 친선경기 명단(2013.08.06)

GK	김승규, 정성룡
DF	김민우, 김진수, 김창수, 이용, 장현수, 홍정호, 황석호
MF	백성동, 윤일록, 이근호, 이명주, 이승기, 임상협, 조찬호, 하대성, 한국영
FW	김동섭, 조동건

국가대표팀 아이티 및 크로아티아 친선경기 명단(2013.08.27)

GK	김승규, 김진현, 정성룡
DF	고요한, 곽태휘, 김영권, 김창수, 박주호, 윤석영, 이용, 홍정호, 황석호
MF	구자철, 김보경, 박종우, 손흥민, 윤일록, 이근호, 이명주, 이승기, 이청용, 지동원, 하대성, 한국영
FW	조동건

국가대표팀 브라질 및 말리 친선경기 명단(2013.10.09)

GK	김승규, 이범영, 정성룡
DF	강민수, 곽태휘, 김영권, 김진수, 김창수, 김태환, 박주호, 윤석영, 이용, 홍정호
MF	고요한, 기성용, 김보경, 박종우, 손흥민, 윤일록, 이명주, 이청용, 한국영
FW	구자철, 이근호, 지동원

국가대표팀 스위스 및 러시아 친선경기 명단(2013.11.11)

GK	김승규, 이범영, 정성룡
DF	곽태휘, 김영권, 김진수, 박주호, 신광훈, 이용, 장현수, 홍정호, 황석호
MF	고명진, 기성용, 김보경, 남태희, 박종우, 손흥민, 윤일록, 이청용
FW	김신욱, 이근호, 지동원

국가대표팀 브라질-미국 전지훈련 명단(2014.01.07)

GK	김승규, 이범영, 정성룡
DF	강민수, 김기희, 김대호, 김민우, 김주영, 김진수, 박진포, 이용, 이지남, 황석호
MF	고요한, 김태환, 박종우, 송진형, 이명주, 이호, 하대성
FW	김신욱, 염기훈, 이근호, 이승기

국가대표팀 그리스 친선경기 명단(2014.02.19)

GK	김승규, 김진현, 정성룡
DF	김영권, 김주영, 김진수, 박주호, 박진포, 이용, 홍정호
MF	기성용, 김보경, 남태희, 박종우, 손흥민, 이청용, 하대성, 한국영
FW	구자철, 김신욱, 박주영, 이근호, 지동원

2014 브라질월드컵 참가 최종명단(2014.05.08)

GK	김승규, 이범영, 정성룡
DF	곽태휘, 김영권, 김진수, 김창수, 윤석영, 이용, 홍정호, 황석호
MF	기성용, 김보경, 박종우, 손흥민, 이청용, 지동원, 하대성, 한국영
FW	김신욱, 구자철, 박주영, 이근호

코칭스태프

감독	홍명보
코치	김태영, 이케다 세이고, 박건하, 서정원, 안톤 뒤샤트니에
GK 코치	김봉수, 신의손

지원스태프

김용수, 손성삼, 차영일, 이재철(이상 미디어담당관), 정태남(국제언론담당), 데니스 이와무라, 채봉주(이상 기술분석관), 조광수, 손운용(이상 통역), 박일기, 장진용, 조준현(이상 팀 매니저), 김형채, 신동일(조리장), 차윤석, 박승현(이상 장비담당), 황인우 공윤덕, 최주영, 조인혁(이상 재활트레이너), 송준섭(주치의)

* 이외에도 많은 분들이 홍명보호를 5년간 도와주셨습니다. 모든 분의 성함을 기재하지 못한 점 죄송스럽게 생각합니다.